纺织服装高等教育“十二五”部委级规划教材

高职高专染整类项目教学系列教材

印染企业生产管理

YINRAN QIYE SHENGCHAN GUANLI

贺良震 编

東華大學出版社

内容提要

印染企业的生产组织与监督对于纺织品的染整加工与品质控制至关重要。本书以中小型印染企业的生产组织为切入点，以化纤织物的染整加工常规流程为依托，通过介绍印染生产组织的基本特征，深入浅出地叙述了中小型印染企业生产组织与监督的一般要求和主要作用，并结合生产实例较详细地阐述了中小型印染企业的生产组织与监督过程中涉及的染整专业知识。书中设置了多个工作任务，可较好地训练学生的生产管理基本技能，为不断提升学生的职业综合能力奠定基础。

本书可作为高职院校染整技术专业的教材，也可供中小型印染企业的基层管理人员阅读。

图书在版编目(CIP)数据

印染企业生产管理/贺良震编. —上海：
东华大学出版社，2012.11
ISBN 978-7-5669-0179-8

Ⅰ.①印… Ⅱ.①贺… Ⅲ.①染整工业—工业企业管理—生产管理—研究 Ⅳ.①F407.81

中国版本图书馆 CIP 数据核字(2012)第 262917 号

责任编辑 张 静
封面设计 李 博

出　　版：东华大学出版社（上海市延安西路 1882 号，200051）
本社网址：http://www.dhupress.net
淘宝书店：http://dhupress.taobao.com
营销中心：021-62193056 62373056 62379558
印　　刷：上海市崇明县裕安印刷厂印刷
开　　本：787 mm×1 092 mm 1/16 印张 10.5
字　　数：263 千字
版　　次：2012 年 12 月第 1 版
印　　次：2012 年 12 月第 1 次印刷
书　　号：ISBN 978-7-5669-0179-8/TS·360
定　　价：28.00 元

前　言

在纺织品染整加工过程中，了解和熟悉印染企业生产组织与监督的基本特点和要求，对于稳定和提高纺织品染整加工质量、提高生产效率、降低生产成本和提升高职学生的职业综合能力，都具有重要意义。高职学生在掌握印染企业生产组织与监督基本技能的过程中，可以进一步加深对纺织品染整加工技术的理解，加快融入印染企业的速度；同时可以提高印染企业对纺织类高职院校的认同感，促进我国高职教育的新一轮发展。

2006 年初，南通纺织职业技术学院染整技术专业成为江苏省特色专业建设项目，特别是 2008 年成为国家示范性高职院校重点建设专业以来，染整专业全体教师在教学实践中不断探索适合高职院校学生的学习认知规律和职业成长规律的课程改革新思路，不断加大课程改革和建设的力度，力图通过编写适合染整技术专业各方向发展的新教材，进一步突显高职教育"工学结合"的主要特征。2009 年上半年，南通纺织职业技术学院染化系染整技术专业在王晓勇教授的指导下召开了"实践专家研讨会"。与会专家根据个人成长经历，通过代表性工作任务分析、典型工作任务分析和排序，将染整技术专业的行动领域转化为专业核心课程，由此构建的专业核心课程体系，包含了"印染企业生产组织与监督"等多门专业核心课程。本书为该课程的配套教材，在编写过程中，编者试图按照"工学结合课程"的基本要求，通过"任务驱动和项目引领"来体现"学习的过程是工作、通过工作完成学习"的课程改革基本思路。

在组织本书相关内容时，染整教研室全体同仁通过岗位工作任务分析，进一步明确了该课程必须传授的基本知识和必须训练的基本技能，明确了课程定位和课程目标。编者根据上述基本要求并结合自身的工作经历，在本书中设置的内容主要包括课程设置、认识印染企业生产管理特点、如何制定和实施生产计划、生产过程管理、印染企业专项管理和综合实训等内容。本书的主要内容由贺良震老师编写，由姜生研究员审稿。

本书在编写过程中得到了多方的关心和指导，并参阅和引用了国内许多知名专家和学者专著的内容，姜生研究员和杨晓红副教授也为本书的编写提出了许多建设性的意见。在此，一并向他们致意并表示衷心的感谢。

由于编者水平有限，书中的缺点和错误难免，欢迎批评指正。

编者

目　录

课程概述

1. 开设本课程的目的

近年来我国经济飞速发展，对高职教育提出了越来越高的要求，以往仅具有专业基础知识的学生已无法满足企业发展的需求。纺织印染行业，特别是中小型印染企业，十分需要毕业生在顶岗实习期间就能为企业的发展做出贡献。市场对人才的需求，就是高职院校发展的动力。经过近两年的努力，我们高兴地看到，国内多所高职院校在积极探索我国高等职业院校课程改革的过程中取得了丰硕的成果。

无疑，印染厂的生产管理对于企业的生存与发展起着关键作用。了解印染企业生产管理的基本要求，知道生产组织与监督的基本方法，熟悉与生产管理密切相关的其他管理的基本特点，对于更有效地参与企业管理，提高企业生产效率，稳定产品品质，降低生产成本，都具有重要意义。如果通过系统的学习和训练，能让纺织类高等职业院校染整技术专业的学生具有上述基本能力，那么，以中小型为主的印染企业，一定会为染整技术专业学生的职业发展提供更为广阔的平台。同时，这也必将会有效地促进纺织类高职院校染整技术专业的发展。

通过实践专家研讨会，南通纺织职业技术学院染化系染整技术专业重新构建了专业核心课程体系。构建的专业核心课程体系不仅符合高职院校学生的学习认知规律，也基本符合学生的职业发展规律。通过代表性工作任务分析、典型工作任务分析和排序，较好地完成了从行动领域向学习领域的转化。“印染企业生产组织与监督”是染整技术专业核心课程体系中的一门课程，该课程处于染整技术专业核心课程体系的中间部位，需要在系统了解染整技术专业相关基础知识的前提下完成本课程的学习和训练。建议在第三学期或第四学期开设本课程。根据学习和训练内容的难易程度，建议本课程安排 64 学时。

2. 本课程的主要内容

染整技术专业实践专家研讨会比较详细地描述了本课程的主要工作内容、工作岗位、工作中的组织关系和劳动工具。编者根据实践专家的描述并结合个人的企业工作经验，计划用五个教学情境，完成本课程的教学目标。为了进一步突出高职课程“工学结合”的主要特征，编者在选编主要内容时把工作岗位、工作任务的重要性和可操作性作为重要原则，因此，在阐述印染企业生产管理相关知识的过程中，知识的系统性必然会受到明显影响。

学习情境 1　认识印染企业的生产管理特点

在该教学情境中安排了两个学习任务和四个训练任务。试图通过深入浅出的讲解和由浅入深的反复训练，让学生初步了解印染企业的基本概况。通过分析印染企业现场管理的基本特点，不断激发学生的学习热情。通过介绍印染企业内部的部门设置，让学生了解企业内部的岗位设置。通过印染企业生产部门基本职能的介绍和分析，让学生知道各部门的主要工作内容。通过课堂讨论、课后独立完成训练任务，让学生进一步理解和消化学习内容。通过明确训练任务的设计思路和基本要求，为学生完成训练任务提供了有效的帮助。通过明确考核标准，引导学生在完成训练任务过程中少走弯路。通过课程点评，鼓励学生不断进步，不断提升学生的语言表达能力和书面表达能力。

学习情境 2　印染企业生产计划的制定与实施

在该教学情境中安排了两个学习任务和四个训练任务。围绕生产计划的制定和执行，以相关基础知识做铺垫，阐述了坯布入库、产品点色、生产流程卡填写和发放的基本要求。初步明确了印染企业生产组织的基本内容。通过重新归纳和总结各生产部门的主要职责，通过总结生产计划在执行过程中的注意事项，进一步训练学生参与生产组织所必须的基本职业技能。通过起草本部门参加生产例会的发言提纲，进一步提升学生参与生产管理的主动性。

学习情境 3　印染企业生产过程的组织与监督

该情境为本课程的主要学习情境，安排了 12 个学习任务和 12 个训练任务。根据纺织品染整加工过程涉及的主要工序设置学习任务，通过基础知识学习、典型工艺分析等方式，逐渐展开学习任务。以印染企业生产组织与监督为中心，设置多个训练任务。学习内容的难度逐渐增加，训练任务的综合程度也逐渐增强。通过学习和训练，可使学生进一步了解纺织品染整加工从入库到出库全部过程的生产组织与监督的基本要求。为今后参与印染企业生产管理奠定基础。

学习情境 4　印染企业生产管理的综合训练

综合训练的主要目的就是要进一步促进学生养成基本职业能力，为职业发展奠定良好的基础。通过参观产学工厂，在指导教师的布置下，学生通过完成多个训练任务，进一步系统地体会印染企业生产管理的基本要求、主要任务和管理要点。通过完成综合训练报告，系统地检验教学效果，考核学生的学习成果。

3. 本课程的学习方法

本课程在教学实施过程中，始终把学习内容和训练任务紧密相连。因此，课堂上认真听讲、课后独立完成训练任务、点评过程中积极发言，都可以较好地促进学习效果的提高。在综合训练中，通过同组组员的任务分工和积极配合，也可以明显地提高学习效果。主动寻求指导教师的帮助，可更好地理解学习和训练内容。认证阅读训练任务书，深刻领会训练任务基本要求，可提高完成任务的质量。

4. 本课程的考核要求

课程考核要求包括四个部分，第一部分为平时考核，第二部分为训练任务考核，第三部分为综合训练考核，第四部分为期末考试。平时考核占总成绩的 10%，训练任务占总成绩的 21%，综合训练考核占总成绩的 25%，期末考试占总成绩的 44%。平时考核包括出勤(3%)、测验(4%)、课堂提问(3%)。训练任务合计 21 个，通过对训练报告打分的形式体现训练任务的考核结果，每份训练报告占总成绩的 1%，合计占总成绩的 21%。综合训练考核包括综合训练报告和训练汇报两个环节，综合训练报告满分为 16 分，其考核内容包括内容完整性、层次清晰性、排版规范性和叙述流畅性四项,每项满分为4分;训练汇报环节满分为9分,其考核内容包括互评结果(3分)、汇报材料的新颖性(3分)和汇报过程(3分)三项。期末考试采用闭卷笔试的形式。如平时的训练任务中出现4次不及格,须通过面试方可参加综合训练。

5. 本课程的设置说明

课程设置说明

序号	学习内容	参考课时
1	课程设置	2
2	学习情境1	10
3	学习情境2	12
4	学习情境3	28
5	学习情境4	12
合计学时		64

6. 课程标准

(1) 课程概述

"印染企业生产组织与监督"为染整技术专业核心课程,属专业必修课。本课程较详细地描述了印染企业生产组织与监督的工作内容、工作岗位、工作中的组织关系和常用工具,学习情境包括五个方面:一,认识印染企业的生产管理特点;二,印染企业生产计划的制定和实施;三,生产过程管理;四,印染企业的专项管理;五,综合训练。

本学习领域的情境设计,是依据染整技术专业实践专家研讨会的描述,结合工厂生产管理实际,通过对印染企业管理员、印染企业生产计划组织员、生产计划实施员,并以印染企业生产组织与监督典型工作任务为载体,设计了4个学习情境及支撑教学内容的21个训练任务和1个综合实训项目。以训练任务带动学习内容,将职业行动领域的工作能力融合在项目训练中。

本课程在专业课程体系中处于承上启下的重要地位,其前导课程包括"染整设备操作与维护""测色与配色""染化料检测""染整过程质量检测与控制""前处理工艺实施与管理""染色工艺实施与管理""印花工艺实施与管理"和"整理工艺实施与管理",其后继课程包括"染整工艺设计与产品开发"和"印染企业管理与创业"。本课程适合于在第三学期或第四学期开设。

(2) 课程目标

① 专业能力

a. 会根据印染企业特点设置生产管理部门;

b. 会编写印染企业生产部门的主要职责;

c. 会制定并实施印染企业的生产计划;

d. 会编制印染产品的生产流程卡;

e. 会组织生产车间的生产例会;

f. 会根据加工产品的特点制定前处理、染色、印花和整理工艺单；
g. 知道劳动定额与薪金核算的基本方法；
h. 了解生产设备管理与安全操作规程；
i. 知道生产成本计算与统计的基本方法；
j. 知道企业质量管理体系的建立与维护要求。

② 方法能力

a. 具有查阅、收集、整理资料的能力；
b. 具有制定企业各部门主要职责的能力；
c. 具有制定与实施生产车间管理的能力；
d. 具有印染企业专项管理的能力；
e. 具有专业知识、技能和经验的运用和拓展能力。

③ 社会能力

a. 具有沟通能力及团队协作精神；
b. 具有分析问题、解决问题的能力；
c. 具有勇于创新、爱岗敬业的工作作风；
d. 具有较强的质量意识、安全意识和环保意识；
e. 具备群众意识和社会责任心。

（3）学习情境划分

学习项目	学习内容	学时
1. 课程概述	学习内容、学习方法与考核要求等相关说明	2
2. 认识印染企业的生产管理特点	印染企业生产管理部门机构设置原则 生产管理部门的主要职责 印染企业生产管理的基本特点	10
3. 印染企业生产计划的制定与实施	制定生产计划的主要依据 制定生产计划的主要过程 印染企业生产管理的基本特点	12
4. 印染企业生产过程的组织与监督	印染企业相关生产车间概述 新员工的招聘与培训 生产过程的操作管理 生产车间的设备管理 生产车间的工艺管理 仿色打样的颜色管理 一线员工的工资管理 生产车间的基本管理 印染企业的物资管理 印染企业的成本管理 生产车间的质量管理 统计分析与绩效考核	28
5. 印染企业生产管理的综合训练	确定实训项目 方案策划与讨论 方案实施 综合考评	12
合计	64	

(4) 学习情境设计

学习情境 1:认识印染企业的生产管理特点		总学时	10
学习目标	1. 会根据印染企业的特点设置生产管理部门 2. 会编制相关岗位的工作职责 3. 会进行印染企业的内部划分及现场整理		
学习任务	1. 印染企业管理部门设置 2. 印染企业生产管理部门的主要职能编写 3. 印染企业内部的区域划分		
教学材料和工具	教材、课件和学习材料及校园网提供的教学资源		
学生知识与能力准备要求			
1. 了解中小型印染企业的生产管理部门设置原则,并能在老师的指导下完成相关工作岗位的职责编写 2. 熟悉印染企业内部区域划分的基本原则,并能在老师的指导下进行现场管理			
工作情境描述	老师以任务单的形式布置任务,学生根据任务单上提出的印染企业生产部门设置及各部门职责要求、印染企业区域划分及现场管理要求,在老师的指导下编写印染企业的生产部门及岗位职责,并编写现场管理要求		

工作步骤	工作行为	教学方法建议	学时分配
资讯	1. 了解课程内容和考核要求 2. 了解印染企业生产管理部门的设置原则 3. 了解各管理部门的岗位职责; 4. 了解印染企业内部的区域划分原则 5. 了解现场管理的作用	老师指导 查阅专业书刊 网络资讯	4
计划	小组讨论编制印染企业部门设置原则	小组讨论	课外
决策	小组讨论印染企业生产管理部门的设置与主要职责	小组讨论	课外
实施	小组在课堂上及课后完成印染企业生产管理部门设置,并编写相应岗位的职责	老师指导 教、学、做结合	4
检查	小组检查自己编写的职责内容,并分析得失和改进措施,写出书面报告	小组讨论	课外
评估	以小组为单位,介绍印染企业生产管理部门设置原则及相应岗位的职责,并进行自我评价;指导教师和其他小组对汇报的小组给予评价	学生自评、学生互评、老师评价相结合	2

学习情境 2 :印染企业生产计划的制定与实施		总学时	12
学习目标	1. 会制定印染企业的生产计划 2. 会进行生产计划的实施		
学习任务	1. 生产计划制定 2. 生产流程卡编写 3. 生产计划实施 4. 生产例会组织		
教学材料和工具	印染企业的生产计划、企业生产流程卡、生产例会材料及多媒体课件、校园网教学资源和教材		
学生知识与能力准备要求			
1. 了解印染企业的生产计划制定原则,在老师的指导下编写生产计划,并编制生产流程卡 2. 熟悉生产计划的发放、实施与检查要求,并在老师的指导下进行生产计划实施与检查 3. 了解生产例会的组织方法			

续 表

工作步骤	工作行为	教学方法建议	学时分配
工作情境描述	老师以任务单的形式布置任务，学生根据任务单上的要求制定印染企业的生产计划、编制生产流程卡及组织生产例会		
资讯	1. 了解生产计划的制定原则 2. 了解生产流程卡的编写原则与内容 3. 了解生产计划的实施措施、存在问题和解决方法 4. 了解生产例会的组织方法	老师指导 查阅专业书刊 网络资讯	4
计划	小组讨论编制印染企业的生产计划及实施方案	小组讨论	课外
决策	小组讨论确定印染企业的生产计划及实施方案	小组讨论	课外
实施	小组在课堂上及课后完成印染企业的生产计划编写与实施	老师指导 教、学、做结合	6
检查	小组检查自己编写的生产计划，分析得失和改进措施，并写出书面报告	小组讨论	课外
评估	以小组为单位，介绍印染企业的生产计划及实施方案，并进行自我评价，指导教师和其他小组给予评价	学生自评、学生互评、老师评价相结合	2

学习情境3：印染企业生产过程的组织与监督		总学时	28
学习目标	让学生知道印染企业主要生产车间的过程管理特点		
学习任务	1. 新员工的招聘与培训 2. 生产过程的操作管理 3. 生产车间的设备管理 4. 生产车间的工艺管理 5. 一线员工的工资管理 6. 印染企业的物资管理 7. 印染企业的成本管理 8. 生产车间的质量管理 9. 统计分析与绩效考核		
教学材料和工具	前处理工艺单、染色工艺单、印花工艺单、整理工艺单、纺织品检测标准及多媒体课件、校园网教学资源和教材		
学生知识与能力准备要求			
1. 了解典型产品的加工工艺，并在老师的指导下编写加工工艺说明 2. 熟悉染色处方的确认方式，并在老师的指导下制定染色工艺单 3. 了解印花工艺，并在老师的指导下完成印花工艺的编制 4. 了解后整理工艺，并在老师的指导下编写定形及预缩工艺 5. 了解印染产品检测的外观指标及内在品质要求			
工作情境描述	老师以任务单的形式布置任务，学生根据任务单上的要求制定前处理、染色、印花和整理工序的工艺单、工艺曲线及具体实施要求、产品内在指标和外在质量的检测要求		
工作步骤	工作行为	教学方法建议	学时分配
资讯	1. 了解所有学习任务的基本内容 2. 重点了解员工招聘、薪资结算、安全操作管理、工艺管理和绩效考核等方面的基本要求 3. 可以通过小组讨论的方式学习相关知识	老师指导 查阅专业书刊 网络资讯	10
计划	小组讨论前处理、染色、印花、整理车间的生产管理要求	小组讨论	课外
决策	小组讨论确定各主要生产车间的生产管理要求	小组讨论	课外
实施	小组在课堂上及课后完成与前处理、染色、印花、整理等车间的生产管理相关的训练任务	老师指导 教、学、做结合	14

续 表

工作步骤	工作行为	教学方法建议	学时分配
检查	小组检查编写的工艺单等，并分析得失和改进措施，写出书面报告	小组讨论	课外
评估	以小组为单位，介绍印染企业前处理、染色、印花、整理的生产管理，并进行自我评价，其他小组和指导老师给予评价	学生自评、学生互评、老师评价相结合	4

学习情境 4：印染企业生产管理的综合训练		总学时	12
学习目标	1. 完成一个指定的染整加工品种的整个流程图 2. 编写一整套相关的流程卡、工艺制定、生产部门职责等系列文件		
学习任务	1. 编制生产流程卡 2. 编制生产任务、生产工艺及操作规程 3. 编写产品外在质量检测要求与内在质量检测指标 4. 进行产品价格核算		
教学材料和工具	企业管理部门及职责、生产计划书、现场生产管理要求、产品成本核算步骤、纺织品检测标准及多媒体课件、专业书刊和校园网教学资源等		
学生知识与能力准备要求			
1. 了解印染企业的生产管理部门组成 2. 熟悉生产计划的制定原则，并在老师的指导下制定生产计划 3. 熟悉印染企业的生产现场管理，并在老师的指导下进行现场生产组织与管理 4. 了解印染加工产品的成本构成，并在老师的教导下进行产品成本核算			
工作情境描述	生产管理部门编写生产计划书，并安排车间进行生产，制定各步骤生产工艺单，完成生产成本核算，设计成品检验要求		

工作步骤	工作行为	教学方法建议	学时分配
资讯	1. 了解产品流程卡的编制 2. 了解产品加工工艺 3. 了解产品内在和外在品质的检测 4. 了解产品的成本核算	老师指导 查阅专业书刊 网络资讯	4
计划	小组讨论产品加工的整个流程	小组讨论	课外
决策	小组讨论确定产品加工的整个流程	小组讨论	课外
实施	小组在课堂上及课后完成产品加工整个流程中的相关文件	老师指导 教、学、做结合	8
检查	小组检查自己编写的综合实训报告，分析得失和改进措施，并写出书面报告	小组讨论	课外
评估	以小组为单位，完成综合实训报告，并进行自我评价，其他小组和指导老师给予评价	学生自评、学生互评、老师评价相结合	2

（5）教学条件

① 教学资源

a. 教材选取原则：教材的选用应该以培养学生的实践能力、创新能力和创业能力为指导思想，选取那些能够贯彻高职高专培养目标，强调理论与实践相结合、操作与管理相结合、理论与实践一体化的教材。

b. 推荐教材：贺良震主编，《印染企业生产组织与监督》，校本教材。

c. 教学参考资料:授课计划、参考资料、工艺文件、项目检查单、项目评价表、教学课件、练习题。

② 教学组织

教师在理实一体化课堂利用多媒体及相关资料组织教学,学生以每组三至四人为一个小组,通过资讯、计划、决策、实施、检查、评估完成相关的项目。

③ 师资要求

a. 具有印染企业的现场组织和管理能力及工程技术能力;

b. 具有一定的项目设计能力和项目组织经验;

c. 课内实践部分的指导老师必须具备现场实际工作经历 2 年以上,或取得相关高级技工等级资格证书(染整前处理操作工、染色打样工、印花操作工、整理操作工等);

d. 具备基于行动导向的教学法的设计应用能力;

e. 能采用先进的教学方法,具有较强的课堂驾驭能力;

f. 具有良好的职业道德和责任心。

④ 学习场地与设施要求

为了保证学生顺利实施与完成教学任务,本课程教学必须在实践理论一体化教室或专用实训室内完成。本专业应配备相应资料室,资料室内应包含企业生产计划书、产品流程卡、前处理工艺单、染色工艺单、印花工艺单、整理工艺单、仓库管理规定、产品成本核算单等材料,同时配备授课区和多媒体设备等。

学习情境 1

认识印染企业的生产管理特点

在纺织品染整加工过程中，了解和熟悉印染企业的基本特点和要求，对于稳定和提高纺织品染整加工质量、提高生产效率、降低生产成本以及提升高职学生的职业综合能力都具有重要意义。在掌握印染企业生产组织与监督的基本技能的过程中，可以进一步加深对纺织品染整加工技术的理解，加快高职院校染整技术专业学生在职业发展初期融入印染企业的速度，提升印染企业对纺织类高职院校的认同感，进一步促进我国高职教育的发展。

学习任务 1-1：印染企业生产管理部门的主要职能

学习内容

1. 知道印染企业生产管理部门机构设置的基本原则；
2. 知道印染企业生产管理部门的主要职责；
3. 初步了解印染企业生产管理的基本特点。

1. 中小印染企业生产管理部门的设置

新中国成立以后，我国的纺织行业发生了翻天覆地的变化。从旧中国一穷二白的局面，快速发展为我国的支柱产业。特别是改革开放以来，纺织行业逐步发展成为门类齐全、加工水平和加工设备不断进步、参与国际贸易的能力不断增强的行业。在吸纳新增就业人口、出口创汇等方面起着越来越重要的作用。进入新世纪以后，特别是我国加入 WTO 以后，随着我国市场经济地位的不断巩固，民营资本逐渐进入纺织行业，此后，我国的纺织行业得到了进一步的快速发展。民营纺织企业的快速发展，与大量中小型企业的不断涌现密切相关。与此同时，中小型纺织企业的蓬勃发展，极大地催生了大量的中小型印染企业的出现。民营资本进入纺织行业以后，很快使我国印染行业发生了巨大的变化。那些管理水平不高、生产效率低下、产品开发落后、历史包袱沉重的大中型国有印染企业，逐步退出了历史舞台。民营印染企业围绕市场需求配置资源，以提高效率、稳定质量、降低消耗为出发点。因此，民营企业在短短的 10 年内迅速占据我国纺织行业的半壁江山。

随着世界经济结构的不断调整,发达国家逐渐退出了低端纺织产品的竞争。这也为我国纺织行业带来了新的发展机遇。如果民营印染企业不能在新一轮的发展周期内较好地解决企业升级问题,今天仍在蓬勃发展的中小型民营企业,很有可能因为没有制定符合本地区和本企业发展要求的基本战略而在未来的 10 年内迅速消失。在正确的发展战略的指导下,印染企业管理团队必须制定切实可行的日常经营管理目标。

企业管理的范畴较广,除了生产管理以外,还包括很多方面,如技术管理、设备管理、资金管理、物资管理、质量管理等等。凡此种种,组成了印染企业日常生产经营活动的主要内容。一般情况下,中小型印染企业的组织机构如图 1-1 所示,从图中不难看出,总经理对整个企业负责。通常,总经理主要负责企业的经营管理,并委托副总经理管理生产部门。

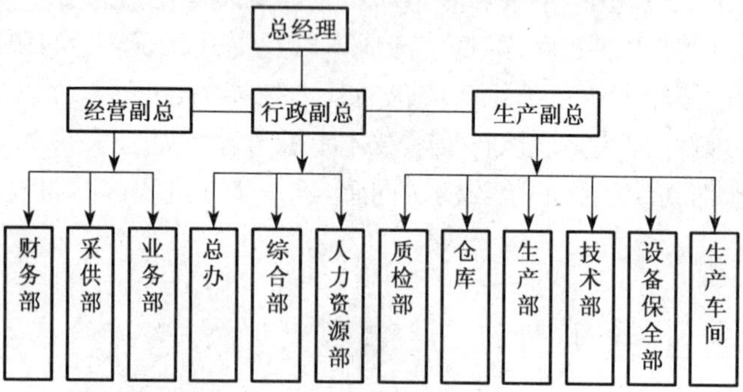

图 1-1　中小型印染企业组织机构设置

分管经营的副总经理负责的部门主要包括采购供应部、业务经营部和财务部;分管行政的副总经理负责的部门主要包括总经理办公室、综合部和人力资源部;分管生产的副总经理负责的部门主要包括生产部、技术部、生产车间、质检部、设备部和仓库。也有企业把生产管理部门与技术管理部门合并。印染企业大量的生产经营活动证明,企业内部机构的设置必须与企业的发展阶段相适应,必须与企业发展的战略目标相一致,必须与企业管理的考核指标相协调。管理部门设立过多,会产生过多的接口,容易造成人浮于事、信息传递不畅、管理制度和工作程序过于复杂等问题,最终严重影响中小型企业的健康发展。

2. 生产部门的主要职责

从图 1-1 可知,中小型印染企业的生产部门主要包括生产管理部门、生产车间和生产辅助部门。了解上述部门的主要工作内容,熟悉这些部门的基本职责,对于培养学生的职业素养具有重要作用。

(1) 生产管理部门

中小型印染企业的生产管理部门主要包括生产部和技术部。目前,多数印染厂将生产部和技术部合并为生产技术部。

- 生产部的主要职责

① 详细记录并准确传递产品加工信息(点色和开卡);

② 根据产品加工要求,合理制定生产计划,检查生产计划的执行情况;

③ 定期召开生产调度会，及时公布绩效考核结果；
④ 根据生产需要，及时向人力资源部门提出用人报告；
⑤ 负责统计各生产车间的产量，制定员工薪金标准，核算全体员工的月薪；
⑥ 负责制定企业的生产管理制度；
⑦ 负责制定各类安全规程，定期检查企业内部安全隐患；
⑧ 召集主要燃料（煤、油等）和机物料（主要辅助材料）的评标工作；
⑨ 负责新员工的操作培训和安全教育；
⑩ 负责监督主要燃料购入阶段的数量核准工作。

- *技术部的主要职责*

① 制定生产工艺，随时检查生产工艺执行情况；
② 根据市场行情，制定产品加工价格；
③ 准确核算新产品和特殊产品的加工成本；
④ 制定和验证新产品开发工艺，负责新产品标准的备案和新产品鉴定；
⑤ 负责进厂染料和助剂的质量检验，及时通报检验结果；
⑥ 及时整理顾客档案，妥善保管顾客样品；
⑦ 负责检验和复检产品的内在质量；
⑧ 负责完成定期的产品质量型式检验工作；
⑨ 负责协助相关部门完成企业质量管理体系的内审和年审；
⑩ 召集各部门完成染化料助剂的评标工作。

(2) 生产车间

通常，中小型印染企业的生产车间主要包括前处理车间、染色车间、印花车间和定形车间。上述各生产车间的主要职责既有相同的内容，也有不同之处。

- *前处理车间的主要职责*

① 根据生产计划合理组织生产，按时完成本车间的生产任务；
② 根据工艺加工要求保证产品质量，准确保留产品加工信息；
③ 根据安全规程对员工进行安全教育；
④ 严格执行安全规程，保证员工和设备安全；
⑤ 配合技术部门完成新品开发；
⑥ 配合设备管理部门完成设备维修和维护；
⑦ 配合质量管理部门完成产品在前处理各工序的质量检验工作；
⑧ 配合质量管理部门完成前处理产品的质量控制点检验工作；
⑨ 配合主管部门完成质量管理体系的日常维护；
⑩ 协助主管部门完成染料、助剂、燃料和机物料的评标工作。

- *染色车间的主要职责*

① 根据生产计划合理组织生产，按时完成本车间的染色和脱水生产任务；
② 根据工艺要求保证产品质量，准确保留产品加工信息；
③ 根据安全规程对员工进行安全教育；
④ 严格执行安全规程，特别注意高温高压设备的安全操作，保证生产安全；
⑤ 配合技术部门完成新品开发；

⑥ 配合设备管理部门完成设备维修和维护；
⑦ 配合质量管理部门完成各类产品染色工序的质量检验；
⑧ 配合质量管理部门完成染色产品的质量控制点检验工作；
⑨ 配合主管部门完成质量管理体系的日常维护；
⑩ 协助主管部门完成染料、助剂、燃料和机物料的评标工作。

- 印花车间的主要职责

① 根据生产计划合理组织生产，按时完成印花产品的加工任务；
② 根据工艺要求保证印花产品的加工质量，准确保留产品加工信息；
③ 根据安全规程对员工进行安全教育；
④ 严格执行安全规程，保证员工和设备安全；
⑤ 配合技术部门完成新品开发；
⑥ 配合设备管理部门完成设备维修和维护；
⑦ 配合质量管理部门完成印花产品的工序检验；
⑧ 配合质量管理部门完成印花产品的质量控制点检验工作；
⑨ 配合主管部门完成质量管理体系的日常维护；
⑩ 协助主管部门完成染料、助剂、燃料和机物料的评标工作。

- 定形车间的主要职责

① 根据生产计划合理组织生产，按时完成各种产品的后整理加工任务；
② 根据工艺要求保证产品的加工质量，准确保留产品加工信息；
③ 根据安全规程对员工进行安全教育，会扑灭初期火灾；
④ 严格执行安全规程，保证员工和设备安全；
⑤ 配合技术部门完成新品开发；
⑥ 配合设备管理部门完成设备维修和维护；
⑦ 配合质量管理部门完成后整理产品的工序检验；
⑧ 配合质量管理部门完成后整理产品的质量控制点检验工作；
⑨ 配合主管部门完成质量管理体系的日常维护；
⑩ 协助主管部门完成染料、助剂、燃料和机物料的评标工作。

(3) 其他部门

其他部门主要包括质检车间、设备保全部门和各类仓库，仓库主要有坯布仓库、成品仓库、染化料仓库和机物料仓库。

企业法人直接任命全体检验员，由企业法人授权全体检验员代表其本人检验产品加工质量。全体检验员共同组成检验车间，通常由质检部门负责归口管理，这样不仅便于产品加工质量的统计分析，还有利于考核其他生产车间的工作质量，完成企业法人对各部门的绩效考核。

- 质检部门的主要职责

① 根据生产需要，及时抽检坯布外观质量，复检成品外观质量；
② 按标准检验产品的外观质量，负责产品外观疵点的统计；
③ 按顾客要求完成产品的包装与入库，准确保留产品加工信息；
④ 负责生产车间加工质量的考核；

⑤ 负责企业质量管理体系的日常维护和年检；
⑥ 负责企业质量状况的统计分析和通报；
⑦ 负责收集和整理顾客对产品提出的验收要求；
⑧ 负责收集和整理新版检验标准；
⑨ 负责完成对新进厂检验员的培训和全体检验员的目光统一。

- 设备保全部门的主要职责

① 负责全厂设备的日常维修；
② 负责制定和落实设备保养计划；
③ 协助主管部门完成机物料评标；
④ 制定全厂生产设备的安全操作规程；
⑤ 根据企业发展需要制定设备改造计划；
⑥ 完成本企业的设备改造计划；
⑦ 根据企业发展需要，制造相关辅助设备；
⑧ 协助外方人员完成新型引进设备的安装和调试；
⑨ 协助主管部门完成燃料和机物料的评标工作；
⑩ 及时核算当月水电煤的消耗数量。

- 坯布仓库的主要职责

① 准确清点坯布入库匹数，称取坯布克重，建立坯布台账，妥善保管坯布；
② 根据生产流程卡及时完成坯布准备；
③ 根据生产流程卡及时完成坯布标识的制作；
④ 定期检查坯布仓库的安全防火工作；
⑤ 完成布车、退卷机等生产辅助设备的日常维护；
⑥ 配合相关部门完成新产品开发工作；
⑦ 配合相关部门完成质量管理体系的维护工作；
⑧ 按照财务制度，及时完成坯布盘仓工作。

- 成品仓库的主要职责

① 准确清点成品入库匹数和米数，建立入库台账，妥善保管成品；
② 妥善保管生产流程卡，根据产品加工流程，准确向财务部门传递加工成本；
③ 协助技术部门完成新产品开发工作；
④ 根据生产流程卡准确验证产品标识；
⑤ 完成磅秤等生产辅助设备的日常维护；
⑥ 积极配合相关部门完成质量管理体系的维护工作；
⑦ 定期检查成品仓库的安全防火工作；
⑧ 按照财务制度，及时完成在制品和成品的盘仓工作；
⑨ 妥善保管纺织面料次品和其他废品，建立次品领用和出库台账。

- 染化料仓库的主要职责

① 准确清点入库染料助剂的品种和数量，建立入库台账，妥善保管染料助剂；
② 及时核算每日染化料领用情况，准确向财务部门传递加工成本；
③ 协助技术部门完成新产品开发工作；

④ 做好库存物品的定置管理工作；
⑤ 完成磅秤等生产辅助设备的日常维护；
⑥ 积极配合相关部门完成质量管理体系的维护工作；
⑦ 定期检查染化料仓库的安全防火工作；
⑧ 按照财务制度，及时完成在制品和库存的盘仓工作；
⑨ 妥善保管物品领用和出库台账，及时传递物料库存信息；
⑩ 协助主管部门完成染料、助剂的评标工作。

- 机物料仓库的主要职责

① 准确清点各种机物料入库数量和型号，建立入库台账，妥善保管机物料；
② 及时统计各车间、各班次的机物料消耗；
③ 根据常用机物料消耗状态，及时向供应部门提交采购计划；
④ 积极配合相关部门完成质量管理体系的维护工作；
⑤ 定期检查机物料仓库的安全防火工作；
⑥ 按照财务制度，及时完成机物料仓库的盘仓工作；
⑦ 协助主管部门完成机物料的评标工作。

为了准确考核染色车间不同班次的染化料消耗量，必要时，染化料仓库可由分管生产的副总经理委托技术管理部门直接管理。同时，为了比较和分析各主要生产车间不同班次之间的机物料消耗，分管生产的副总经理也可委托生产部管理机物料仓库。

训练任务 1-1

>>> 讨论小型印染企业营销部门的主要工作职责

训练形式：

在指导教师的主持下，学生进行课堂讨论。

训练目的：

1. 通过学生自由发言和补充发言，检验教学效果；
2. 培养学生的学习兴趣，训练学生的语言表达能力；
3. 鼓励学生积极思考。

任务目标：

1. 通过课堂讨论，让学生进一步理解“学习任务 1-1”的主要内容；
2. 让学生熟悉本课程课堂教学的展开模式；
3. 让学生逐渐接受通过完成任务来提高基本技能的训练方式。

任务设计：

1. 指导教师向学生提出问题；
2. 指导教师鼓励学生积极思考；
3. 指导教师列举并提示印染企业营销部门的两项主要任务；
4. 指导教师请三位同学回答课堂讨论结果；
5. 指导教师表扬回答问题的学生；

6. 指导教师补充回答上述问题，并公布相关答案。

任务要求：

指导教师必须控制在 20 min 内完成“训练任务 1-1”。

训练任务 1-2

>>> 编制小型印染企业采购部经理的岗位职责

训练形式：

课后独立完成。

训练目的：

通过课后思考，让学生进一步理解“学习任务 1-1”的主要内容，培养学生的学习兴趣和独立思考能力，训练学生的书面表达能力。

任务设计：

1. 指导教师在下课前布置本次课外思考题；
2. 指导教师要求学生在下次上课前上交本次训练任务报告；
3. 指导教师必须向学生们明确提出：严禁抄袭！
4. 指导教师须在下次课堂上对于完成效果较好的学生给予口头表扬，将完成结果记入平时成绩；
5. 指导教师须积极鼓励完成效果较差的学生，引导他们在下次作业中更加努力，积极争取不断进步；
6. 指导教师在下次课堂上公布相关答案。

评判标准：

1. 内容完整、表述清楚、字迹工整，记为优秀；
2. 内容较完整、表述清楚、字迹工整，记为优良；
3. 内容较完整、表述较清楚、字迹工整，记为良好；
4. 内容较完整、表述较清楚、字迹较工整，记为中等；
5. 内容较完整、表述不太清楚、字迹不工整，记为及格；
6. 内容不完整、表述不清楚、字迹不工整，记为不及格。

学习任务 1-2：印染企业内部的区域划分

学习内容

1. 知道印染企业内部区域划分的基本要求；
2. 知道印染企业生产现场管理的基本要求；
3. 进一步了解印染企业生产管理的主要特点。

印染厂的现场管理，以区域管理和定置管理为主，是日常管理的重要组成部分。有的印染厂还将劳动纪律检查一并划入现场管理的内容，也很有道理。特别是新开工的印染厂，新员工、新设备多，如果没有良好的现场管理来约束充满活力的年轻员工，很可能造成较多的安全事故。这不仅会给年轻员工造成身体上的伤害，还会给企业带来巨大损失。所以，印染厂管理应该从现场管理入手，新印染厂管理更应该从严格执行安全操作规程入手。只有这样，印染厂的其他管理工作才能逐渐走上轨道，并逐渐开展起来。没有良好的现场管理作支撑，生产管理、技术管理、设备管理、全面质量管理等其他管理工作，都很难真正有效地开展起来。

深入开展现场管理，不断加强现场管理，是染厂开展日常管理的基础。一切管理工作，如果从现场管理入手，往往见效很快。坚持常抓不懈，全体员工就会逐渐养成良好的工作习惯。久而久之，全体员工的精神面貌也会焕然一新，进而职工队伍建设就会事半功倍，由此为企业带来巨大的经济效益和社会效益。

1. 印染企业的内部区域划分

通常，印染厂的整个厂区可划分成若干个区域，这些区域大多由不同的建筑群组成。按照建筑群的不同性能，这些区域主要包括厂前区域、生产区域、辅助区域和其他区域。区域划分见图 1-2 所示。

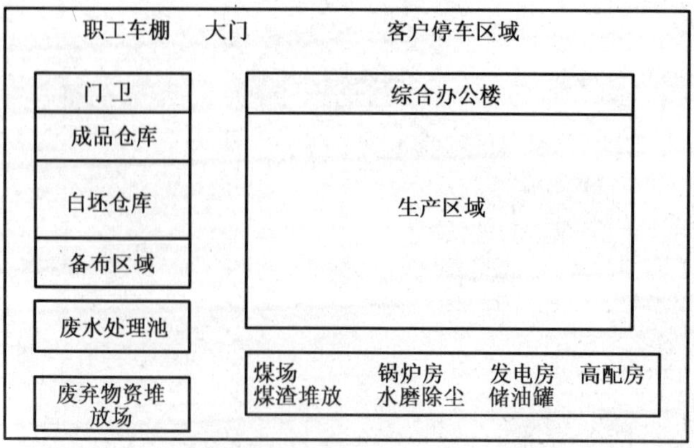

图 1-2　印染厂内部的区域划分

(1) 厂前区域

厂前区域是一个工厂的门面,代表了工厂的精神面貌和管理理念。通常,厂前区域主要包括厂名标志、厂门、传达室、综合办公楼、生产技术部、业务部、财务部、采供部、运输部、职工车棚、职工食堂、顾客餐厅、顾客休息室等。为进一步方便顾客,有条件的企业不仅可以在厂前区域和银行联办储蓄网点,还可以建立招待所,为顾客提供有偿的住宿服务。联办的储蓄网点的工作人员可由印染厂财务人员兼任。

在厂前区和生产区之间种植一定面积的绿化带,不仅可以美化环境,还可以最大限度地减弱生产区域发出的噪音。随着改革开放的不断深入,我国经济得到了突飞猛进的发展。目前的顾客大部分有私家车,所以厂前区域应划出一块地方供顾客停放小汽车。为了充分展现企业文化,突出人本思想,顾客的小汽车停放区与职工停车棚一样,都应该有遮阳装置。为了节约土地,职工车棚可以建成双层。为保障车辆安全,车棚应建在门卫室附近,并有保安定时负责车棚大门的开启。为方便员工和顾客就餐,食堂应设在一楼。

虽说"酒香不怕巷子深",但是,在可能的情况下,为了方便工厂运输坯布、成品和其他生产用辅助材料,降低运输成本,同时也为了便于顾客往来,染厂厂门应该紧靠该地区的主要交通干道。纺织产品的染整加工需要面对面的交流,关于纺织品的颜色、手感和风格等方面的问题,很难在电话中说清楚。用实际样品说话,在纺织行业不断发展的今天仍显得十分重要。谁提供样品的速度快、质量好,谁就会在竞争十分激烈的市场上占得先机。谁与顾客交流得及时,谁的产品质量就会在稳定的前提下不断提高。特别是顾客开发新品时,印染厂周边的交通越方便,顾客来厂与生产技术人员交流的机会就越多,开发新品成功的机会也就越多。总之,方便顾客,就是方便自己。在染厂的生产经营活动中,哪个染厂真正做到了"以顾客为中心",那么顾客的经营活动自然会以这个染厂为中心。虽然产品质量控制是染厂生产管理的重点,为顾客提供的服务也是以产品质量为中心的服务,但是不能不说,不断满足顾客的潜在需求,仍是吸引顾客的有效办法。

(2) 生产区域

生产区域主要是指生产车间所占用的区域,一般包括前处理车间、染色车间、印花车间、定形车间和检验车间。有些以来料加工业务为主的染厂,没有专门的检验车间;而以自行开发外销产品或以外贸出口来料加工业务为主的印染厂,检验车间的占地面积往往较大。以涤纶机织物染整加工为主的染厂,前处理车间和染色车间之间的划分不是非常明确。这与全棉织物的染整加工区别较大。用于混纺织物的烧毛机、用于纬向和经纬双向弹力织物预缩的平幅预缩机、用于其他特殊织物前处理加工的平卷缸等设备可以算是前处理车间的全部家当。大多数情况下,即使厂名叫做漂染厂的涤纶机织物染整厂,目前也很少有将前处理车间和染色车间分开管理的。因为大部分涤纶机织物的前处理加工都可在染色机内完成。

随着涤纶强捻机织物的逐渐减少,需要两次减量加工的织物逐渐淡出了人们的视野。单独把减量工序作为一个车间来管理的,目前并不多见。多数情况下,减量车间仍然隶属于染色车间管理。有的企业在加工过程中曾经以轻薄强捻涤纶机织物为主,使用连续式减量机减量。随着产品结构的调整,连续减量机也可用来完成春夏季薄面料的前处理加工。这种加工方法与采用平卷缸进行特殊品种的精练的原理相同。即便如此,目前仍很少有涤纶机织物染厂将前处理车间从染色车间内部单独划分出来。

其实，采用何种车间划分模式仅是问题的表象，这对管理本身并无太多影响。把染色车间分为两个部分，一部分是精练和减量，另一部分是染色，也是可行的。这两个部分由两名副主管负责，在管理上仍隶属于染色车间。评判某种车间划分方式的优劣，唯一的标准只能看该方式是否更有利于提高本企业的管理效果。

机缸预缩或染色以后，为提高开幅、缝头、烘干或定形等后道工序的生产效率，织物需要脱水。脱水后织物质量更轻，有利于运输和转序。如果不脱水，改用在烘干前或定形前用真空吸水装置吸水，那么吸附在织物表面的水分会聚集在布车底部，顺着布车排水孔流出，把整个生产区域的安全通道全部淋湿。染色车间地面上存有积水，对织物的影响较小，而烘干或定形工序则不然。如果烘干或定形工序的工作场地上有积水，很可能会严重影响织物的清洁状态。

定形工序经常发生如下情况：某一缸织物，前面的一两匹在成品定形时的门幅或手感与顾客要求出现较大偏差，需要定形回修。一两匹织物的定形回修，大多由定形班长将需要回修的布匹抱着从定形机尾送至定形机头。成品织物远比坯布滑爽，容易出现织物滑落至地面的现象。若此时地面上有积水，就会导致成品沾污现象。成品沾污交由染色车间回修以后，将会严重影响生产效率和织物手感的统一性。所以，保持定形车间内部的工作场地干燥，严禁地面出现积水，是杜绝织物沾污的最好办法。同时，严禁染色车间使用的布车在定形机工作场地附近出现，是减少地面产生积水的前提。

脱水工序的工作场地应与染缸有适当的距离。距离过近，织物在机缸内水洗时喷出来的水会对浅颜色产生影响，有时这种影响会造成漂白织物的改色。脱水场地面积过小，会造成布车的堆积。这不仅严重影响生产的正常进行，还会增加发生安全事故的几率。因工作场地狭小而造成的生产效率下降，与交通拥堵造成的城市功能效率下降，有惊人的相似。对于涤纶机织物染整加工而言，前处理、减量、染色和脱水等工序处于产品加工流程的前半部分，通常划归染色车间管理，习惯上人们称这些工序称为前道工序。前道工序通常以染色工序为中心，所以，印染企业也习惯于把所有前道工序统称为染色车间。而开幅、缝头、烘干、定形、罐蒸、轧光和其他加工工序处于产品加工流程的后半部分，俗称后道工序。由于后道工序以定形加工为中心，所以和前道工序一样，染厂习惯把所有后道工序叫做定形车间，并且将这些工序划归定形车间管理。

检验车间的设立为开展全面质量管理的数据统计分析奠定了基础。专职检验员的设立使统计技术的运用成为可能。染色车间、烘干工序、定形工序和检验工序可设立质量控制点。专职检验员在质量控制点随时抽检产品质量，有利于稳定和提高产品质量，完成部门和全厂质量指标。专职检验员直接隶属于质检主管管理。染色车间质检员主要负责前处理、减量、染色和脱水过程中出现的次品和疵点统计。烘干工序质检员也被称作半成品检验员，不但负责烘干工序出现的各种疵点的统计分析，还负责前道工序的疵点统计分析。定形工序检验员的工作职责与烘干工序检验员类似。而成品检验员应该是上述检验员中工作经验最丰富的。成品检验员在检验机或检验台上完成对成品的抽检。常规产品的抽检数量为每缸布（12～16 匹，约 800～1 000 m）抽检 2 匹，新产品采取全检方式。对于那些对本厂来说不十分了解或者根本不了解的原料，如改性的高收缩涤纶、PPT 涤纶、新合纤类型的海岛丝等，都属于新产品范畴。若在产品加工中使用了新设备、新助剂、新工艺，检验产品时，相关开发人员需在场。检验场地最好在定形机尾部光线较好、面积较大的空地上。

(3) 辅助区域

辅助区域主要是指生产辅助区域，包括白坯仓库、备布区、成品仓库、染化料仓库、配料间、机物料仓库、辅料仓库、发电机房、锅炉房、软水池、高配房、煤场、储料罐、机修部门等等。

备布区是紧靠坯布仓库的生产准备区，主要负责坯布的退卷、备缸、绣字和缝头。软水池不仅提供锅炉用水，还提供染色用软水。储料罐包括液碱储料罐和柴油储油罐。有的染厂为了减少停电带来的损失，备有大功率柴油发电机。发电机房应距离高配房较近，储油罐也不应远离发电机房。有些较大规模的企业，没有锅炉房，自然就没有煤场。这些企业的染色、减量或平幅精练用蒸汽来源于自己的发电厂。发电厂的蒸汽压力更平稳，有利于生产的稳定。

染化料仓库和配料间是两个不同的区域。通常，染化料仓库的面积较大，储存的品种很全，且通风良好。配料间也叫称料间，设在生产区域的边缘，外面与辅助区域相通，里面与生产区域相连，负责染料和助剂的称量。配料间的面积相对较小，要求严禁通风。配料间常用的染料、助剂和其他化学药品，虽然品种很全，但数量较少。如果称料间通风良好，粉状染料会在空气中随风飘移，污染整个染色车间，浅颜色的织物上会出现大量的蓝色和红色的小染料点。这种染料点很难回修，只能改色，这会严重影响企业效益。虽然，有些染厂通过增加称料间的室内湿度，或者把染料调成浆状，以此来杜绝染料在空气中飘移，但是效果并不明显。比较稳妥的办法是，首先加强配料间的密闭性，减少其通风的机会，增加门窗的密闭性，增加门的数量；其次，把称料间设在染色车间距离染深色产品最近的区域内，增加染色车间地面的湿度；第三，在距离配料间较远的区域生产浅色产品，每缸布染完以后，用织物的最后一个布头子把整缸织物盖严实。有的染厂为了维护顾客的利益，坚持用自制的盖子盖布。在开始的一段时间内，效果很好。时间稍长，自制的盖子越来越脏，还会出现许多破洞，逐渐失去保护作用。如果改用织物的头子作盖布，以每缸布 800 m 计算，盖布用的布头子长度不会超过 2 m。也就是说，用 0.5 m 织物就可以保护 100 m 织物。而且，这种方法简单有效。所以，在一般情况下，顾客是可以接受的。

机物料仓库和辅料仓库可以设立在一起。染缸常用的密封圈、布车轮盘、轴承、定形机用的毛刷盘、各种规格的皮带、润滑油等等，都是机物料仓库必备的。成品织物包装用的塑料袋、捆绑绳、缝纫线、各种报表和日常管理用的印刷品、劳动保护用品、低值易耗品、办公用品等，是辅料仓库必备的。有的染厂把白坯仓库、成品仓库设置在距离厂前区域比较近的地方，以便于顾客的进货和出货。也有的企业把厂前区域连同坯布和成品两个仓库合并在一起，称作经营区域。

(4) 其他区域

其他区域主要包括铁路专用线、炉渣堆放场、废水处理池、水运码头、废弃设备堆放场、废弃物资堆放场、垃圾场和工厂后门。员工的生活区域应设置在远离染厂污染源的厂外区域。

目前，具有铁路专用线的染厂数量相对较少。炉渣堆放需要两块场地，一块靠近锅炉房，面积较小，用来摊放刚出炉的炉渣；另一块面积较大，用来堆放陈旧炉渣；当炉渣堆放的面积接近堆放区的面积时，应该由专人负责与砖瓦厂联系，及时抛售堆积的炉渣。用于废水处理的蓄水池周围最好有一定高度的围墙。以阻挡大风将各种垃圾刮入蓄水池。江南水乡的水路运输网络很发达，水陆运输成本相对较低。水运码头不仅可以运输建筑材料，还可以运输煤炭和炉渣。垃圾场面积不宜过大，布点不宜过多，应建立三面的围墙，防止垃圾被大风吹跑而影响厂容厂貌。废弃设备和废弃物资应及时处理。染厂内提供专门场地长期摆放废弃设备和废弃物资，有碍观瞻。对那些仍具有一定使用价值的废弃设备，可通过专业的二手设备市场寻找买家，以尽可能地发挥该物资的作用，扩大企业的其他收入。通常，规模较小的染厂只有一个工厂大门且没有后门。不设后门的染厂更加便于安全管理。

(5) 区域管理

以来料加工为主的染厂，生产原料就是顾客的白坯布。白坯布是顾客财产，印染厂应尽全力保护。实际上，顾客的坯布数量、坯布规格、染色的颜色、小样的颜色，都属于顾客财产。特别是与顾客新产品开发有关的所有信息，应该属于顾客的"贵重物品"。染厂内的员工、管理人员和业务员都应该有意识地为顾客保密。

最好的保密方式莫过于将生产区域与厂前区域和辅助区域分离开来。财务部、业务部、生产技术部、白坯仓库、成品仓库、顾客休息室等，都可安排在厂前区域和辅助区域内。生产技术部内设化验室，并通过化验室的通道保持生产技术部与生产区域的直接沟通。保持生产区域的相对封闭状态，不仅可以较好地保护顾客财产，还可以最大限度地避免业务员、顾客或其他人员对生产控制过程的干扰。新染厂开业初期，顾客和业务员会以染厂内部质量控制不稳为由，经常进入生产区域。随着产品质量的不断稳定，染厂必须对业务员和顾客提出明确的要求：未经容许，不得进入生产区域。通常，在产品质量相对稳定的前提下，顾客和业务员也不希望"越俎代庖"，消耗他们的精力。业务员与顾客对生产区域的干扰程度，也可以侧面反映染厂产品质量的稳定程度。有一些管理严格、产品质量稳定的染厂，业务员和顾客即使进入生产区域，也无法对生产管理产生干扰。染厂内部区域的划分没有固定的模式，适合本企业发展的划分方法就是好方法。不同的区域应该有不同的管理制度和管理方式。由于厂前区域和生产区域在企业中所处的位置相对重要，所以在区域管理过程中应该作为管理的重点。厂前区域的地面卫生应该由专人负责定时打扫。生产区域和辅助区域严禁烟火应该是最低要求，任何区域内，未经容许，不得动用明火。在厂内动用明火，应该由用火单位向安全保卫部门提出申请，经容许并在用火现场配备灭火器材和专职消防人员后方可动用。

2. 区域细分与现场管理

通俗地讲，染厂中最常用的现场管理方法就是定置管理。染厂中，与生产经营活动有关的物品、原料、设备或材料，都应放在指定的位置。通常，染厂的定置管理以在制品的固定摆放为管理重点，以在制品的工序转移为切入点。返工和返修的布匹也属于在制品。坯布、成品、次品、废品、染料助剂、机械配件、油品燃料和辅助材料的定置管理，一般纳入仓库管理的范畴。既然定置管理的重点是在制品，那么管理范围主要发生在生产区域。一般情况下，次品和废品管理属于仓库管理范畴。在定置管理过程中，主要包括安全通道管理、摆放区域管理、交接区域管理和临时区域管理。生产区域的划分方法以及安全通道的标注见图1-3，图中箭头所示为安全通道。

(1) 安全通道

生产车间内部有许多通道，通道被堵塞以后，生产效率明显下降。因此，要求全体员工在工作过程中严禁堵塞主要通道。这些在生产过程中起着重要疏通作用的主要通道，就是

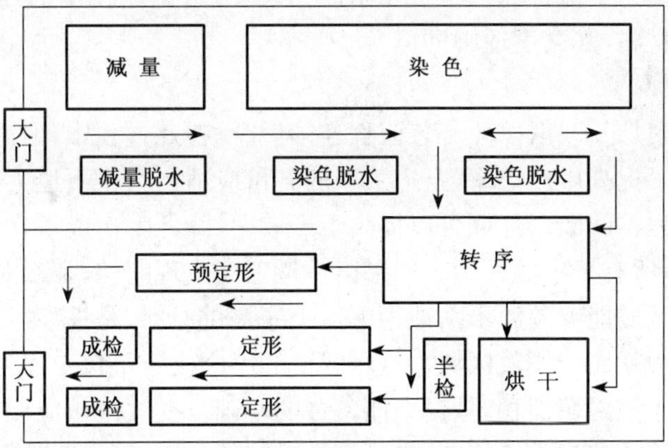

图 1-3　生产区域的划分与安全通道的标注

安全通道。

① 转序。在生产加工过程中，产品按工艺流程在各工序间不断转移。产品按流程在不同工序间的转移就是产品的转序。正常情况下，加工产品的转序是有方向的，由前道工序向后道工序转移。而返工或返修产品的转序，没有固定的转序方向。为了保证产品加工过程畅通，除了设备、工艺和处方等加工条件一切正常以外，产品在转序过程中还需要专门的运输通道。

有的染厂将染色车间和定形车间相连接的工序叫做转序工序。这个工序的主要任务是检验半成品的匹数、正反面、布面标记、产品流程卡、手工开幅或设备自动开幅、缝头等。大多数染厂在工序设置时将脱水工序安排在距离染色设备较近且地域较开阔的专门区域内。脱水工序属于染色车间管理，而转序工序属于定形车间管理。

② 安全通道。俗话说"致富千日功，火烧当日穷"。为了安全防火，每个工厂内部都设有专供消防车行进的消防安全通道。如果消防通道的宽度达不到要求，会严重影响消防车的正常运行。同时，保障消防通道畅通也是减少火灾损失的有效途径。在生产车间内部，也有很多通道。这些通道中供产品转序的专用通道被称作安全通道。安全通道比较宽敞，路面平坦，路基坚固。通道的宽度以两辆布车会车时顺利通过为宜。路面最好为水磨石，其他材质的路面，其平坦程度不够。路基的坚固程度不够，会造成路面下陷，不仅可能形成积水而引起成品沾污，还会影响布车顺畅通过。

安全通道上严禁停放或摆放任何物体。保障安全通道的畅通是提高转序效率的基础，也是提高生产效率的前提。为了保障安全通道的畅通，必须在地面上画出安全通道标志线。标志线的颜色以黄色为宜，最好使用耐水耐磨的有色材料，以保障标志线不会在短期内被车轮磨掉。如果在浇筑水磨石地面的同时，直接用耐磨耐水的荧光材料浇铸安全通道的标志线，便可在地面上形成永不磨损的安全通道标志线。

在安全通道比较窄小的路段运行，推布车的操作工应该以拉车前行的方式行进。这样不仅可以省力，还可以看清前方来人或来车，避免发生撞人或撞车事故。会车时，应减速缓行，相互避让。在两侧都有设备的情况下，应尽量避免会车，以避免因拉车不慎而发生撞击设备的事故。由于生产车间内相对宽敞，需要用柱网支撑整个顶棚。而柱网与安全通道相互交叉，交叉柱网下半部分的四条棱会经常受到车辆的撞击而出现表皮脱落的现象，严重影响企业的整体形象。为了保护柱网不被布车撞伤表皮，可以在柱网的四条棱上增加保护装置。角铁是最好的材料，其高度适中即可。

(2) 摆放区域

涤纶机织物染整加工一般按照工艺流程连续生产，在此过程中，上道工序的产品就是下道工序的原料。为了提高生产效率，上道工序的产量应适当大于下道工序的产量，以充分保障整个生产工艺流程不间断。这样可以提高生产效率，降低生产成本，增加企业效益。前面提到的备布工序，是所有工序的开始。如果第一道工序出现断档，那么对后道工序的影响显而易见。保持备布区域能够源源不断地为下道工序提供原料，是提高生产效率的前提。

备布工序的周边就属于摆放区域。这一区域的大小决定了该工序为后道工序提供原料的储备量。适当扩大该区域面积，是提高储备量的基础。摆放区域应该设置顶棚，以避免坯布日晒雨淋。含有氨纶的弹力织物，若经过较长时间的日晒，氨纶会失去弹性。备布工序的储备量不可过大，一味地追求备布储备量，将会造成布车积压过多、生产转序无车可用的局面，最终导致整个生产的瘫痪。备布工序的储备量过大，坯布在布车内积压时间过长，容易产生新的内应力，给后道工序带来巨大影响。比如容易导致织物预缩后同一缸织物的门幅收缩差别很大，预定形也很难消除这些差异。

(3) 交接区域

不同工序之间都存在着交接。交接时，应该首先交接每缸布的流程卡。后道工序的操作人员接到流程卡时，应该对照流程卡上的提示检查这缸织物的布边绣字，绣字相同方可交接。交接应该在双方都能看到这缸织物具体位置的前提下进行。在染整加工过程中，具有代表性的交接发生在织物的脱水以后和开幅之间。脱水之后、开幅之前的工序就是染色车间和定形车间的“分水岭”，也就是前面提到过的转序工序。转序工序是否畅通，直接制约着整个染厂的生产效率。其余工序之间的交接对整个生产效率的影响都没有转序工序的影响大，因此，该工序的工作场地应该较大，而且最好位于整个生产区域的中心位置。

转序工序的工作场地所形成的整个区域，就是染厂最主要的交接区域。如前所述，配料以后的发料也是比较重要的一次交接。配料间虽然属于辅助区域和生产区域的交汇处，但配料间本身的管理对整个染色车间至关重要。从仓库中领料是一个交接过程，从配料间发料又是一个交接过程。虽然这两次交接不需要像转序交接那样大的场地，但交接的重要性不比前者小多少。因此，交接过程不以交接场地的大小来决定其重要性。每一次交接，都存在接口。交接不良是造成各种问题的主要原因。转序区域的划分和安全通道的标注见图1-4，图中箭头所示为安全通道。

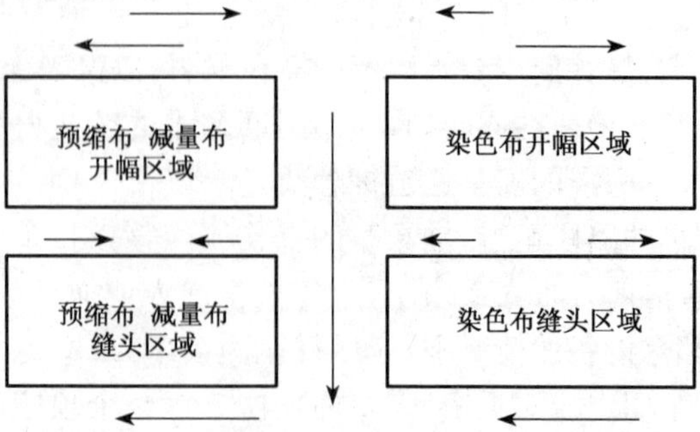

图 1-4 转序区域的划分与安全通道的标注

同班次内不同工序的交接，虽然没有专门的记录来记载每一次交接的主要内容和重点问题，但是在长达 8 h 的时间段内，交接双方会产生多次交接。每一次交接都可以为上一次交接作必要的补充，所以，同班次不同工序之间的交接没有必要建立交接记录。不同班次之间的交接被称作交接班，交接班之间必须有交接班记录。交班清楚和接班清楚是必须的，而且同样重要。重要的新产品试验交接班必须有记录，不但要有操作者的交接记录，还必须有值班长的交接确认签字。

(4) 临时区域

在产品生产过程中，需要的各种原辅材料很多。由于市场价格波动等原因，有时某种原辅材料的进厂数量较多，而仓库此时没有过多空间，需要找一些空间临时存放这些原辅材料。这些临时存放原辅材料的区域就是临时区域。由于生产工序较长，某工序中一些情况不明的原因影响了产品加工的继续进行。这些半成品的存放至少需要一部分场地，这样的场地也属于临时区域。由于市场的原因，顾客有时会要求染厂暂时停止加工某一规格或某一批号的织物，这也需要一些存放场地。总之，临时存放原辅材料和半成品的场地都属于临时区域。新设备的安装需要临时摆放配件的区域，设备维修也需要临时区域，在生产现场召开的班组临时会议更需要临时区域。所以，临时区域在工厂中出现的频率较高。

(5) 定置管理

在前文叙述的区域管理中，重点提到了顾客财产的保密问题。那么生产区域的定置管理在总体上应该遵从哪些基本原则呢？实际上，任何一个染厂面积都不可能大到处处是空地。合理、充分地利用现有的空间和场地，就是定置管理的目的。通俗地讲，在定置管理过程中，不但要充分利用场地的宽度和长度，还要充分利用场地的高度。一般情况下，定置管理要遵从以下原则：

① 定位置。设备、工具、原料、仓库、班组或个人，其摆放位置或活动范围应该是固定的。白坯摆放到色坯仓库，就是严重的违规；染色操作工没有正当理由经常出现在定形工序，就是窜岗；生产设备经常改变位置，会让操作工无所适从；染料仓库经常搬家，染料供应商和配料间称料员会感到莫名其妙；工作环境经常发生较大变化，员工会感到紧张，而这种紧张会直接影响员工的正常工作，导致次品率上升、安全事故增加。所以，无论是设备还是仓库，无论是班组还是个人，其在生产区域内的摆放位置或者活动范围，都应该具有明显的稳定性。

② 定区域。上文中对这个问题已经作了比较详细的论述。相对于前面的“定位置”，定区域更多的是对整个染厂而言的。但是在生产区域的范围内，也可以定区域。比如说，交接区域、摆放区域和临时区域等等。全厂范围内的区域划分具有更强的相对稳定性，而生产区域内部的区域划分具有相对的随机性。其中交接区域的稳定性最强，临时区域的随机性最大。

根据称料间在染色车间内的具体位置来安排染缸加工颜色的深浅，是染厂通行的做法。染色车间内染缸的摆放位置距离称料间越近，其加工的颜色应该越深；染缸与称料间的距离越远，其加工的颜色应该越浅。分散染料随风飘荡的现象在春季到来的时候时有发生，为了减少由此带来的危害，按照上述方法安排染缸的加工颜色，符合定置管理的基本要求。增加染色车间的地面湿度，减少染色车间内空气沿地面方向的对流，染色结束后及时在布车上加盖，都可以减少染料飘移后在中浅色织物表面产生染料点的机会。

适当封闭称料间的上风口，减少通风面积，可以降低染色车间内产生空气对流的机会。秋冬季节，深颜色织物居多，浅颜色产品较少，由染料漂移产生的浅色织物上的染料点明显减少。夏季，浅色织物的比例大大增加，染色车间内的温度明显比秋冬季高出很多，在地面上洒水，不仅可以增加空气湿度，减少染料飘移，还可以降低室内温度，改善劳动环境。

其实，生产区域或其他区域内的区域划分可以进一步细化。比如检验车间的成品检验，可以将新产品检验分为待检区、合格品区和不合格品区三个区域。染色车间内，按照产品染出的颜色，可以分为浅色区、中色区、过渡区和深色区。深色区距离配料间最近，浅色区距离配料间最远，中色区和浅色区之间可以用预缩和机缸减量生产设备作为过渡区，既可以防止染料飘移对浅色和中色产品的沾污，还可以防止深色在加工过程中对浅色和中色产品的沾污。

③ 定数量。单位面积上的某种物体过多会造成拥挤。在充分利用场地的同时，要合理地利用场地。换句话说，定置管理过程中，某个区域某种物品的数量过多或过少都会造成损失。比如染料仓库，库管员为了增加仓库中的空余面积，在秋季到来时储备更多的深蓝染料，在染料堆放时将平时码放三层的染料桶改为四层，结果造成底层的染料桶被压破、染料散落一地的重大责任事故。

某染厂染色车间新安装三台高温高压喷射溢流染色机。染色产量增加以后，该染厂没有及时调整脱水机的数量，使得某一台脱水机超负荷运转，该机台操作工的工资明显高于其他操作工。这不仅造成该台脱水机多次大修，还严重影响了全体脱水工的和睦相处与团结协作。

④ 画标志。安全通道的两侧都有明显的标志，以便于物品摆放，不会堵塞安全通道，保持安全通道畅通。摆放区域也应该画出明显的标志，严禁非本区域物品进入该区域。在临时区域如何画标志呢？通常，临时区域采用挂牌的方式作为标志。关于安全通道的标志问题，前文已经详细阐述，在此不再赘述。作为染厂中比较明显的摆放区域——备布区，其标志线无需像安全通道的标志线那样永不磨损，但至少应该醒目。应该在脱水机与染缸之间画出一条安全通道，以确保整个染色车间贯通。由于染缸缸口前安全通道以外的空余区域的面积较大，每个染缸与脱水机之间的空地上可以同时摆放 4～5 缸织物，所以脱水工序可以不画区域标志线。只要脱水操作工及时将脱水完毕的织物推送到转序交接区域完成交接，脱水区域就不会发生堵塞通道的现象。临时区域的标志盘上通常写明临时摆放物品的名称、数量、临时摆放时间和负责人。逾期没有及时搬走临时摆放物品，在定期的现场检查时可以通报批评其负责人。标志线的颜色不同，其功能也不同。必要时，可以在地面上或墙面上写一些简洁的文字，对该区域的功能加以说明。

⑤ 挂看板。具有警示和指示功能的标志板，也被称为看板。整个生产区域的划分应该有明显的指示板。也可以将生产区域的指示板按照染色车间、定形车间、检验车间等区域划分，每个车间内悬挂一块指示板，便于全体员工铭记在心。各区域内部也可以通过细分的方式在不同的区域挂更多的指示板，如备布区、转序区。用醒目的标志线、指示盘、指示板简洁地标出各区域的功能，时刻提醒操作工严格执行定置管理规则，有利于提高生产效率。

看板在生产区域的悬挂不可过多，悬挂过多会让操作工有一种无所适从的压抑感。看板的内容必须简洁、有效。文字过多容易引起歧义，使员工抓不住重点，把该说的说清楚就是有效。看板上面经常会贴出考核结果之类的通知，此时看板相当于具有“广而告之”功效的通知栏。

在新工艺全面推开之前，除个别辅导、集体培训以外，通过通知栏发布新品工艺要点，是促进全体员工加强自学的有效方法。只有集体的自学能力不断提高，这个集体的自我创新的能力才会不断提高。当全体员工把钻研技能当作一件有趣的事情自发来做的时候，由此产生的爆发力将积极地推动企业的管理水平不断提高。

⑥ 常检查。定期地进行现场检查是促进现场管理水平不断提高的有效途径。每个星期至少检查一次。检查人员既可以是总经理，也可以是其助理。检查时，既可以组成检查小组，也可以单人检查。检查的结果必须有记录，便于总经理对各部门主管的月考评、季考评和年终考评。检查的结果必须及时公布。对于检查中连续三次出现的问题，总经理必须在办公会议上给予正面的回应，否则现场管理就会流于形式。必要的协调、检查、督促、批评、服务、提供资源等等，是总经理的主要职责。如果现场管理的日常检查能够与其他检查一起进行，比如全面质量管理检查、劳动纪律检查、工艺纪律检查等，则可使该企业的基础管理工作得到持续的改进。

3. 标识在现场管理中的作用

标识在染厂中随处可见。随布车转移的流程卡、织物头子上的绣字，都属于标识。标识的主要作用是识别，识别的目的是为了区分。在识别染厂内所有物资的时候，需要对标识进行统一的策划和说明，需要制定一些基本规则，要求所有员工在生产过程中共同遵守。策划规则的过程是管理，那么策划标识使用规则、要求员工共同执行这些规则的过程，自然是标识管理的过程。

(1) 坯布标识

布头上的绣字就是坯布的标识。绣字的位置在距离坯布一端为 1 m 左右的布边处。距离过近，容易造成绣字消失。织物在加工过程中，经常会出现坯布端头散边的现象。同时，为了减少织物纬斜，缝头时常常采取撕边的方法。无论是弹力织物，还是强捻织物，都需要两次以上的定形，特别是短纤维仿毛织物，还需要罐蒸之前的第三次缝头，每一次缝头都需撕边。这样，如果绣字距离坯布一端过近，有可能发生绣字被撕掉的现象。

双减量织物的绣字，可以用耐碱的棉线，进行其他加工的织物采用常规的涤棉线即可。绣字力求简洁、清楚。每一位顾客的产品绣字由白坯仓库的管理员负责策划。简洁性和唯一性是绣字策划的基本原则。绣字由白坯仓库管理员登记在入库点色单上，由业务员或顾客在点色时传递到生产技术部，再通过生产技术部开出的产品质量控制流程卡传递到备布工序，供绣字工绣字。

白坯仓库中堆放得较高的坯布也需要标识，既可以在小黑板上写出顾客姓名、绣字、批号，也可以在顾客的布堆上用粉笔标明顾客的姓名、绣字和批号。有的时候，布边的形式及是否带彩线，都可以作为坯布的标识。织造过程中使用的织造设备不同，布边组织不同，坯布的布边会有多种形式，常见的有光边和毛边两种。

(2) 布车标识

有些工序用过的布车，其他工序中若继续使用，可能会对产品质量产生影响。比如减量工序用的布车，在其他工序使用时可能会对一些颜色产生影响。单独使用分散红 3B 时，若织物表面带碱且遇高温，则织物表面会出现大量的无规则的蓝斑。这种蓝斑无法回修，只能改深色。织物若以人造长丝嵌条，如果用减量专用布车盛装且车内残留少量碱液，时间过长，人造长丝很可能会部分消失，织物表面会出现任何人都无法接受的布面风格。

所以，布车标识非常重要。漂白专用、浅色专用、减量专用、拉布专用的布车，其他工序中严禁使用。全厂范围内的布车必须统一编号，便于维修和管理。

(3) 设备标识

设备标识在大多数情况下是给局外人看的。因为在生产区域内部，无论是操作工还是机修工，对自己使用或维修的设备有比较深刻的了解，用镀锌的铁片写明设备标识，多少有些画蛇添足的味道。但是给设备编号是非常必要的。而在设备标识上注明维护者的姓名，则是自欺欺人的做法。任何一台设备的第一维护人应该是设备的使用者，而不是专业的机修人员；同时，任何一台设备，靠一名机修人员，是无法进行保养与维护的。

设备标识与布车标识上面的文字，最好由有一定书法功力的人书写。歪歪斜斜的几个文字，长时间地出现在人们的眼前，一定是对全体员工双眼的污染。

(4) 通道标识

安全通道和其他通道一样，都具有明显的标志线。这些标志线就是通道的标识。黄线是通道标识常用的颜色。标志线不同的画法，代表不同的含义，实线是不能超过或者逾越的区域，虚线之内代表可以临时堆放的区域。安全通道两侧用黄色实线标注，表明两条黄色实线之内的区域是任何时候都不能堵塞的等级最高的安全通道。转序工序周边区域可以用黄色虚线表明，区域之内可以临时摆放半成品，区域之外不可摆放。脱水机旁边的区域也可以用黄色虚线表明临时摆放区域。区域以外的地方不可临时摆放和长久摆放布车。定形机机尾的码布区域、落布区域、检验区域、计量区域都是非常重要的工作场地，用白线画出，需要时刻保持内部清洁。

(5) 转序标识

前文已经多次提到，织物在转序过程中的流程卡，不仅是最重要的质量记录，也是最重要的标识。因为在转序过程中很少发生织物拉错、染错等现象，所以，绣字在转序过程中发挥的标识作用逐渐减退。这种减退现象并非人为造成，而是因为织物被染成深色以后很难看清楚布边上很小的绣字。在不到万不得已的情况下，转序过程中很少有人通过看绣字来判断这缸布是哪个顾客的，大多数员工选择在流程卡上寻找顾客的名称和织物的其他信息。只有转序工序中半检岗位的员工和染色工拉取坯布时，因为操作程序有要求，才会仔细检验织物的绣字和流程卡上的相关信息是否一致。而简单有效的工作方式最受一线员工的欢迎。

由于生产的需要，流程卡在产品加工过程中被拿起和放下的次数非常多，质地较差的流程卡经不起这样的折腾。所有的工序必须为下道工序负责，严禁将流程卡弄湿。在染厂内弄湿流程卡是一件很容易的事情，保持流程卡的清洁与干爽则很不容易。干爽的流程卡不仅可以有效地传递全部信息，还便于流程卡的长期保存。顾客开发新产品是在原有老产品的基础上进行的。保留相关的老产品信息，对顾客不间断地开发新产品，有着积极的促进作用。

流程卡也是加工记录，产品经过什么工序，流程卡上一目了然。当流程卡随着成品来到成品仓库的时候，库管员要及时收集和整理流程卡，在登记完某产品的关键加工工序以后，必须把流程卡收集起来，待以后集中送交生产技术部存档。关键的工序主要包括减量方式、颜色深浅以及是否经柔软、罐蒸、轧光、防水等特殊整理。其实，加工方式决定了产品的价格。有效保留流程卡到成品仓库，就是在有效地维护染厂的利益。

(6) 物资标识

物资标识主要是指染厂在产品加工过程中使用的不同批号的染料和助剂之间的外包装区别。在生产过程中的某一段时间内，会出现某一个批号的染料或助剂的质量突然出现问题，因而生产染厂会紧急调配另外一个批号的染料或助剂，此时需要经过生产技术副总签字以后的紧急放行。而在紧急放行的同时，需要给新批号以明显的标识，用来区别旧批号。

一旦发生紧急放行，采供部主管、生产技术部主管、生产车间主管、染料助剂仓库库管员、称料工等人员必须交接清楚，将旧批号封存，对新批号则给予明显的标识。有的染厂认为封存旧批号太麻烦，把新、旧批号放在距离不远的地方，只是写出通知，在新、旧批号上注明不同的标识。他们觉得这样操作就万无一失了。大量的事实证明，凡是有可能出错的地方都会出错。只有彻底地将旧批号从生产现场全部撤回并封存，才会将旧批号的影响降低到最小。

染厂经常使用的常规机械配件的型号也很多，有的质量较好，有的质量较差，比如染缸缸口密封圈、平幅精练装置密封轴承、布车轮盘等。耐用的就是好的，不耐用的就是差的，这是一般人判断产品质量的原则。在判断上述三种机械配件的质量好坏时，这个原则仍然需要遵从。对耐用的和不耐用的配件，用不同的标识加以区别，是节约设备维护成本比较好的方法之一。

(7) 成品标识

不同的染厂在成品上悬挂不同的标签。在内贸市场上，当某一个染厂的产品标签被顾客索取的时候，说明该染厂的生产技术水平得到了当地其他同行的认可。这时，顾客要多少标签，染厂应该免费奉送多少。外贸市场上，国内染厂的成品标签很少有被顾客索取后四处散发的。

(8) 其他标识

有实力的染厂会采用多种形式，在多种场合宣传自己的产品。比如在本公司的送货车上制作精美的车身广告，参加广交会、上海纺织面料博览会等国内外有重要影响力的展览会，宣传企业和产品，为不断拓展市场空间做出不懈的努力。随着社会分工的进一步细化，专业的纺织品贸易公司层出不穷，染厂通过自身努力不断扩大国内外市场的效果越来越差。因此，染厂若想扩大在本地区的影响，可在本厂的综合办公楼、厂大门、厂内大烟囱等比较容易吸引顾客眼球的位置做文章。

以宣传企业为目的建立新标识，可以产生一时的轰动效应，但是如果想在广大顾客心中建立永远的标识，关键还是要做好以产品质量为中心的服务。任何急功近利的讨好与迎合，只能换来顾客的反感。随着染厂、顾客、供应商的成熟，他们会共同见证整个市场的发展与成熟。

训练任务 1-3

>>> 绘制小型印染厂前处理车间设备摆放平面图

训练形式：

课后独立完成。

训练目的：

通过课后思考，让学生进一步理解“学习任务1-2”前半段的主要内容，进一步培养学生的学习兴趣和独立思考能力，继续训练学生的书面表达能力。

任务设计：

1. 指导教师在下课前布置本次训练任务；
2. 指导教师在布置训练任务前给予学生相关提示，并明确基本要求；
3. 指导教师要求学生在下次上课前上交本次训练任务报告；
4. 指导教师明确向学生提出：严禁抄袭！
5. 指导教师须在下次课堂上对于本次训练任务完成效果较好的学生给予口头表扬，继续将完成结果记入平时成绩；
6. 指导教师积极鼓励完成效果较差的学生，引导他们在下次作业中更加努力，积极争取不断进步；
7. 指导教师在下次课堂上公布相关答案。

评判标准：

1. 内容完整、表述清楚、字迹工整、图形清晰，记为优秀；
2. 内容较完整、表述清楚、字迹工整、图形清晰，记为优良；
3. 内容较完整、表述较清楚、字迹工整、图形清晰，记为良好；
4. 内容较完整、表述较清楚、字迹较工整、图形较清晰，记为中等；
5. 内容较完整、表述不太清楚、字迹不工整、图形较清晰，记为及格；
6. 内容不完整、表述不清楚、字迹不工整、图形不清晰，记为不及格。

其他：

训练报告若出现两次不及格者，指导教师须与之面谈，了解学生的基本情况，积极鼓励学生下功夫学好本门课程。

训练任务 1-4

>>> 尝试设计印染厂成品标识

训练形式：

课后独立完成。

训练目的：

通过课后思考，让学生进一步理解“学习任务1-2”后半段的主要内容，培养学生的学习兴趣，训练学生用图案表达信息的基本能力。

任务设计：

1. 指导教师在下课前布置本次训练任务；
2. 指导教师在布置训练任务前向学生提出明确要求；
3. 指导教师要求学生在下次上课前上交本次训练任务报告；
4. 指导教师在下次课堂上展示部分学生的优秀作品。

基本要求：

1. 正面注明染厂名称；
2. 正面注明染厂地址；
3. 正面注明染厂联系方式；
4. 反面注明染厂主要加工品种；
5. 反面注明染厂服务宗旨；
6. 颜色搭配合理；
7. 染厂标志突出。

评判标准：

1. 内容完整、表述清楚、图形清晰、颜色搭配合理，记为优秀；
2. 内容较完整、表述清楚、图形清晰、颜色搭配合理，记为优良；
3. 内容较完整、表述较清楚、图形清晰、颜色搭配合理，记为良好；
4. 内容较完整、表述较清楚、图形较清晰、颜色搭配合理，记为中等；
5. 内容较完整、表述不太清楚、图形较清晰、颜色搭配较合理，记为及格；
6. 内容不完整、表述不清楚、图形不清晰、颜色搭配不合理，记为不及格。

知识拓展 1-1 企业法人法定代表人登记管理规定

第一条 为了规范企业法人法定代表人的登记管理，制定本规定。

第二条 企业法人登记（包括公司登记，下同）中法定代表人的登记管理，适用本规定。

第三条 企业法人的法定代表人（以下简称法定代表人）经企业登记机关核准登记，取得法定代表人资格。

第四条 有下列情形之一的，不得担任法定代表人，企业登记机关不予核准登记：

（一）无民事行为能力或者限制民事行为能力的；

（二）正在被执行刑罚或者正在被执行刑事强制措施的；

（三）正在被公安机关或者国家安全机关通缉的；

（四）因犯有贪污贿赂罪、侵犯财产罪或者破坏社会主义市场经济秩序罪，被判处刑罚，执行期满未逾 5 年的；因犯有其他罪，被判处刑罚，执行期满未逾 3 年的；或者因犯罪被判处剥夺政治权利，执行期满未逾 5 年的；

（五）担任因经营不善破产清算的企业的法定代表人或者董事、经理，并对该企业的破产负有个人责任，自该企业破产清算完结之日起未逾 3 年的；

（六）担任因违法被吊销营业执照的企业的法定代表人，并对该企业违法行为负有个人责任，自该企业被吊销营业执照之日起未逾 3 年的；

（七）个人负债数额较大，到期未清偿的；

（八）有法律和国务院规定不得担任法定代表人的其他情形的。

第五条　企业法定代表人的产生、免职程序，应当符合法律、行政法规和企业法人组织章程的规定。

第六条　企业法人申请办理法定代表人变更登记，应当向原企业登记机关提交下列文件：

（一）对企业原法定代表人的免职文件；

（二）对企业新任法定代表人的任职文件；

（三）由原法定代表人或者拟任法定代表人签署的变更登记申请书。

第七条　有限责任公司或者股份有限公司更换法定代表人需要由股东会、股东大会或者董事会召开会议作出决议，而原法定代表人不能或者不履行职责，致使股东会、股东大会或者董事会不能依照法定程序召开的，可以由半数以上的董事推选 1 名董事或者由出资最多或者持有最大股份表决权的股东或其委派的代表召集和主持会议，依法作出决议。

第八条　法定代表人任职期间出现本规定第四条所列情形之一的，该企业法人应当申请办理法定代表人变更登记。

第九条　法定代表人应当在法律、行政法规和企业法人组织章程规定的职权范围内行使职权。

第十条　法定代表人的签字应当向企业登记机关备案。

第十一条　违反本规定，隐瞒真实情况，采用欺骗手段取得法定代表人资格的，由企业登记机关责令改正，处 1 万元以上 10 万元以下的罚款；情节严重的，撤销企业登记，吊销企业法人营业执照。

第十二条　违反本规定，应当申请办理法定代表人变更登记而未办理的，由企业登记机关责令限期办理；逾期未办理的，处 1 万元以上 10 万元以下的罚款；情节严重的，撤销企业登记，吊销企业法人营业执照。

第十三条　任何单位和个人发现法定代表人有本规定第四条所列情形之一的，有权向企业登记机关检举。

第十四条　本规定自发布之日起施行。

（以上内容摘自互联网相关网站）

知识拓展 1-2 现代企业整体形象识别

1. 企业 CIS 设计

企业形象识别系统是英文“Corporate Identity System”的中文翻译，简称 CIS，其理论的发源地一般认为在美国。20 世纪 50 年代中期，美国 IBM 公司在其设计顾问“透过一些设计来传达 IBM 的优点和特点，并使公司的设计在应用统一化”的倡导下，首先推行 CI 设计；60 年代初，美国一些大中型企业纷纷将能够完整树立和代表形象的具体要素视作为一种企业经营战略，并希望它成为企业形象传播的有效手段，包含企业形象向各个领域渗透的整个宣传策略与措施。这种完整的规划与设计在经过相当长的一段时间后被人们广泛认知，并正式冠以“企业形象识别系统”的名称；70 年代 CI 理论引入日本，少数有远见的企业先行导入 CI，并逐渐产生了功效；进入 80 年代，中国南方的一些企业也开始 CI 尝试。广东太阳神集团被认为是中国最早导入 CIS 的企业，通过视觉元素的展现，较好地体现了企业的经营理念和经营风格。

CIS 包括三个部分，即 MI（理念识别）、BI（行为识别）、VI（视觉识别）。其中，核心是 MI，它是整个 CIS 的最高决策层，给整个系统奠定了理论基础和行为准则，并通过 BI 和 VI 表达出来。所有的行为活动与视觉设计都是围绕 MI 这个中心展开的，成功的 BI 与 VI 就是将企业富有个性的独特的精神准确表达出来。BI 直接反映企业理念的个性和特殊性，包括对内的组织管理和教育、对外的公共关系、促销活动、资助社会性的文化活动等。VI 是企业的视觉识别系统，包括基本要素（企业名称、企业标志、标准字、标准色、企业造型等）和应用要素（产品造型、办公用品、服装、招牌、交通工具等），通过具体符号的视觉传达设计，直接进入人脑，留下对企业的视觉印象。企业形象是企业自身的一项重要无形资产，因为它代表着企业的信誉、产品质量、人员素质等。塑造企业形象虽然不一定马上给企业带来经济效益，但它能创造良好的社会效益，获得社会的认同，最终收获由社会效益转化来的经济效益。它是一笔重大而长远的无形资产的投资。未来的企业竞争不仅仅是产品的品质、品种之战，更重要的是企业形象之战。因此，塑造企业形象逐渐成为有长远眼光的企业的长期战略。

2. 企业形象设计规划过程

企业形象设计规划与实施导入是一项循序渐进的计划性作业。整个计划的进行与推展，综合国内外企业导入 CI 的经验，其作业流程大约可分为四个阶段。

(1) 企业实态调查阶段

把握公司的现状、外界认知和设计现状，并从中确认企业实际给人的形象认知状况。

(2) 形象概念确立阶段

以调查结果为基础，分析企业内部、外界认知、市场环境与各种设计系统问题，拟定公司的定位与应有形象的基本概念，作为 CI 设计规划的原则和依据。

(3) 设计作业展开阶段

根据企业的基本形象概念，转变成具体可见的信息符号，并经过精致作业与测试调查，确定完整且符合企业的识别系统。

(4) 完成与导入阶段

重点在于安排导入实施项目的优先顺序、策划企业的广告活动以及筹组企业形象。

3. 企业导入形象系统的意义

为了充分发挥企业形象系统的作用，塑造企业整体形象，首先应对企业形象系统有全面、完整的认识。

(1) 形象系统影响企业的生存和发展

① 导入企业形象系统是市场经济对企业提出的新要求　随着市场经济体制的完善和现代企业制度的建立，已完全进入市场角色的企业既要不断增强活力和迅速反应能力以适应市场环境的变化，同时要领先非技术、非价格因素造就企业的鲜明特色。这迫使企业在经营管理中必须突出"人"的因素，此外还必须突出企业文化内涵，营造浓郁的文化气息，使消费者在获得物质享受的同时获得精神享受。今后的企业，将不再单纯地推销产品与服务，而是向社会公众推出包括产品与服务的企业整体形象。

② 导入企业形象系统是经济全球化对企业提出的新要求　21 世纪，经济全球化趋势进一步增强，对开放的各国经济的渗透力也愈来愈强。受其影响，各国的企业集团化经营、连锁化经营初露端倪，各企业集团不仅应走上规模效益型的轨道，而且应拥有自己的海外成员企业。在顺应这种经济全球化趋势的过程中，各国企业集团需通过集团整体形象塑造，运用企业形象系统与外国大型企业抗衡。有人把企业形象所产生的力量称为形象力，同人力、物力、财力相提并论，有些企业的企业形象甚至已成为其价值最大的资产。所以，形象力是衡量一家企业是否先进、是否具有开拓国际市场能力的主要指标。国内率先导入企业形象系统的企业为我们揭示了企业形象系统的发展远景，给其他企业带来了压力，也带来了动力。

(2) 企业形象系统的积极效果

企业形象是企业内在的各种文化信息所形成的凝聚力、创造力、吸引力和竞争力的综合体现。塑造良好的企业形象，可以给企业带来以下三方面效果：

① 信任效果。一个深得社会公众认同和好感的企业，总是能顺利地推销其产品并开展新的工作，即使与其他企业做相同的事，销售相同的产品，也容易得到较高的评价。如果企业在转换经营机制的过程中，不断完善自我形象，增强形象力，提高销售力，就会有很多海内外顾客慕名而来。相反，如果一家企业的形象不好，尽管其产品打折、优惠销售，也容易遭到社会公众的怀疑。

② 缓和效果。一家形象良好的企业，当它于无意之中犯过错时，往往能比企业形象一般的企业得到社会公众更多的谅解，从而减轻社会舆论的压力。

③ 竞争效果。消费者对于形象良好的企业及其产品总会优先考虑使用，因此，这类企业常常能击败竞争对手，夺得优胜。一般而言，有知名度、企业形象良好的企业总能比没有知名度、没有良好形象的企业销售更多的产品。

企业形象所能产生的上述三方面效果，可以说是企业生存与发展的关键。然而，对它的重要性，还没有达到人所共识的程度。目前，以下几个方面值得企业经理重视与认真对待。

第一，在思想认识上，要把企业形象看作价值巨大的无形资产。所谓无形资产，是指企业的声誉、权利与优越条件的总和。塑造良好的企业形象，有利于提高企业无形资产的评估价值，使企业有发展后劲。只有把企业形象看作有价值的无形资产，把无形资产看作企业形象塑造的必然硕果，才能使企业形象的"软黄金"效应真正体现出来。

第二，在行动方针上，要把企业形象塑造作为企业经营战略的重要组成部分。在传统的企业经营观念中，企业不仅要独立把握当前的顾客市场，还要有预见性地把握未来的市场；不仅要把握国内市场，而且要开拓并占领国际顾客市场。企业在实际经营战略的同时，努力塑造企业形象，并用良好的企业形象协调企业经营管理，帮助企业做好企业文化、系统化、服务程序等方面的工作，从而达到企业形象组织化、生产技术统一化的最佳效果。

第三，在企业形象塑造的着眼点上，要注重对内增强凝聚力，对外增强竞争力。凝聚力与竞争力实际上是企业活力与合力的重要体现。对内增强凝聚力，就是要使企业形象对全体员工产生号召力，使他们对企业具有充分的自信心和强烈的自豪感、责任感及义务感。在增强内部凝聚力的同时，还必须增强企业对外的竞争力。企业形象是否良好，最主要的标志就是看它的信誉是否卓著和持久，而产品形象是企业取得信誉最经常、最直接的因素。因此，企业必须坚持不懈地抓质量，保证商品质量任何时候都要优异稳定，并保证产品具有很高的文化品味，从而创造出产品优势，以此来提高企业信誉，增强企业竞争力。

第四，在信息传播上，要注意内外并重，保证信息传播有效。企业导入企业形象系统，只是万里长城走完第一步，更重要的是需要得到企业全体员工的积极响应，同时更需要推向社会，让更多的社会公众认同企业，并作出积极的反应。否则，尽管导入企业形象系统，也很难在公众中树立起应有的企业形象，很难使员工为企业整体形象的塑造出力。因而，企业一旦决定导入企业形象系统，就既需要向社会公众广泛传播，又需要向企业内部公众广泛传播；传播时还应做到有计划、有目的，形成系列化。

(3) 企业导入企业形象系统时的注意事项

企业形象是一种有价值的无形资产，企业经理应树立这样一种观念：为塑造企业形象而导入企业形象系统所花费的金钱不是“开支”，而是“投资”，是一种开发性的投资。既然是投资，就要有投资效应。为了使形象投资产生预期的效应，在导入企业形象系统之前，应注意以下几点：

① 认真编制形象塑造规划，敢于投资。在企业形象规划中，要制定企业形象发展目标与具体实施步骤，编制规划前应找出企业实际形象与期望之间的差距，同时应注意规划的可建设性与可操作性。此外，还应尽可能增加必要的投入，不能因为对企业形象的投资与对建筑物、设施设备、名人字画、古玩等固定资产的投资不同而犹豫不决。如果一开始就不敢投资，往后的工作自然就无法进行。如果为了节省经费而删除某些必要的项目，或者花钱的项目一律砍去，就会使企业形象建设受阻，或半途而废。

② 企业形象塑造要坚持从实际出发。企业形象如何建设，应根据企业不同的条件、优势、基础和需要来考虑。例如，有的企业可从视觉形象入手，重点抓企业标志、品牌或开展广告宣传大战；有的企业可注重行为识别，着眼于提高企业整体素质，培养企业凝聚力和竞争力；有的企业可以注重理念识别，倡导企业文化与企业精神，探索适应市场经济发展的经营之道。需要指出的是，企业形象建设应由一点入手，并带动其余的方方面面，不能只顾一点而不问其余，否则极易使形象扭曲变形。

③ 企业形象塑造要有特色。差别性是企业形象塑造最基本的特征。在市场经济条件下，企业应追求富有个性化的企业形象。个性化的形象可方便消费者识别，给企业带来较稳定的客源和生机。比如有两家大型企业，设施、规模、商品相同，但一家以“享受服务温情”的形象推向市场，而另一家则没有特色，这两家企业的销售结果就大不一样。

④ 企业形象塑造要着重提高全体员工的文化素质、业务素质与职业道德水平。企业要定期和不定期地对全体员工进行职业道德、思想素质、业务素质的培训与教育，培养员工养成讲质量、讲信誉的风气，培养员工爱厂敬业、忠于职守、和睦团结的职业精神。

总之，塑造良好的企业形象，是发展社会主义市场经济的客观需要，是社会主义制度下企业对国家和社会所承担的责任，是企业在竞争中奋进取胜的必要条件，也是企业文化建设的重要内容。

（以上内容节选自互联网相关网站）

学习情境 2

印染企业生产计划的制定与实施

制定和执行生产计划，是印染企业生产组织的起点。学会如何制定生产计划，知道生产计划执行中可能遇到的问题，对于提高学生的职业技能具有重要意义。

学习任务 2-1：印染企业生产计划的制定

学习内容

1. 知道制定生产计划的主要依据；
2. 知道制定生产计划的主要过程；
3. 进一步了解印染企业生产管理的基本特点。

染厂的生产计划通常由生产管理部门制定，它是染厂内部各部门进行生产加工的依据。染厂通过实施生产计划，为顾客提供服务，同时为企业的生存与发展奠定基础。染厂生产管理部门可以根据顾客要求、产品规格、产品加工流程和生产设备运行状态制定生产计划。

1. 印染产品分类

受各种因素制约，染厂加工的品种往往是有限的。因此，知道产品分类方法，对于合理制定生产计划至关重要。在众多的纺织产品中，涤纶机织物的产量较大，产品分类相对简单。所以，以涤纶机织物为例介绍纺织品的分类方法更具代表性。

织物的分类方法很多。若按照织物的织造方法分类，可以把织物分成机织物、针织物和非织造布。机织物由经纱和纬纱相互交织而成，织造时经纱和纬纱相互垂直。针织物包括经编织物和纬编织物，由一组纱线相互成圈编织而成。非织造布也叫无纺布，经散纤维黏合而成。在日常的纺织品加工过程中，机织物比重较高。

按织物染整加工方式不同，纺织品还可分成染色布、非染色布和印花布。纺织品经染色加工后具有颜色，这样的织物为染色布。经过前处理或练漂，纺织品成为本白色或漂白色，这样的织物为非染色布。在非染色布或染色布上印花，在织物表面、获得连续花型，这样的织物就是印花布。有时可按染色方法不同，把织物分成不同的种类，比如有的织物经平幅轧染而得色，有的织物经平幅卷染而得色，有的织物经绳状浸染而得色。不同的得色方法也可以作为区分织物的依据之一。在日常加工中，染色布的比例较高。厚重的斜纹棉织物，长车平幅轧染的比例较高；小批量、多品种的轻薄平纹棉织物，平幅卷染的比例较高；厚重的全涤机织服装面料，高温高压绳状浸染的比例很高；轻薄的涤塔夫和尼丝纺等服装里料，平幅卷染的效果最好。所以，品种不同，染色方法和染色设备也不尽相同。

按照纺织品的用途不同分类，可以把织物分成服装面料、装饰面料和产业用布。服装面料主要用来制造服装，装饰面料可用来制造床上用品、窗帘、沙发等；产业用布也被称为产业用纺织品，医疗用品、汽车篷靠、宇航服、土工布、毛毯包边布等，都属于产业用纺织品。

按照织物使用的原料不同，可以把织物分成纯织物、混纺织物和交织织物。棉织物、麻织物、毛织物、丝织物、涤纶织物、锦纶织物和腈纶织物都属于纯织物。而涤/棉织物、涤/黏织物、涤/毛织物等，均由混纺原料制成，这样的织物通常被称为混纺织物。当织物的经纱为纯涤纶、纬纱为纯棉纱时，这种经纱和纬纱原料不同的织物也称为交织织物，简称交织物。有时，织物的经纱或纬纱或者经、纬纱同时由氨纶包覆丝或包芯纱组成，该种织物的经向或纬向或者经纬双向同时具有明显的弹性，这样的织物也被称为弹力织物。

对于交织物来说，经纱和纬纱有所不同。在命名织物时，一般经纱在前、纬纱在后，比如锦棉织物的经纱是锦纶、纬纱是棉纱，棉锦织物的经纱是棉纱、纬纱是锦纶。对于混纺织物来说，一般把混纺纱中含量较多的纤维组分放在织物名称的前面，把含量较少的纤维组分放在织物名称的后面。比如 T/R65/35 涤/黏织物，就是把含量为 65%的涤纶组分放在织物名称的前面。常见的涤/棉混纺织物的命名也是如此。有时可以用 CVC 来表示倒比例的涤/棉织物，如果不做特别的说明，倒比例涤/棉织物的棉纤维和涤纶纤维的比例为 55/45。

按照纺织品织造以后的颜色，可以把产品分成色织布和白织布。大部分的纺织品都是白织布，都需要通过染色加工赋予颜色。而有些条子、格子等色彩丰富的产品，往往可通过色纱织造的方式来实现。所以，色织行业近年来发展较快，为新品种开发做出了巨大的贡献。

除此之外，还有小提花织物、大提花织物、拉毛织物、磨毛织物、涂层织物、轧光轧花织物、抛光织物等。在上述产品中，有的是整理加工设备不同，有的是织造设备不同。无论用哪种方法对纺织品进行分类，都不影响纺织品的正常使用。由于机织物染色布在所有纺织品中所占比例为最高，所以举例时大都以机织染色织物为例。

2. 坯布入库

顾客根据订单数量策划坯布数量，坯布被运送到染厂后应及时进仓。坯布进仓后点清匹数、查验码单、分清批号、统计米数、向顾客出具入库单，是染厂坯布仓库管理员的主要职责。

(1) 坯布入库须知

坯布入库以后，坯布仓库管理员必须做到：

① 查看坯布堆放高度。坯布堆放高度过高，若堆放时间过长，底层坯布受压变形，容易造成坯布退卷困难并形成织物内应力，影响织物前处理。特别是涤纶纬向弹力织物，会明显

增加损耗数量。

② 查看仓库防雨防晒效果。若仓库防雨防晒效果不好，容易使织物遭受淋雨或曝晒，造成坯布发霉或氨纶断裂，使织物无法进行染整加工。

③ 查看坯布堆放处地面铺垫情况。若坯布直接堆放在地面上，容易受潮或遭受老鼠啃咬。有些化纤产品虽不怕受潮，但沾污过多，容易影响浅色织物的布面清洁程度。

④ 查看周围堆放的其他织物的规格。若相同或类似的坯布的堆放位置相近或相邻，不但容易造成因布堆坍塌引起的混批现象，也容易引起备缸时拿错坯布。

⑤ 注明坯布堆放标识。在小黑板上或坯布上写粉笔字，可将不同顾客、不同批号的坯布比较明显地区分开来。在坯布上作出明显标识，可以避免坯布混淆。

(2) 坯布入库单主要内容

入库单是坯布入库的凭据，其主要内容应该包括顾客姓名、入库时间、品种匹数、批号、标识内容、业务员签字和顾客签字。

① 顾客姓名。必须填写顾客的真实姓名，不可用业务员姓名替代顾客姓名，以免引起不必要的麻烦。为了充分体现企业文化，坯布仓库管理员不可将顾客的姓名写错。

② 入库时间。为了加强仓库管理，便于及时、准确地进行盘仓，坯布仓库管理员必须在入库单上注明坯布入库的准确时间，写明年、月、日。

③ 品种名称。为明确突出产品特点，库管员必须在坯布入库单上标明产品的品种名称。产品的品种名称标注，可以根据上文中产品分类的基本原则进行。如全涤、涤棉、全涤纬弹、全涤四面弹、T/R 弹力、天丝/棉、锦/棉、棉/锦、纱卡、线卡、弹力府绸、毛涤、阳离子、复合丝、麻纱等等。在产品命名时，不必追求品名的完整性，只要产品的名称能够满足生产加工的基本需要，用来描述品名的语言越简单越好。

④ 产品匹数。坯布入库数量通常以匹数为准，所以，顾客十分关心成品的出库匹数。如果每匹布的米数比较接近，入库坯布总米数的估算就简单。准确清点坯布入库数量，对于顾客准确计算产品缩率也具有重要意义。

⑤ 产品批号。坯布入库时，通常以相同规格产品的总匹数为设立批号的基本依据。当一个顾客的产品规格和入库匹数都相同时，可以考虑采用其他方法作为设立批号的基本依据，如光边和毛边、白边和彩边、高经密和低经密、弹力布和普通布、窄门幅和宽门幅等。

⑥ 标识确认。产品的标识是确认顾客身份的主要依据。在纺织品染整加工过程中，通常在每匹白坯布的一端进行人工绣字来标明该产品的归属。一般情况下，每位顾客的标识是唯一的，以便更加有效地辨别顾客身份。如某印染公司顾客“李泽洪”的产品标识为“木”，而顾客“邱建林”的产品标识可以确定为“丘”。库管员在为顾客选取产品标识时，可与顾客协商。确认产品标识前必须征得顾客的同意。产品标识必须笔划较少、便于绣字和易于辨认，同时在染厂内必须具有唯一性。

⑦ 业务员签字。业务员签字的基本作用是为了明确某批号产品的业务归属。有些染厂的顾客较多，业务主管为了培养新业务员，可以根据市场需求将老顾客分配给新业务员。为明确服务提供主体，必须在坯布入库单上明确业务员姓名。有些业务员的能力较强，可以提供的坯布数量较大。当某位业务员无法为染厂老顾客提供其急需的品种时，业务能力较强的业务员有义务为老顾客提供优良的服务。所以，在某些老顾客身上，完全有可能发生多位业务员为其提供服务的情况。为进一步落实提供服务的主体，完全有必要将业务员的姓

名填写在坯布入库单上。

⑧ 顾客签字。请顾客在坯布入库单上签字是非常必要的。顾客签字以后，可以表明该顾客对坯布入库数量、业务员、标识、产品名称和批号的确认。必要时，业务员可以代替顾客签字确认上述项目。

3. 点色、点色卡与加工技术要求

(1) 点色

点色的凭据是坯布入库单。所谓点色，是指顾客向染厂生产技术管理部门明确提出加工的技术质量要求、加工数量、加工颜色等加工信息的过程。记录上述信息的纸质文件就是点色卡。必要时，顾客点色可由业务员代为完成。业务员根据有效信息代表顾客到生产技术部点色，既可以体现服务价值，也提高了顾客经营效率。有时，染厂新顾客可以在业务员陪同下凭点色单到生产技术部完成点色。当顾客将坯布大量入库后，需要根据市场行情决定每次点色数量，所以，一张坯布入库单可能需使用多次。如果顾客委托染厂生产技术部保管坯布入库单，那么，生产技术部值班人员有义务妥善保管顾客坯布入库单。当顾客自己保管的坯布入库单不慎遗失时，坯布仓库管理员有义务根据坯布库存台账为顾客开具库存坯布数量证明，以便顾客完成后续点色。后续点色也可由业务员根据从相应顾客处获得的有效信息代为完成。

(2) 点色卡

点色卡是记录点色信息的纸质载体，它既是技术管理档案的基础，也是质量管理体系的重要记录之一。点色卡的主要内容应包括顾客名称、产品名称、坯布批号、产品标识、颜色名称、颜色小样和加工要求。其中，顾客名称、产品名称、坯布批号、产品标识等内容与坯布入库单上所列的内容相同，而产品的颜色小样必须由顾客本人或业务员在点色时与生产技术管理部门的值班人员当面交接清楚。表 2-1 给出了某印染厂点色卡的基本内容。

表 2-1　杭州恒逸印染公司点色卡

顾客姓名	曹闵	产品名称	全涤麻纱	年　月　日
产品批号	280 匹批号	产品标识	++	值班员：
颜色 1	漂白 28 匹　藏青 56 匹　特黑 70 匹			
技术要求	1. 定形要求： 2. 减量要求： 3. 整理要求： 4. 其他要求：			
备注	经纬纱捻度：1 200 捻/m 经纬原料：150D FDY 已留成品手感样 业务员签字：　　　　顾客确认签字：			
颜色样				

产品的颜色名称多以大众耳熟能详的颜色命名。当某顾客的一次点色数量较多，无法用颜色俗称明确表述产品的颜色状态时，可以通过给颜色编号的方式加以解决。如某顾客

在春夏之交一次点色 560 匹，合计为 20 种且深浅不同的灰色。此时将其颜色依次命名为 1 号灰到 20 号灰，即可满足生产要求。

生产技术部值班员必须耐心细致地问清顾客的各项要求，妥善保管顾客手感样品和颜色小样。技术部打样员根据顾客提供的颜色小样打样，确定染色配方。生产技术部值班人员根据点色单中的相关信息开出生产流程卡，由白坯仓库备缸小组按流程卡相关要求完成生产准备工作。

在点色卡的备注栏目中记录顾客提供的有关坯布特征的信息，对于产品工艺设计至关重要。通常，需要记录的内容主要包括经纬向原料的基本特性、原料的捻度、定形手感留样等。有时，构成产品的纺织原料相对复杂，备注栏目中只需记录最能影响该产品加工工艺的信息。例如，每米具有 1 200 个捻度的涤纶长丝产品，必须做碱减量加工，而该加工会彻底影响产品的整个加工流程。

(3) 加工技术要求

产品加工的技术要求通常包括定形要求、减量要求和整理要求等内容。其中，定形的基本要求主要包括定形门幅、成品质量、缩率要求、挂码方式和手感要求等。定形门幅通常用“cm”表示，成品质量通常用“每平方米的克数(g/m^2)”表示。挂码方式有单码和双码两种，尺码长度通常为 100 cm。对于普通涤纶机织物而言，定形缩率问题相对简单，通常可以记作“拉出”“最小”“一般”和“放出”。

众所周知，涤纶机织物以米计长。通过高温定形以后，作为热塑性纤维的涤纶势必明显收缩。为了控制织物收缩，可以通过定形机拉幅以满足顾客对产品门幅的基本要求。为控制产品的经向收缩率，通过提高经向张力、使用针板定型机或使用定形超喂等方法，可明显降低普通涤纶机织物在染整加工中的经向缩率。而对于档次较高的特殊涤纶产品，在成品定形时可以通过增加经向缩率改善产品手感。就长车轧染的全棉纱卡产品，可以通过成品定形以后的橡毯预缩加工，进一步降低产品的经向收缩率，提高尺寸稳定性，满足服装顾客的基本需求。所以，关于产品定形的技术要求，不仅取决于产品规格，还取决于产品的最终用途。对常规涤纶机织物而言，若要求定形时保持成品的经向缩率最小，就不可能获得最佳的定形手感。

涤纶强捻织物通常需要碱减量加工。此类产品的碱减量加工俗称减量，加工要求的主要内容包括减量的轻重、减量手感标样和减量方式。减量方式主要指顾客喜欢的减量设备，包括练池减量、减量机减量、染缸减量和连续减量机减量。以涤纶机织物为例，整理要求通常包括抗静电整理、柔软整理、吸湿整理、防水整理、三防整理、抗紫外线整理、抗菌整理、阻燃整理等。其中，柔软整理最常见，其基本要求主要包括柔软方式(浸渍或浸轧)、滑爽或蓬松程度。其他要求的主要内容包括产品的水洗牢度、摩擦牢度、日晒牢度、升华牢度和纺织品生态性方面的要求等。例如，对于涤黏仿毛产品，罐蒸要求、轧光要求、染色牢度要求等是最常见的基本要求。

全新品种点色时，点色值班员要特别问清楚该产品的经纬纱原料组成、捻度、有没有氨纶或其他特种纤维，必要时可以要求顾客提供减量手感样品或成品手感样品。如果生产技术管理部门值班人员对此有明确要求，则有利于产品的染整加工。如果顾客还有其他特殊要求，可以在点色卡中表述清楚。必要时为体现企业的服务质量和水平，重要顾客的全新产品点色可由生产技术部主管亲自完成。

4. 生产计划的制定

为提高生产效率，保证产品质量，染厂的生产管理部门必须根据顾客产品的颜色深浅和染厂现有设备的基本特点合理安排生产进程。合理策划生产进程，通常从制定生产计划开始。在有些染厂中，制定生产计划也被称为排缸。由于涤纶机织物的前处理加工与染色加工通常在一种设备中完成，所以，以涤纶机织物来料加工为主的印染厂，产品加工生产计划以染色加工排列顺序为主要特征。点色排缸是纺织品染整加工的开端，良好的开端对于纺织品的正常加工至关重要。

生产计划的制定者既可以是生产技术部主管，也可以是主管助理，还可以是生产技术主管指定的其他人员，对染厂生产管理熟悉的染色车间主任也可以制定生产计划。非生产技术主管亲自制定的生产计划，都需要生产技术主管签字确认，未经生产技术主管签字的生产计划无效。必要时，生产技术副总可以替代生产技术主管签字，确认已经制定的生产计划正式生效。

(1) 制定生产计划的基本原则

制定生产计划时，可以遵循的基本原则主要包含三个方面。

① 次序性。制定生产计划必须遵从的最根本原则是：必须按照点色的先后顺序进行。而顾客的点色顺序基本与顾客坯布入库的顺序相同。为提高加工效率，业务员可以提醒顾客，坯布入库以后应尽可能及时点色。

② 连续性。染厂坯布入库一般会持续到当天傍晚。生产管理部门在坯布入库结束后制定当天生产计划，有利于各生产部门顺利执行生产计划。对于上一生产计划中未完成的剩余加工任务，应该安排在新生产计划的最前面执行。

③ 适度灵活性。在每次制定生产计划的过程中，可以保持适度的灵活性。例如在每份计划中可以满足一位顾客提出的适度提前加工的要求。被照顾的顾客既可能是新顾客，也可能是老顾客；既可能是大顾客，也可能是小顾客。适度灵活性原则在执行时不能对正常的生产计划产生较大的冲击。如果生产计划的机动性成分过多，会逐渐失去权威性。因此，一份生产计划中机动的成分不宜超过 2 缸布。生产计划的制定可以采用填写表格的方式完成，表 2-2 是一份以涤纶机织物为主要加工产品的生产计划单。在该份生产计划中，列出了染缸序号、顾客、产品规格和颜色名称。

表 2-2　印染厂生产计划单

杭州恒逸印染公司生产计划单

2010 年 5 月 18 日　　　　制定：余林江　审核：邱建林

缸号	顾客	产品	颜色	顾客	产品	颜色	顾客	产品	颜色	…
1	王春江	麻纱	漂白	王春江	麻纱	漂白	王春江	麻纱	漂白	…
2	陈志贤	乔其	奶白	陈志贤	乔其	本白	陈志贤	乔其	水粉	…
3	黄润山	…	…	…	…	…	…	…	…	…
4	方富强	…	…	…	…	…	…	…	…	…
5	项国军	…	…	…	…	…	…	…	…	…
6	陈　哲	…	…	…	…	…	…	…	…	…

续　表

缸号	顾客	产品	颜色	顾客	产品	颜色	顾客	产品	颜色	…
7	劳观明	…	…	…	…	…	…	…	…	…
8	毕奎彪	…	…	…	…	…	…	…	…	…
9	项汤强	…	…	…	…	…	…	…	…	…
10	高建国	…	…	…	…	…	…	…	…	…
11	施关尧	…	…	…	…	…	…	…	…	…
…	…	…	…	…	…	…	…	…	…	…
16	项海华	涤纬弹	藏青	项海华	涤纬弹	藏青	王春江	涤纬弹	藏青	…
17	方立新	全涤	藏青	陈晓来	全涤	藏青	王春江	涤纬弹	藏青	…
18	孔晓星	查理王	藏青	李泽洪	查理王	藏青	王春江	查理王	藏青	…
19	张世林	全长丝	特黑	李泽洪	查理王	特黑	李泽洪	查理王	特黑	…
20	周柏军	T/R	特黑	李泽洪	查理王	特黑	李泽洪	查理王	特黑	…

(2) 制定生产计划的影响因素

生产计划的制定受诸多因素的影响。其中,加工设备的型号和数量、织物的颜色和加工数量、产品的加工流程和加工工艺条件等因素,是影响生产计划制定的主要因素。

① 加工品种。涤/棉织物和全涤织物的前处理加工工艺区别较大。全涤织物的前处理,只需在碱性条件下,于 80℃净洗 20 min 即可,加入的助剂以液碱和去油灵为主。而涤/棉织物的前处理,通常需要加入双氧水、泡花碱、渗透剂、螯合剂、净洗剂和软水剂等助剂,加工温度也会超过涤纶织物的前处理温度。因此,在制定生产计划时,涤/棉织物的加工尽可能相对集中地安排在某些特定的设备中完成。

② 加工数量。顾客的产品加工数量通常由顾客与面料需求单位签订的加工合同决定。印染厂的生产设备,由于型号不同,设备的加工容量也有所区别。以 600 kg 的全涤漂白织物为例,可由小型设备加工完成,也可采用大型设备完成。小型设备的加工量通常为 120 kg,大型加工设备的容布量一般为 300 kg。因此,用小型设备加工 600 kg 全涤漂白织物,可以安排 5 缸;用大型加工设备加工该产品,可以安排 2 缸。显然,用大型设备加工产品,加工效率更高,成品的缸差更小。因此,在可能的前提下,适度增加加工设备数量,可以进一步提升染厂的发展空间。

③ 产品质量。仍以 600 kg 全涤漂白织物加工为例。当该产品的重量为每平方米 190 g 时,属于轻薄型产品。轻薄型涤纶织物的漂白加工适合在小型加工设备中完成。因此,制定该产品生产加工计划时,需要安排 5 缸。当该产品的重量为每平方米 400g 时,则属于中厚型产品。由于小型加工设备的喷嘴口径较小,所以只能安排在大型设备中完成漂白加工。反之,用大型染缸加工轻薄型织物时,即使更换小型喷嘴,仍可能不配套。所以,用大型染缸加工轻薄织物,在加工过程中很可能造成轻薄织物布边的大量泄边,从而严重影响产品的销售,最后很可能导致顾客的高额索赔。

④ 加工工艺。产品的原料和规格不同,加工工艺往往区别较大。以涤纶强捻织物染整加工为例来说明加工工艺对生产计划制定的影响,更具代表性。涤纶强捻织物经碱减量加工以后,可以明显改善织物手感。此类产品的基本工艺流程为:

备布→预缩→预定形→减量→水洗→染色→后处理→脱水→烘干→成品定形→检验→包装

在上述工艺流程中，预缩、预定、减量、水洗全部发生在产品染色之前，明显有别于其他涤纶机织物的精练前处理。其中预缩在染缸内完成，预定在定形机上完成，减量在减量机中完成。因此，在制定以染色加工排序为主的生产计划时，由于预缩需要占用染色设备，所以预缩加工必须在生产计划中有所体现。关于预缩加工的生产计划安排，在表 2-3 中的 3 号、4 号和 5 号缸中有所体现。

表 2-3　印染厂预缩加工在生产计划单中的体现

杭州恒逸印染公司生产计划单

2010 年 5 月 18 日　　　　制定：余林江　审核：邱建林

缸号	顾客	产品	颜色	顾客	产品	颜色	顾客	产品	颜色	…
1	王春江	麻纱	漂白	王春江	麻纱	漂白	王春江	麻纱	漂白	…
2	陈志贤	乔其	奶白	陈志贤	乔其	本白	陈志贤	乔其	水粉	…
3	**黄润山**	**麻纱王**	**预缩**	**黄润山**	**麻纱王**	**预缩**	**黄润山**	**麻纱王**	**预缩**	…
4	**方富强**	**顺纡绉**	**预缩**	**方富强**	**顺纡绉**	**预缩**	**方富强**	**顺纡绉**	**预缩**	…
5	**项国军**	**驼丝锦**	**预缩**	**项国军**	**驼丝锦**	**预缩**	**项国军**	**驼丝锦**	**预缩**	…
6	陈　哲	…	…	…	…	…	…	…	…	…
7	劳观明	…	…	…	…	…	…	…	…	…
8	毕奎彪	…	…	…	…	…	…	…	…	…
9	项汤强	…	…	…	…	…	…	…	…	…
10	高建国	…	…	…	…	…	…	…	…	…
11	施关尧	…	…	…	…	…	…	…	…	…
12	耿淮滨	…	…	…	…	…	…	…	…	…
13	杨逢春	…	…	…	…	…	…	…	…	…
14	向三龙	…	…	…	…	…	…	…	…	…
15	邱振南	…	…	…	…	…	…	…	…	…
16	项海华	涤纬弹	藏青	项海华	涤纬弹	藏青	王春江	涤纬弹	藏青	…
17	方立新	全涤	藏青	陈晓来	全涤	藏青	王春江	涤纬弹	藏青	…
18	孔晓星	查理王	藏青	李泽洪	查理王	藏青	王春江	查理王	藏青	…
19	张世林	全长丝	特黑	李泽洪	查理王	特黑	李泽洪	查理王	特黑	…
20	周柏军	T/R	特黑	李泽洪	查理王	特黑	李泽洪	查理王	特黑	…

根据织物加工的工艺要求不同，适当增加或减少预缩机缸的数量，可以更有效地控制最终的染色成品数量。如果某时间段内两次减量或弹力织物的加工数量较多，应适当增加预缩缸数量。如果不能适时增加预缩缸数量，预定形和减量工序会受到严重影响。但如果预缩加工开缸过多，也会造成整个生产区域只有半成品而没有成品的局面。半成品过多，不仅会占用大量布车，还会堵塞安全通道。

⑤ 染缸的清洁程度。正常生产过程中，染色车间的染缸可以分为两种，一种是染色缸，一种是非染色缸。染色缸可按照颜色的深浅分为漂白缸、浅色缸、中色缸和深色缸；非染色

缸又包括两种，一种是预缩缸，一种是减量缸。如果某染缸一直加工漂白产品，则该染缸十分适合继续加工漂白产品；如果某染缸一直加工染色产品，则该染缸非常适合继续安排染色产品的加工。由于染色产品的颜色差别较大，通常可分为浅色、中色、深色和特黑色。所以，为了减少洗缸次数，降低沾色次数，在安排生产计划时，必须避免用染过深色的设备未经洗缸就续染浅色。用染过浅色的染缸加工漂白织物，一定会造成漂白织物的沾色。沾色后漂白织物的白度会出现明显偏差，进而造成缸差，引起顾客投诉。因此，在制定生产计划时，即使暂时没有漂白加工任务，也不可轻易将漂白染缸改染浅色。表面上看，用漂白缸改染浅色可暂时提高生产效率。如果一旦用浅色缸加工漂白织物，由此引起顾客投诉所造成的损失，有时可能远大于暂时提高生产效率所带来的效益。当只有一只染缸可以进行漂白加工时，为了保证产品加工质量，也不可轻易通过洗缸方式来增加加工漂白产品的染缸数量。有时，对于特殊颜色的产品加工，牺牲一些加工效率，可以明显提升产品加工质量。

大红和特黑这两种颜色较特殊，染缸染过这两种颜色后，如果不洗缸，很难续染其他深色。所以，在安排生产计划时，既不能把浅色安排在漂白缸中染色，也不能把深色安排在浅色或中色染缸中续染，更不能把其他深色安排在染过大红和特黑颜色的染缸中续染。需要特别注意的是，染过大红以后，可继续染大红、枣红、绛紫、深紫等颜色。若计划将大红染缸清洗干净，可通过续染枣红、紫红、深咖啡、咖啡、古铜、豆沙等色，逐步过渡后可续染中色，从而省去洗缸环节。保持适当数量的预缩、减量、漂白染缸，对于提高生产计划的合理性具有一定作用。

(3) 染缸清洗

在染整加工过程中，为了保持染缸的清洁，经常会在生产计划中安排洗缸。洗缸时用水注满染缸，加入液碱和助剂，打入洗缸布以后升高温，是洗缸的基本工艺要求。然而，通过洗缸的方式将深色染缸中残留的染料和助剂清洗干净是非常困难的，有时会越洗越脏。洗缸时加入的助剂越多，使染缸内的“陈年老窖”清洗松动的机会也越多。这些以颗粒状为主的残渣，会在织物上形成染料点。所以，在深色染缸中预缩坯布，以此来代替洗缸的做法是不可取的，哪怕被预缩的织物要染的颜色是深色，也会影响成品的色光。比如有一缸织物预缩后染黑色，预缩是在染过大红色的染缸中进行的，预缩后织物的颜色明显偏红光，染色时染色配方不做任何调整，结果染色后织物仍然发红光。而在有些地区，色光发红的特黑是很难销售的。

有的染厂用浓硝酸或浓盐酸洗缸，有的染厂用液碱洗缸，还的染厂用纯碱和保险粉洗缸。无论用哪一种药品作为洗缸的助剂，都要保持高温高压染缸的密封性。有些染缸的尾部导布管与缸体是通过法兰的形式连接的，具有明显腐蚀性的助剂对密封垫的破坏会导致染缸大修。热交换器内部的焊缝，裂开时很难被发现，会导致染色布的颜色出现明显的偏差。用氧化性明显的助剂进行洗缸，容易导致不锈钢材质焊接处的开裂。相对来说，液碱是一种比较安全的助剂，在洗缸的初期加入的保险粉也能发挥明显的作用。有些助剂生产厂家专门开发的洗缸用助剂，各有其特点。无论是在强碱性条件下洗缸，还是在酸性条件下洗缸，只要能达到洗缸以后染浅色不出现任何疵点，就是一种好的洗缸方法。

洗缸时可以用颜色很浅、纱线捻度较高的次品布作为洗缸用布。洗缸布的长度只要超过整个染缸内部的循环长度即可，过长会造成浪费。一匹 40 m 长的浅色次品布可满足一只双管高温溢流喷射染色机的洗缸要求。换言之，20 m 长的上述织物仅能满足单管高温溢流喷射染色机的洗缸要求。在洗缸过程中，使用洗缸布和不使用洗缸布，洗缸的效果相去甚远。在洗涤过程中，被清洗剂清洗下来的染料和助剂的残留物暂时微溶于水，随着洗缸进程的深入，残留物在水中的溶解量逐渐加大，也就是说残留物的浓度逐渐增加。染缸在未洗之前的颜色越深，洗缸时被清洗下来的残留物浓度越高。洗缸时，当残留物浓度达到某一临界点时，就会出现残留物的再次凝聚现象。此时如果有洗缸布存在，在高温状态下残留物就有机会吸附在织物表面，并向织物内部扩散。根据扩散原理，残留物向织物内部扩散以后，会导致残留物继续由洗缸液向织物表面移动的趋势并被不断吸附，结果洗缸液中的残留物浓度出现下降趋势。所以，在洗缸时须有一定的保温时间，以便残留物充分被洗缸布吸收。

一匹浅色的洗缸布使用一段时间以后，颜色会逐渐变深，进而逐渐变得模糊，最后变得发红。由于碱的作用，涤纶在高温下会出现表皮水解现象，所以颜色不会一直变深。当颜色不再加深的时候，就可以考虑更换洗缸布。同时，在强碱作用下，织物本身的强力会明显下降，在洗缸过程中容易出现断头现象而影响洗缸效果。所以，要根据洗缸布的使用状态经常检查其强力和颜色深度，决定是否更换洗缸布。

实际生产中，洗缸布最后变得发红光，也说明了用染过大红色的染缸做一次减量，以代替常规的洗缸，被减量的织物可能连续多缸会出现成品发红光的现象。能不洗就不洗，能少洗就少洗，才是明智的选择。领取洗缸布须经生产技术主管签字，批准后由染色班长到成品仓库凭领料单领取，在次品中挑选颜色适当、长度合适、强力较好的成品作为洗缸布。根据生产管理部门制定的生产计划安排染缸清洗，也是执行生产计划的具体体现。尽量避免洗缸，严格控制洗缸次数，可提高生产效率。

机缸预缩时使用的主要助剂是液碱和精练剂，机缸减量时加入的主要助剂是液碱。两者的工艺温度接近，都在100℃以上的高温下进行。液碱的加入量不同是两个工艺的主要区别。预缩时加入的精练剂大都具有洗涤和去污效果，如果在染过深色的染缸内预缩，液碱和精练剂在高温下对坯布的预缩与前面提到的洗缸工艺条件就十分相似。所以说，无论是预缩还是机缸减量，保持染缸内原有的清洁程度，是保持成品质量稳定的基本前提。而保持染缸现有清洁度的延续性，是减少洗缸次数的前提。

(4) 开卡

根据点色卡上的相关数据，由生产技术部值班人员开出生产流程卡给备布工序，这个过程就是开卡。流程卡是十分重要的质量记录，承载着大量的质量控制信息和工艺参数。因此，所有工序必须妥善保管生产流程卡。工序交接时，必须首先交接流程卡。染厂生产流程卡的基本格式见表 2-4。

表 2-4　杭州恒逸印染公司生产流程卡　　HY/RQJ-08

1. 基本信息				
卡号	顾客姓名	产品名称	产品批号	产品标识
096	李泽洪	麻纱王	280	木
2. 备布				
本缸匹数	米数控制	白坯克重	退卷要求	其他
14	800～900 m	240 g/m	退卷机退卷	无

续 表

3. 前处理				
烧毛要求	普通精练	机缸轻减量	机缸重减量	两次减量
无	无	无	无	间歇减量机加工
减量手感小样	平幅精练要求	预缩要求	生物酶处理	磨毛
已经存留	无	漂白	无	无
其他特殊要求	预定无纬斜，预缩不可沾污			
4. 染色				
出水要求	执行工艺编号 1	执行工艺编号 2	降温要求	水位要求
染前出水 1 次	升温慢	保温足	50℃以下进冷水	1∶10
一浴法	特殊要求	其他要求		
无	不可沾色			
5. 后处理				
常规后处理	皂洗	氧化	打冷风	水洗
是	无	无	无	1 次
其他特殊要求	出布时布车干净，出布后布车表面遮蔽，及时脱水烘干			
6. 预定形				
烘干方式	预定门幅	张力要求	其他要求 1	其他要求 2
松式	152 cm	低	不沾色	无
7. 脱水、开幅、缝头				
预定后减量前重新缝头，加工过程中严禁沾污，严禁手工开幅时沾污				
8. 后整理				
阻燃整理	三防整理	轧光要求	树脂整理	定形手感小样
无	无	无	无	已经存留
罐蒸要求	抗静电要求	防水要求	柔软要求	门幅
无	是	无	是	153 cm
成品预缩要求	布面风格要求	拉毛	包装要求	尺码
无	以成品留样为准	无	塑料袋套装	足码
成品克重	其他特殊要求	手感滑爽程度以留样为准，白度以技术部留样为准，避免纬斜，不可拔丝，避免缸差		
240～250 g/m^2				

训练任务 2-1

>>> 根据相关信息编制生产计划

训练任务引导文：

2010 年 5 月 19 日，杭州恒逸印染公司生产技术部值班员余林江在安排新的生产计划时参照了 5 月 18 日制定的生产计划的执行情况，具体内容见表 2-5。而表 2-6 中给出的相关内容是该印染公司 2010 年 5 月 19 日的顾客点色情况汇总。请根据已经掌握的信息，编制该印染公司 2010 年 5 月 19 日的生产计划单。

表 2-5 生产计划执行情况

杭州恒逸印染公司生产计划单

2010 年 5 月 18 日　　　　制定:余林江　审核:邱建林

缸号	顾客	产品	颜色	顾客	产品	颜色	顾客	产品	颜色	…
1	王春江	麻纱	漂白							…
2	陈志贤	乔其	水粉							…
3	黄润山	麻纱王	预缩							…
4	方富强	顺纡绉	预缩							…
5	项国军	驼丝锦	预缩							…
6	陈 哲	卡丹王	浅灰							…
7	劳观明	麻纱	鼠灰							…
8	毕奎彪	华达呢	中灰							…
9	项汤强	POY	豆沙							…
10	高建国	弹力呢	古铜							…
11	施关尧	涤黏	咖啡							…
12	耿淮滨	高尔夫	紫红							…
13	杨逢春	公主王	军绿							…
14	向三龙	麻纱王	枣红							…
15	邱振南	罗缎	雪青							…
16	项海华	涤纬弹	藏青							…
17	方立新	涤纬弹	藏青							…
18	孔晓星	查理王	藏青							…
19	张世林	查理王	特黑							…
20	周柏军	查理王	特黑							…

表 2-6 杭州恒逸印染公司 2010 年 5 月 19 日点色情况汇总表

序号	顾客	产品	批号与标识	颜色与匹数	加工要求
1	方富强	麻纱	200 中	藏青 56　特黑 56	门幅 144 cm 足码
2	项国军	乔其	140 口	深灰 14　咖啡 14　浅灰 70	预缩 预定 144 cm
3	陈 哲	麻纱王	56 斤	漂白 56	预缩 预定 144 cm
4	劳观明	顺纡绉	70 力	奶白 42　本白 28	预缩 预定 147 cm
5	陈志贤	驼丝锦	560 叉	本白 70　特黑 70　藏青 70	预缩 预定 144 cm
6	黄润山	卡丹王	210 山	军绿 56　蓝灰 56　秋香 56	柔软不拔丝 147 cm
7	王春江	麻纱	280 工	血牙 70　雪青 70　豆灰 70	门幅 144 cm 足码
8	高建国	华达呢	80 王	紫红 80	门幅 144 cm 足码
9	施关尧	POY	70 天	鼠灰 14　浅灰 28　中灰 28	门幅 144 cm 足码

续　表

序号	顾客	产品	批号与标识	颜色与匹数	加工要求
10	耿淮滨	弹力呢	112 大	墨绿 28　藏青 28　特黑 56	机缸预缩
11	项汤强	涤/黏	96 贝	漂白 16　奶白 32　藏青 48	门幅 144 cm 足码
12	孔晓星	高尔夫	128 子	水红 32　桃红 32　玫红 32　粉红 32	门幅 144 cm 足码
13	张世林	公主王	70 木	铁灰 14　邮绿 14　银灰 42	柔软不拔丝 144 cm
14	周柏军	麻纱王	32 土	茜红 32	柔软 146 cm 足码
15	项海华	罗缎	140 十	漂白 14　藏青 56　特黑 70	坯布定形 144 cm

训练形式:

在指导教师的辅导下,利用课余时间独立完成生产计划单的编制任务。

训练目的:

1. 通过编制生产计划单,让学生知道印染企业生产管理的基本特点;
2. 通过批改学生编制的生产计划单,检验教学效果;
3. 培养学生的学习兴趣,训练学生的书面表达能力;
4. 鼓励学生积极思考;
5. 训练学生的计算机应用能力;
6. 训练学生的作品表达能力。

任务目标:

1. 通过课后独立完成本次训练任务,进一步理解"学习任务 2-1"的主要内容;
2. 让学生熟悉印染企业生产组织的开始阶段的基本特点;
3. 让学生进一步熟悉本课程的课外作业的基本要求;
4. 通过完成本次训练任务,使学生熟悉生产计划单制定的步骤和主要影响因素。

任务设计:

1. 指导教师向学生提出问题;
2. 指导教师公布本人的电子信箱;
3. 指导教师进一步强调影响印染企业制定生产计划的主要因素;
4. 指导教师在下次课堂上展示三位学生的作品;
5. 指导教师点评学生作品。

训练任务 2-2

>>> 根据点色卡编制生产流程卡

训练形式:

在指导教师的辅导下,利用课余时间独立完成一张生产流程卡的编制任务。

训练目的:

1. 通过编制生产流程卡,让学生知道印染企业生产组织的基本特点;
2. 通过批改学生编制的生产流程卡,检验教学效果;

3. 培养学生的学习兴趣,训练学生的书面表达能力。

任务目标:

1. 通过课后独立完成本次训练任务,让学生进一步理解“学习任务 2-1”中有关生产流程卡制作的内容;
2. 让学生进一步熟悉印染企业生产组织的开始阶段的基本特点;
3. 让学生进一步熟悉本课程的课外作业的基本要求;
4. 通过完成本次训练任务让学生熟悉生产流程卡制作的基本步骤。

任务设计:

1. 指导教师向学生提出问题;
2. 指导教师进一步强调编制生产流程卡的主要内容和基本要求;
3. 指导教师在下次课堂上展示三位学生的作品;
4. 指导教师点评学生作品。

基本要求:

参照生产流程卡表 2-4 的基本格式,结合点色卡表 2-6 中的基本信息,自行编辑表 2-6 中任意顾客的一张生产流程卡,将编辑完成的生产流程卡通过电子邮件以附件的形式发送至指导教师的电子信箱。

内容要求:

1. 标明顾客姓名、产品名称、产品批号和产品标识;
2. 标明点色匹数、点色批号和颜色名称;
3. 标明减量要求、定形要求、整理要求和其他特殊要求;
4. 标明是否留样、样品状态、样品留于何处等信息。

评分标准:

1. 内容完整、格式清晰、表格设计合理、邮件发送及时正确,为优秀;
2. 内容完整、格式清晰、表格设计较合理、邮件发送及时正确,为优良;
3. 内容完整、格式清晰、表格设计较合理、邮件发送及时,为良好;
4. 内容完整、格式清晰、表格设计较合理、邮件发送较及时,为中等;
5. 内容较完整、格式较清晰、表格设计较合理、邮件发送较及时,为及格;
6. 内容不完整、层次混乱、表格设计不合理、邮件发送不及时,为不及格。

其他说明:

不及格者必须重做。

学习任务 2-2:生产计划的实施

生产计划制定以后,由各生产部门实施。在实施过程中,不仅可以验证生产计划制定的合理性,还可以检验企业各部门资源配置的充分性。在执行生产计划的过程中,生产技术主管必须随时检查生产计划的执行情况,定期召开生产例会,解决生产计划执行过程中遇到的主要问题。

学习内容

1. 让学生知道生产计划发放的主要对象；
2. 让学生知道各部门执行生产计划过程中因衔接不良可能出现的主要问题；
3. 让学生进一步了解印染企业生产组织的基本要求。

1. 生产计划的发放

生产计划制定以后，经生产技术主管签字确认后需要及时下发至相关部门，以便于各生产部门严格执行。生产技术部门的值班人员是下发生产计划的主要责任人。下发的主要部门包括生产部、技术部、坯布仓库、前处理车间、染色车间、减量车间、转序车间、定形车间和检验车间。必要时也可以将生产计划单发放到成品仓库，以便于库管员将成品入库结果及时转告相关顾客。

生产计划的发放人员可以通过妥善保管各部门的日常签收记录，有效控制生产计划单的发放。建立内部局域网的印染企业，也可以通过企业内部网络传送生产计划单。生产计划制定者通常是生产计划的发放者。生产计划制定完成后，需打印出一份纸质文件。生产技术主管签字确认后，计划制定者可以通过内部局域网以电子邮件的方式向有关部门发放生产计划单。各接收部门必须及时向生产技术部门发送回执，已确认本部门已经收到此份生产计划单。隔日，生产计划制定者须将纸质生产计划单装订成册，以备今后查询。

2. 生产计划的实施

各个生产部门的生产活动是在严格执行生产计划的过程中被紧密地衔接在一起的。只有各个部门在衔接过程中完全准确地传递产品的加工信息，产品的加工过程才可能由生产管理部门有效地控制，进而保证产品质量。任何加工信息的遗失，都可能造成生产衔接中出现问题，影响产品质量和企业声誉。

(1) 部门衔接

各部门接到生产计划以后，必须严格执行。自觉维护生产计划的权威性，不仅可以提高生产效率，还可以为企业文化建设奠定良好基础。因此，任何人不得随意更改生产计划。以白坯仓库为例，接到生产计划以后，库管员应及时指派备缸组长到生产技术部领取生产流程卡，并按生产计划单完成坯布备缸任务。

当前处理车间接到生产计划单以后，车间生产主管可指派当班组长到坯布仓库了解备缸进展情况。由生产组长安排操作工按生产计划单拉取坯布，严格执行生产计划。前处理车间的主要生产任务包括漂白产品加工、预缩产品加工和回修产品加工。严格执行生产计划和生产工艺，保持产品清洁，是对前处理车间的基本要求。

转序车间的主要任务包括脱水、开幅、缝头、中检、前道产量登记和产品烘干。由于前道工序加工进度受各种因素的制约，所以，转序车间生产主管在执行生产计划时的主动性相对较难体现。及时跟踪产品进程，疏导车间内部安全通道，也是转序车间的工作内容之一。通过前道产量登记，可以较好地跟踪各类产品的加工进程，完成双减量产品在预定加工中的生产排序，促进生产效率的提高。

减量车间的主要任务是通过减量加工来改善强捻涤纶机织物的手感，完成涤纶产品的仿真丝加工。根据企业生产计划在预缩工序、转序工序、预定工序的执行情况，及时制定减量产品的加工计划，是减量车间生产主管的主要职责。及时完成与染色车间生产主管的随时沟通，是提高生产效率的有效方法。由此可以明显提高生产计划的执行力度。

染色车间的主要任务是根据生产计划完成产品的染色加工，其产品来源主要有：一是常规染色产品，二是减量加工后需要染色的产品，三是次品回修和少部分返工返修产品。染色班长必须加强与减量工序和坯布仓库的联系，按照生产计划的先后顺序，随时紧密地跟踪各类染色产品的进展，提醒各位染色操作工严格执行生产计划，向操作工讲清楚临时调整生产计划的具体要求。

定形车间的主要任务是按照生产计划单完成产品的定形整理加工和双减量产品的预定形。为保持定形机清洁，避免产品加工过程中的搭色沾污，可以考虑漂白产品和预定形产品在同一台定形机上加工。而深色产品与浅色产品可以采用不同的定形机加工。为避免因升温和降温的待机时间过长，也可以考虑将同类产品集中加工。定形车间生产主管无论遵从何种原则安排加工任务，都必须严格执行生产计划，极力避免顾客投诉的发生。

根据前处理车间的预缩计划安排定形车间的预定形计划，可有效地保证双减量产品加工计划的顺利实施，进而促进染色计划的顺利实施。只有生产部门的每个计划都受控，由生产管理部门制定的生产计划才可能真正有效地顺利实施。细分计划、化整为零、统一管理、协调一致，是保证生产计划实施的基本条件。

检验车间的主要任务包括外贸产品检验、内贸产品的检验和成品的复检。检验的顺序以生产管理部门发放的生产计划单为依据。通常，产品加工工艺越简单，进入检验车间的速度越快。多数染厂以内贸产品的检验为主，外贸产品的检验通常由顾客委托检品公司完成。由于检品公司的检验更加专业，所以，大多数情况下，染厂都认同检品公司的检验结果。一般情况下，内贸产品检验在定形机的尾部。在加强半成品检验的前提下，在整个企业各生产工序的严格控制之下，内贸产品的成品检验更多的是确认产品的米数、门幅、尺码、颜色准确性、手感和克重。及时将产品加工进度传递给下一工序，是各生产部门严格执行生产计划的内容之一。通过质检主管的抽检，进一步监督全体检验员的工作质量，是保证检验工序工作质量的主要方法。抽检的主要依据仍然是顾客点色时留给生产管理部门的有关产品加工要求的各种信息。

在执行生产计划的过程中，成品仓库不仅是集中收集和整理产品加工信息的终点，也是集中体现染厂服务质量和水平的窗口。在这个过程中，成品仓库管理员的责任重大、任务艰巨、使命光荣。将产品加工信息及时准确地传递给业务部门和财务部门，将顾客的直接反映及时反馈给生产技术主管部门，是成品仓库管理员的主要职责之一。对成品仓库实施定置管理，检验并核对进仓成品的顾客姓名、产品规格，协助质检主管完成复检和抽检，也是成品仓库管理员的工作内容之一。如果顾客某一批号的产品中，有一缸没能及时入库，成品仓库管理员须提醒生产管理部门及时对未入库产品给予适当关注。

(2) 计划调整

纺织产品的多样性决定了其加工工艺的复杂性。工艺流程不断扩展，延长了从坯布到成品的生产周期。以往那种前处理以后直接染色的普通品种越来越少，取而代之的是加工工艺越来越复杂的新产品。这自然为生产计划的顺利执行带来诸多不确定影响。

发生生产计划大规模调整的现象较少。当染厂内部的关键设备发生临时故障时，需要生产管理部门及时调整生产计划。调整以后的生产计划必须及时下达到有关部门。某顾客外贸产品因改变交期而发生的生产计划调整，生产管理部门必须耐心地向其他顾客做好说明和解释工作。

生产由淡季转向旺季的过程中，严格执行生产计划往往会遇到更多的困难。实际生产中，经常会出现染色工艺已经顺利制定、两次减量还没有完成的情况。面对这种情况，值班的生产调度可以对生产计划进行适度的微调，以利于提高生产效率。同时，值班调度应该在值班记录上比较详细地说明生产计划调整的原因。最后，值班调度还必须对影响生产计划顺利执行的主要因素进行必要的处理。

3. 生产计划的检查

生产管理部门的主管需要经常性地检查各生产部门在日常工作中如何严格执行生产计划。深入生产一线，了解和调查生产计划在执行过程中出现的阻力和障碍，帮助各部门解决影响生产计划顺利执行的主要困难，是生产主管的主要职责之一。生产管理部门可以通过召开生产例会的方式，群策群力，集思广益，集中分析和解决影响生产计划顺利执行的主因。

通常情况下，在企业基层工作的操作工会比班组长更早地发现本班组存在的问题，基层的管理者也会比生产主管更早地发现该部门影响生产计划顺利执行的主要问题。因此，在检查生产计划执行情况的过程中，生产主管必须耐心听取各部门主管的汇报，切不可先入为主，主观臆断。通过深入实际和调查研究，才能发现新情况，解决新问题。企业生产管理中的主观主义和急躁冒进，可能会使原本陷入混乱的局面越发不可收拾。

通常，每周在固定时间召开一次全厂生产例会，集中讨论本周内出现的问题，讨论产生问题的原因，分析解决问题的办法，布置新的生产任务，是召开生产例会的主要目的。技术管理和产品开发部门的主管也可以参加生产例会，布置近期产品开发任务，明确新品和工艺要求。质检主管在生产例会上可以向与会人员汇报上周的各部门产量、质量和消耗情况，指出出现异常的主要原因。通常，生产例会由生产主管主持，生产技术副总和企业内部各生产管理部门的主要管理人员参加。

可以在每个月的 15 日召开生产经营例会，总结上个月本企业生产经营过程中的得失。月度生产经营例会由生产技术副总和经营副总轮流主持，企业的总经理、副总经理和各部门主管出席。企业的重大投资决议、重大的人事任免，都可以通过月度生产经营例会向外部宣布。企业每个季度或每隔半年也可以召开一次专门的例会，公布各生产部门的产量、质量和消耗指标的考核结果。各企业也可以根据生产经营活动的需要，召开各种临时例会。财务部门和质检部门可以根据月度考核结果，对某个专项进行深度分析，如成本分析、劳动定额分析、生产经营情况分析、质量管理体系运行状况分析、特类疵点分析、绩效考核指标专项分析等。

训练任务 2-3

>>> 重新总结各生产部门的主要职责

训练形式：

全体学生利用课余时间，通过独立思考总结各生产部门的主要职责。

训练目的：

1. 通过总结让学生进一步熟悉各生产部门的工作任务特点；
2. 通过批改学生编制的训练任务报告检验教学效果；
3. 通过编写训练报告，提高学生的书面表达能力。

任务目标：

1. 通过独立完成本次训练任务，让学生进一步理解"学习任务 2-2"中有关生产部门工作职责的内容；
2. 通过强化训练，让学生进一步熟悉各部门生产组织的工作特点；
3. 通过完成本次训练任务，让学生熟悉各部门生产监督的基本要求。

任务设计：

1. 指导教师向学生提出问题；
2. 指导教师进一步强调总结各生产部门工作职责的基本要求和基本内容；
3. 指导教师在下次课堂上展示三位学生的作品；
4. 指导教师点评学生作品。

基本要求：

1. 根据下发的训练任务书的基本要求，总结某生产部门的主要工作职责；
2. 在下次上课前上交本次训练任务报告。

内容要求：

1. 写出生产管理部门的名称；
2. 写出该生产管理部门的主要工作职责；
3. 标明与该部门发生工作衔接的部门的名称。

评分标准：

1. 内容完整、表述清晰、层次分明，为优秀；
2. 内容完整、表述清晰、层次较分明，为优良；
3. 内容完整、表述较清晰、层次较分明，为良好；
4. 内容较完整、表述较清晰、层次较分明，为中等；
5. 内容较完整、表述较清晰、层次不分明，为及格；
6. 内容不完整、表述不清晰、层次不分明，为不及格。

其他说明：

不及格者必须重做。

训练任务 2-4

>>> 总结生产计划在执行过程中的注意事项

训练形式：

全体学生利用课余时间，通过独立思考总结生产计划在执行过程中必须注意的主要问题。

训练目的：

1. 通过总结，让学生进一步熟悉各部门执行生产计划的基本特点；
2. 通过批改学生编制的训练任务报告，检验教学效果；
3. 通过编写训练报告，不断提高学生的书面表达能力。

任务目标：

1. 通过独立完成本次训练任务，让学生进一步理解“学习任务 2-2”中有关生产计划执行要求的内容；
2. 通过强化训练，让学生进一步熟悉各部门的工作特点；
3. 通过完成本次训练任务，让学生熟悉生产计划执行的难度。

任务设计：

1. 指导教师向学生提出问题；
2. 指导教师进一步强调生产计划在执行过程中的基本要求；
3. 指导教师在下次课堂上展示三位学生的作品；
4. 指导教师点评学生作品。

基本要求：

1. 根据下发的训练任务书的基本要求，总结某生产部门在执行生产计划过程中必须遵守的基本原则；
2. 训练任务 2-3 和训练任务 2-4 中所选的部门可以相同；
3. 在下次上课前上交本次训练任务报告。

内容要求：

1. 写出生产部门的名称；
2. 写出该生产部门在执行生产计划过程中应该避免的错误；
3. 标明与该部门发生工作衔接的部门的名称。

评分标准：

1. 内容完整、表述清晰、层次分明，为优秀；
2. 内容完整、表述清晰、层次较分明，为优良；
3. 内容完整、表述较清晰、层次较分明，为良好；
4. 内容较完整、表述较清晰、层次较分明，为中等；
5. 内容较完整、表述不清晰、层次较分明，为及格；
6. 内容不完整、表述不清晰、层次不分明，为不及格。

其他说明：

不及格者必须重做。

训练任务 2-5

>>> 起草本部门参加生产例会的发言提纲

任务引导文：

接到生产技术部通知，本周三下午两点整召开杭州恒逸印染公司5月份生产总结例会，届时请您代表本部门出席，并积极做好大会发言。为便于会务组及时整理会议纪要，请将您起草的大会发言提纲于会议召开前发送至大会会务组指定的电子信箱：rzjys@nttec.edu.cn

训练形式：

在指导教师的辅导下，利用课余时间独立编制本部门的生产例会发言提纲，通过参加虚拟的生产例会，并在生产例会上做典型发言，让全体学生体会参加印染企业生产例会的切身感受。指导教师可以客串生产例会主持人。指导教师也可鼓励学生客串本次生产例会主持人。

训练目的：

1. 通过编制生产例会发言提纲，让学生知道生产例会的基本议程；
2. 通过批改学生编制的生产例会发言提纲，检验教学效果；
3. 激励学生的学习热情，强化训练学生的书面表达能力。

任务目标：

1. 通过完成本次训练任务，让学生进一步理解"学习任务2-2"中有关生产例会的内容；
2. 让学生进一步熟悉印染企业生产组织的基本特点；
3. 通过完成本次训练任务，让学生熟悉生产例会发言的主要内容。

任务设计：

1. 指导教师向学生提出问题；
2. 指导教师进一步强调本次训练任务的主要内容和基本要求；
3. 通过举办虚拟的生产例会，检验本次训练任务的完成情况；
4. 让每位学生都有展示个人风采的机会；
5. 指导教师在下次课堂上展示三位学生的发言提纲；
6. 指导教师与学生一起点评学生作品，让作者畅谈个人体会。

内容要求：

1. 说明部门名称；
2. 简要说明本部门5月份生产运营情况；
3. 说明本部门在5月份生产中遇到的主要问题；
4. 简要分析遇到这些问题的主要原因；

5. 简要分析解决这些问题的主要方法;

6. 请求生产例会主持人评价本部门的汇报效果;

7. 要求每个部门主管的汇报不得超过 3 min。

评分标准:

1. 内容完整、表述清楚、层次分明、语言流畅、反应热烈,记满分;

2. 内容完整、表述清楚、层次分明、语言流畅、反应较热烈,记 90 分;

3. 内容完整、表述清楚、层次分明、语言较流畅、反应较热烈,记 80 分;

4. 内容完整、表述清楚、层次较分明、语言较流畅、反应较热烈,记 70 分;

5. 内容完整、表述较清楚、层次较分明、语言较流畅、反应较热烈,记 60 分。

其他说明:

指导教师需积极鼓励每一位发言者,为每一位学生的点滴进步报以热烈的掌声。可以适当延长那些发言时较紧张的学生的发言时间。

知识拓展 2-1 印染企业生产计划管理制度

第一章　总　　则

第一条　目的

为了规范本公司生产计划运行与管理工作,确保生产计划目标的达成,特制定本制度。

第二条　适用范围

本制度适用于本公司产品的生产安排。

第三条　管理职责

1. 生产部负责生产计划的编制与实施。

2. 销售部负责销售计划、销售合同信息的提供。

3. 质量管理部、采购部、仓储部负责配合生产计划的实施。

第二章　生产计划编制规定

第四条　年度生产计划的编制

1. 市场部提供市场预测情况和年度销售计划及销售价格预测;财务部负责提供资金、费用、成本和有关生产经营效果预测;采购部提供原辅材料价格及市场预测;技术研发部提供技术改造计划、科研计划、新产品开发计划;生产部提供设备能力、各类产品定额消耗、安全措施、环保及绿化规划、各类产品产量计划等。

2. 生产部负责对各部门所提供的资料进行整理,编制年度计划草案。

3. 由生产总监召集有关人员,对年度计划草案进行充分讨论后报总经理审核通过,确定年度计划。

4. 生产部对所确定的年度计划进一步进行整理,形成文件,经总经理批准后,按《文件控制程序》发放到有关部门。

第五条　月度生产计划的编制

1. 市场部提供合同情况及市场预测，采购部提供原辅材料的供应情况。

2. 生产部根据合同情况、设备能力、原辅材料的供应情况、年度计划及产品库存情况编制月度生产计划。

3. 月度计划经生产总监审批后按《文件控制程序》发放到有关部门。

第六条　临时计划

1. 市场部根据销售合同情况，下达《排产通知单》。

2. 生产部根据《排产通知单》制定临时计划，并以《生产通知单》形式发放到有关部门。

3. 临时计划的内容包括品名、数量、规格、质量要求、包装要求、交货期限等。

第三章　生产计划执行规定

第七条　生产部组织各车间按生产计划进行生产

第八条　生产部做好全公司的生产计划协调、调度等工作，合理安排生产，对生产计划的执行情况进行检查与督促。各部门应配合生产部的生产协调和调度工作。

第九条　为满足生产经营需要，生产部有权对公司的设备及物料进行调度

第十条　中间物料转移必须标明公司生产调度通知单序号

第十一条　各部门根据生产计划要求开展工作，每月月底召开生产会议，总结生产计划的完成情况并布置下个月的生产计划，做好记录，记录本月的生产完成情况和分析，提出的改进措施及下个月的生产安排

第四章　生产计划调整规定

第十二条　年度生产计划的调整

年度生产计划的调整由生产部提出修订意见，经生产总监、总经理审批，报董事会通过后，发放到原部门。

第十三条　月度生产计划的调整

月度生产计划的调整由生产部提出调整意见，经生产总监审批后，发放到原部门。

第十四条　临时计划的调整

没能完成临时计划的车间，须及时通知生产部，生产部通知市场部，市场部与顾客取得联系后，对合同进行修改。

第十五条　在生产过程中，如果顾客要求更改合同，由市场部以书面形式及时通知生产部，由生产部临时调整生产计划，调整后经总经理批准，再通知有关部门和生产车间及时调整生产任务

第十六条　如因市场变化对销售的品种、数量和时间进行调整，则要提前三日通知生产部进行生产调整

（以上内容节选自互联网相关网站）

知识拓展 2-2 印染企业安全生产管理制度

第一章　总　　则

第一条　为加强公司生产工作的劳动保护，改善劳动条件，保护劳动者在生产过程中的安全和健康，促进公司事业的发展，根据有关劳动保护的法令、法规等规定，结合公司的实际情况制定本规定。

第二条　公司的安全生产工作必须贯彻"安全第一，预防为主，综合治理"的方针，贯彻执行总经理(法定代表人)负责制，各级领导要坚持"管生产必须管安全"的原则，生产要服从安全的需要，实现安全生产和文明生产。

第三条　对在安全生产方面有突出贡献的团体和个人要给予奖励，对违反安全生产制度和操作规程造成事故的责任者要给予严肃处理，触及刑律的，交由司法机关论处。

第二章　机构与职责

第四条　公司安全生产委员会(以下简称安委会)是公司安全生产的组织领导机构，由公司领导和有关部门的主要负责人组成，其主要职责是：全面负责公司安全生产管理工作，研究制定安全生产技术措施和劳动保护计划，实施安全生产检查和监督，调查并处理事故等工作。安委会的日常事务由安全生产委员会办公室(以下简称安委办)负责处理。

第五条　公司下属生产单位必须成立安全生产领导小组，负责对本单位的职工进行安全生产教育，制定安全生产实施细则和操作规程，实施安全生产监督检查，贯彻执行安委会的各项安全指令，确保生产安全。安全生产小组组长由各单位的领导担任，并按规定配备专(兼)职安全生产管理人员。各机楼(房)、生产班组要选配一名不脱产的安全员。

第六条　安全生产主要责任人的划分：单位行政第一把手是本单位安全生产的第一责任人，分管生产的领导和专(兼)职安全生产管理员是本单位安全生产的主要责任人。

第七条　各级工程师和技术人员在审核、批准技术计划、方案、图纸及其他各种技术文件时，必须保证安全技术和劳动卫生技术运用的准确性。

第八条　各职能部门必须在本职业务范围内做好安全生产的各项工作。

第九条　公司安全生产专职管理干部职责：

1. 协助领导贯彻执行劳动保护法令、制度，综合管理日常安全生产工作。
2. 汇总和审查安全生产措施计划，并督促有关部门切实按期执行。
3. 制定、修订安全生产管理制度，并对这些制度的贯彻执行情况进行监督检查。
4. 组织开展安全生产大检查，经常深入现场指导生产中的劳动保护工作，遇有特别紧急的不安全情况时，有权指令停止生产，并立即报告领导研究处理。
5. 总结和推广安全生产的先进经验，协助有关部门搞好安全生产的宣传教育和专业培训工作。
6. 参加审查新建、改建、扩建、大修工程的设计文件和工程验收及试运转工作。

7. 参加伤亡事故的调查和处理，负责伤亡事故的统计、分析和报告，协助有关部门提出防止事故的措施，并督促其按时实现。

8. 根据有关规定，制定本单位的劳动防护用品、保健食品发放标准，并监督执行。

9. 组织有关部门研究制定防止职业危害的措施，并监督执行。

10. 对上级的指示和基层的情况上传下达，做好信息反馈工作。

第十条　各生产单位专(兼)职安全生产管理员要协助本单位领导贯彻执行劳动保护法规和安全生产管理制度，处理本单位安全生产日常事务和安全生产检查监督工作。

第十一条　各机楼(房)、生产班组安全员要经常检查、督促本机楼(房)、班组人员遵守安全生产制度和操作规程，做好设备、工具等安全检查、保养工作，及时向上级报告本机楼(房)、班组的安全生产情况，做好原始资料的登记和保管工作。

第十二条　职工在生产、工作中要认真学习和执行安全技术操作规程，遵守各项规章制度，爱护生产设备和安全防护装置、设施及劳动保护用品，发现不安全情况，及时报告领导，迅速予以排除。

第三章　教育与培训

第十三条　对新职工、临时工、民工、实习人员，必须先进行安全生产的三级教育，即生产单位、机楼(房)或班组、生产岗位，才能准其进入操作岗位；对改变工种的员工，必须重新进行安全教育才能上岗。

第十四条　对从事锅炉、压力容器、电梯、电气、起重、焊接、车辆驾驶、杆线作业、易燃易爆等特殊工种人员，必须进行专业安全技术培训，经有关部门严格考核并取得合格操作证(执照)后，才能准其独立操作；对特殊工种的在岗人员，必须进行经常性的安全教育。

第四章　设备、工程建设、劳动场所

第十五条　各种设备和仪器不得超负荷和带病运行，并要做到正确使用、经常维护、定期检修；对不符合安全要求的陈旧设备，应有计划地进行更新和改造。

第十六条　电气设备和线路应符合国家有关安全规定。电气设备应有可熔保险和漏电保护，绝缘必须良好，并有可靠的接地或接零保护措施；产生大量蒸汽、腐蚀性气体或粉尘的工作场所，应使用密闭型电气设备；有易燃易爆危险的工作场所，应配备防爆型电气设备；潮湿场所和移动式的电气设备，应采用安全电压。电气设备必须符合相应防护等级的安全技术要求。

第十七条　劳动场所布局要合理，保持清洁、整齐。有毒有害的作业，必须有防护措施。

第十八条　有高温、低温、潮湿、雷电、静电等危险的劳动场所，必须采取相应的有效防护措施。

第五章　易燃、易爆物品

第十九条　易燃、易爆物品的运输、贮存、使用及废品处理等，必须设有防火、防爆设施，严格执行安全操作守则和定员定量定品种的安全规定。

第二十条　易燃、易爆物品的使用地和贮存点，要严禁烟火，要严格消除可能发生火种的一切隐患。检查设备需要动用明火时，必须采取妥善的防护措施，并经有关领导批准，在专人监护下进行。

第六章　个人防护用品和职业危害的预防与治疗

第二十一条　根据工作性质和劳动条例，为职工配备或发放个人防护用品。各单位必须教育职工正确使用防护用品，不懂得防护用品用途和性能的，不准上岗操作。

第二十二条　努力做好防尘、防毒、防辐射、防暑降温工作和防噪音工程，进行经常性的卫生监测，对超过国家卫生标准的有毒有害作业点，应进行技术改造或采取卫生防护措施，不断改善劳动条件，按规定发放保健食品补贴，提高有毒有害作业人员的健康水平。

第二十三条　对从事有毒有害作业的人员，要实行每年一次的定期职业体检制度。对确诊为职业病的患者，应立即上报公司人事部，由人事部或公司安委会视情况调整工作岗位，并及时做出治疗或疗养的决定。

第二十四条　禁止中小学生和年龄不满 18 岁的青少年从事有毒有害生产劳动，禁止安排女职工在怀孕期、哺乳期从事影响胎儿、婴儿健康的有毒有害作业。

第七章　检查和整改

第二十五条　坚持定期或不定期的安全生产检查制度。公司安委会组织全公司的检查，每年不少于两次；各生产单位每季检查不少于一次；各机楼（房）和生产班组应实行班前班后检查制度；特殊工种和设备的操作者应每天检查。

第二十六条　发现不安全隐患，必须及时整改；如本单位不能进行整改，要立即报告安委办统一安排整改。

第二十七条　凡安全生产整改所需费用，应经安委办审批后，在劳保技措经费项目中列支。

第八章　奖励与处罚

第二十八条　公司的安全生产工作应每年总结一次，在总结的基础上，由公司安全生产委员会办公室组织评选安全生产先进集体和先进个人。

第二十九条　安全生产先进集体的基本条件：

1. 认真贯彻“安全第一，预防为主”的方针，执行上级有关安全生产的法令法规，落实总经理负责制，加强安全生产管理；

2. 安全生产机构健全，人员措施落实，能有效地开展工作；

3. 严格执行各项安全生产规章制度，开展经常性的安全生产教育活动，不断增强职工的安全意识和提高职工的自我保护能力；

4. 加强安全生产检查，及时整改事故隐患和尘毒危害，积极改善劳动条件；

5. 连续三年以上无责任性职工死亡和重伤事故，交通事故也逐年减少，安全生产工作成绩显著。

第三十条　安全生产先进个人的基本条件：

1. 遵守安全生产各项规章制度，遵守各项操作规程，遵守劳动纪律，保障生产安全；

2. 积极学习安全生产知识，不断提高安全意识和自我保护能力；

3. 坚决反对违反安全生产规定的行为，纠正和制止违章作业、违章指挥。

第三十一条　对安全生产有特殊贡献的，要给予特别奖励。

第三十二条　发生重大事故或死亡事故（含交通事故），对事故单位（室）给予扣发工资总额的处罚，并追究单位领导人的责任。

第三十三条　凡发生事故，要按有关规定报告。如有瞒报、虚报、漏报或故意延迟不报的，除责成补报外，对事故单位（室）给予扣发工资总额的处罚，并追究责任者的责任，对触及刑律的，追究其法律责任。

第三十四条　对事故责任者视情给予批评教育、经济处罚、行政处分，触及刑律者依法论处。

第三十五条　对单位扣发工资总额的处罚，最高不超过3%；对职工个人的处罚，最高不超过一年的生产性奖金总额（不含应赔偿款项），可并处行政处分。

第三十六条　由于各种意外（含人为的）因素造成人员伤亡或厂房设备损毁或正常生产、生活受到破坏的情况，均为本企业事故，可划分为工伤事故、设备（建筑）损毁事故、交通事故三种（车辆、驾驶员、交通事故等制度由行政部参照本规定另行制定，并组织实施）。

第三十七条　工伤事故，是指职工在生产劳动过程中发生的人身伤害、急性中毒的事故，包括以下几种情况：

1. 从事本岗位工作或执行领导临时指定或同意的工作任务而造成的负伤或死亡。

2. 在紧急情况下（如抢险、救灾、救人等），从事对企业或社会有益的工作而造成的疾病、负伤或死亡。

3. 在工作岗位上或经领导批准在其他场所工作时而造成的负伤或死亡。

4. 职业性疾病以及由此而造成的死亡。

5. 乘坐本单位的机动车辆去开会、听报告、参加行政指派的各种劳动以及乘坐本单位指定的上下班接送车辆上下班，所乘坐的车辆发生非本人应负责的意外事故，造成职工负伤或死亡。

6. 职工虽不在生产或工作岗位上，但由于企业设备、设施或劳动的条件不良而引起的负伤或死亡。

第三十八条　职工因发生事故所受的伤害分为：

1. 轻伤：指负伤后需要歇工1个工作日以上、少于国标105日，但未达到重伤程度的失能伤害。

2. 重伤：指符合劳动部门《关于重伤事故范围的意见》中所列情形之一的伤害；损失工作日总和超过国际105日的失能伤害。

3. 死亡。

第三十九条　人员伤亡的生产事故（不含交通事故），按经济损失程度分为：

1. 一般事故：经济损失不足1万元的事故。

2. 大事故：经济损失满1万元，不满10万元的事故。

3. 重大事故：经济损失满10万元，不满100万元的事故。

4. 特大事故：经济损失满100万元的事故。

第四十条　发生事故的单位必须按照事故处理程序进行事故处理：

1. 事故现场人员应立即抢救伤员，保护现场，如因抢救伤员和防止事故扩大，需要移动现场物件时，必须做出标志，详细记录或拍照和绘制事故现场图。

2. 立即向单位主管部门(领导)报告,事故单位立即向公司安委办报告。

3. 开展事故调查,分析事故原因。公司安委办接到事故报告后,应迅速指示有关单位进行调查,轻伤或一般事故在 15 天内,重伤以上事故或大事故以上在 30 天内向有关部门报送《事故调查报告书》。事故调查处理应接受工会组织的监督。

4. 制定整改防范措施。

5. 对事故有责任的人作出适当的处理。

6. 以事故通报和事故分析会等形式教育职工。

第四十一条　无人员伤亡的交通事故的处理

1. 机动车辆驾驶员发生事故后,驾驶员和有关人员必须协助交管部门进行事故调查、分析,参加事故处理。事故单位应及时向安委办报告,一般在 24 小时内报告,大事故或死亡事故应即时报告。事后,需补写"事故经过"的书面报告。肇事者应在两天内写出书面报告交给单位领导。肇事单位应在七天内将肇事者报告随本单位报告一并送交安委办。

2. 驾驶员因公驾车肇事,应根据公安部门裁定的经济损失数额之 10%,对事故责任者进行处罚,处罚款项原则上由肇事个人到财务部缴纳。处罚的最高款额以不超过上年度公司人均生产性奖金总额(基数 1.0 计)为限。

3. 凡未经交管部门裁决而私下协商解决赔偿的事故,如公司的经济损失超过保险公司规定免赔额的,其超出部分由肇事者自负。

4. 擅自挪用公司车辆办私事而肇事的,按第二款规定加倍处罚,可酌情给予扣发一年以内(包括一年)的奖金或并处行政处分。

5. 凡因私事经主管领导同意借用公车而肇事的,参照第二款处理。

6. 发生事故隐瞒不报(超时限两天,属瞒报),每次加扣当事人三个月以内(包括三个月)的奖金。

第四十二条　事故原因查清后,如果各有关方面对于事故的分析和事故责任者的处理不能取得一致意见时,劳资部门有权提出结论性意见,交由单位及主管部门处理。

第四十三条　在调查处理事故的过程中,对玩忽职守、滥用职权、徇私舞弊者,应追究其行政责任,触及刑律的,追究刑事责任。

第四十四条　各级单位领导或有关干部、职工在其职责范围内,不履行或不正确履行自己应尽的职责,有如下行为之一造成事故的,按玩忽职守论处:

1. 不执行有关规章制度、条例、规程的或自行其事的。

2. 对可能造成重大伤亡的险情和隐患,不采取措施或措施不力的。

3. 不接受主管部门的管理和监督,不听取合理意见,主观武断,不顾他人安危,强令他人违章作业的。

4. 对安全生产工作漫不经心,马虎草率,麻痹大意的。

5. 对安全生产不检查、不督促、不指导,放任自流的。

6. 延误装、修安全防护设备或不装、修安全防护设备的。

7. 违反操作规程冒险作业或擅离岗位或对作业漫不经心的。

8. 擅动有"危险禁动"标志的设备、机器、开关、电闸、信号的。

9. 不服指挥和劝告,进行违章作业的。

10. 施工组织或单项作业组织有严重错误的。

第四十五条　各单位可根据本规定制定具体实施措施。

第四十六条　本规定由公司安委办负责解释。

第四十七条　本规定自发文之日起执行。公司以前制定的有关制度、规定等如与本规定有抵触的，按本规定执行。

（以上内容节选自互联网相关网站）

学习情境 3

印染企业生产过程的组织与监督

印染企业生产组织与监督过程，不仅与生产过程密切相关，还与企业的经营过程密切相关。作为专业加工染整产品的企业，不断提高一线员工的基本技术水平和综合素质，对于稳定和提高染整产品的品质具有重要意义。

学习任务 3-1：印染企业相关生产车间概述

学习内容

1. 让学生知道纺织品染整加工主要生产车间的相关基础知识；
2. 让学生知道主要生产车间的基本特点。

1. 前处理车间

前处理是纺织品染整加工的开始阶段，其主要工艺目的是去除坯布表面和纤维上的杂质。无论是天然纤维还是化学纤维，织物表面的主要杂质无外乎来自于纺织加工和储运过程两个环节。泥迹、油迹、污迹，是织物表面杂质的主要组成。有些以天然纤维作为经纱的机织物由于经纱线密度较低，强力较差，在织造时与纬纱摩擦，不仅因所带电荷相同而相互排斥，还因纬纱打纬时速度过快等原因造成对经纱的破坏，结果导致经纱断裂。为提高经纱强度通常需要对上浆。浆料中带有抗静电剂，可最大限度地消除因摩擦引起的电荷排斥现象。

(1) 坯布上的杂质及去除

为提高生产效率，坯布织造时会在织物经纱上加油，以减少摩擦，降低经纱断头率。在加工涤纶纤维时，为减少摩擦，降低断头率，也会通过加油装置对涤纶长丝加入油剂。无论是 FDY 长丝加工，还是 POY 长丝加工，涤纶纤维表面的含油率都会超过 4%以上。DTY 长丝的加弹过程也需要加入 2%以上的含油率。以涤丝纺为代表的涤纶轻薄型面料适合做各种外套的里料，其经纱上浆以后可明显提高涤塔夫面料的产品品质和产量。因此，浆料和油剂是纯涤织物纱线表面的主要杂质。以棉纤维为代表的纤维素纤维属于天然纤维，棉纤维在生长过程中也会产生一些衍生物，这些衍生物也叫伴生物。纤维素纤维的伴生物是纤维内部的主要杂质，合理去除这些伴生物有利于棉织物的产品加工。由于纤维素纤维的伴生物存在于纤维内部，所以较难去除。当纤维素纤维与涤纶短纤混纺后，前处理加工不仅要去除涤纶纤维上的油剂，还要去除纤维素纤维内部的伴生物，更要去除经纱上的浆料。

因此，前处理阶段要去除的杂质主要是油迹、泥迹、污迹、浆料、油剂、伴生物等。去除这些杂质，不仅需要退浆剂和除油剂，还需要润湿剂和净洗剂。为提高织物白度，需要对织物进行漂白加工。所以制定合理的前处理工艺，选用合适的加工设备，设定合适的工艺条件，选择合适的前处理助剂，是完成涤纶及其混纺织物前处理加工的首要前提。实际上在纺织品染整加工过程中，前处理加工的品质对于保证染色品质具有非常重要的意义。忽视前处理阶段的加工品质，单独通过加强染色阶段的质量控制来提高产品染色品质，往往只能会事倍功半。只有认真研究纺织品前处理加工工艺和染色工艺，认真实施工艺，才能不断稳定和提高产品品质。

(2) 精练与练漂

由于涤纶纤维所含杂质较少，所以涤纶织物的前处理加工相对简单。加入适量助剂，将织物上的少量杂质通过简单的洗涤既可去除。这样的加工过程通常被称作精练。而棉属于天然纤维，生长过程中有少量伴生物，加工成坯布以后也较难去除，所以棉织物的前处理加工相对复杂。棉织物前处理主要包括退浆、煮练、漂白和丝光，其中煮练和漂白更显重要。所以，也可以用“练漂”特指棉织物的前处理加工。

2. 染色车间

染色过程是纺织品染整加工非常重要的组成部分，提高染色加工技术水平，稳定产品染色加工品质，提高染色工序加工效率，都是染色加工的主要目的之一。染色过程，实际上是染料上染纤维的过程。在这个过程中，染料、染液、纤维构成了相对独立的染色加工体系。染色工艺流程、工艺配方、工艺条件和工艺设备等四个方面，是染整技术研究的主要对象。了解上述四个方面的基本内容，对于纺织品染整加工的生产组织与监督具有重要作用。

(1) 染色与染色助剂

染料上染纤维，赋予纺织品均匀、鲜艳、坚固颜色的过程被称为纺织品的染色。染色过程中不仅需要加入适量的染料，还需加入适量的匀染剂等其他物质，以稳定或提高染色效率和产品质量。通常在染色中加入的除染料以外的其他物质被称作是染色助剂。

(2) 仿色打样

根据顾客来样颜色，打样员不断调配染料比例染出的小样颜色会不断接近顾客来样颜色。这样的过程就是仿色打样，简称打样。小样颜色接近顾客来样颜色时，打样员所选染料相对样品质量的比例值就是染色配方。

(3) 浮色

纺织品染色加工以后，织物表面残留少量没有与纤维充分结合的染料。这些染料在纺织品服用过程中会从纤维表面逐渐脱落，从而引起纺织品颜色变化。通常人们把这些残留在织物表面的染料称为浮色。

(4) 后处理

为减少纺织品表面的浮色残留，通常在染色结束以后进行充分的洗涤。这种发生在染色之后的加工工序常被称为后处理。后处理的主要目的就是为了减少纺织品表面的浮色残留，提高纺织品服用性能。除水洗以外，后处理加工时还会根据加工对象的不同，加入不同的后处理助剂。例如，棉织物直接染料染色后需要进行固色处理，加入的助剂被称作固色剂。涤纶织物分散染料染色后需要进行还原清洗，使用的主要助剂是纯碱和保险粉。因此纯碱和保险粉也被称作分散染料的还原清洗剂。

(5) 染色牢度

纺织品染色加工结束后，织物表面残留的浮色越少，在服用过程中颜色变化得越小。浅色织物与深色织物在一起洗涤时，浅色织物可能被深色织物沾污。这说明深色织物的洗涤牢度较差。某些染料染色以后，在服用过程中随着时间的推移颜色逐渐变浅。究其原因，主要是经过日晒以后织物的颜色变化较大。因此，经过水洗以后织物颜色的变化程度通常用水洗牢度表示，经过日晒以后织物颜色的变化程度通常用日晒牢度表示。

一般情况下，经过染色的纺织品在服用过程中能够保持原来颜色的基本属性，就是该纺织品的染色牢度。除了前面讲到的水洗牢度和日晒牢度以外，通常还可以用摩擦牢度、升华牢度、烟熏褪色牢度、唾液牢度、海水牢度等项目表示纺织品染色以后的质量水平。

(6) 工艺曲线

前处理加工发生在染色之前，后处理加工发生在染色之后。如果把纺织品前处理加工、染色加工和后处理加工的工艺条件用连续的折线标注出来，可以明显地提高纺织品间歇式加工的工艺解读效率。通常人们把这些用连续折线表示的工艺条件、工艺流程和工艺说明等，称为工艺曲线。

(7) 工艺单

通常，在印染企业中可将工艺曲线、工艺配方和工艺说明集中表述在具有固定格式的纸张上。这样的的纸张被称为工艺单。将每日留底的工艺单装订成册，由此构成了印染厂的工艺档案。妥善保管工艺档案，对于提高顾客服务水平和积累技术资料，都具有重要作用。

3. 印花车间

纺织品染整加工过程中，印花产品的比例在逐年增加。花型精美、色泽艳丽、手感柔软细腻的印花产品，其用途越来越广泛。利用纺织品印花加工的设备，对涤棉织物、全涤绒类织物进行烂花加工，已成为目前印花产品开发的新方向。由于工艺简单、生产效率高、环境污染小，所以，涂料印花产品越来越受到广大消费者的青睐。因此，了解印花产品加工的生产管理要求和特点，很有必要。

(1) 印花

借助印花设备，将染料或涂料涂敷与纺织品表面，形成具有一定坚牢度的花型，这样的加工过程就是纺织品的印花。在印花过程中，借助印花设备，印花色浆中的染料或涂料完成了在织物表面的局部染色。通常印花加工可分为染料印花和涂料印花。染料印花主要以直接印花为主，防染印花和拔染印花也有使用。而其他的印花加工方式主要包括转移印花和数码喷墨印花。利用染料对纤维的亲和力，可使染料印花产品形成较好的牢度。而涂料对纤维没有亲和力，所以涂料印花是必须在色浆中添加黏合剂，通过焙烘完成涂料对纤维的黏合，形成一定的印花牢度。通过颜色搭配，不同的色浆借助印花机可在织物表面形成美丽鲜艳的花型。顾客来样的画稿中有几种颜色，印花厂就需要准备几种印花色浆。每一种色浆通过一个印花滚筒或筛网，可在织物表面形成鲜艳的颜色。多种印花色浆便可通过印花滚筒或筛网在织物表面有序排列，形成鲜活的图案。

(2) 印花流程

纺织品染料直接印花加工的常规流程通常为：

来样分色→制版
测色配色→调浆]→印花→烘干→蒸化→水洗→定形→检验→包装→入库

(3) 印花色浆

由染料和印花助剂通过添加适量水分调制而成的具有一定黏度的浆状物质就是印花色浆。印花色浆可避免染料在织物表面无序渗透或扩散，进而保持花型的精度。一般在印花加工开始前根据印花产品的加工数量配置印花色浆。除染料或涂料以外，印花原糊在印花色浆中起重要作用。在涂料印花中使用的发色剂通常以颜料为主。将颜料配以其他助剂完成对纺织品的印花。通常把经过配置可直接使用的印花颜料称为印花涂料。涂料印花时使用的色浆黏度适中，颗粒细度均匀，极少塞网或沾辊，通常也无需添加水分和其他助剂。在调制色浆时，通常需先将染料和助剂混合，再缓慢加入少量水，此后加入印花原糊。调浆时须严格控制加水量，以控制色浆黏度。当印花助剂可能影响染料稳定性时，可以在印花加工之前将印花助剂加入印花色浆。

(4) 印花助剂

常用的印花助剂有糊料、固色剂、助溶剂、增稠剂、软水剂、黏合剂、酸碱度调节剂、抗氧化剂和防染盐等。不是上述所有助剂都会在某种印花色浆中同时出现。比如，黏合剂大多在涂料印花中使用，而染料印花中的助溶剂是使用最多的印花助剂之一。活性染料直接印花时通常使用碱剂作为固色剂。为提高印花产品的色牢度，在印花加工的水洗阶段通常也会使用固色剂。纺织品印花加工中使用的各种助剂，其基本原理与染色加工中使用的各种助剂相同。

(5) 印花糊料

印花糊料也叫印花原糊。为使印花色浆保持适度的黏稠程度，避免印花色浆中的染料在织物表面无序扩散，影响印花精度，在纺织品印花加工中通常使用印花糊料。根据纺织品印花使用的染料不同，可选用性质不同的印花糊料。常用的印花糊料有淀粉糊、海藻酸钠糊以及合成龙胶。在纺织品的染料直接印花加工中，因淀粉糊具有成糊率高、给色量高、无还原性、不渗化、轮廓清晰、不黏烘筒等优点，所以经常使用。淀粉糊也有渗透性差、匀印性差、有析水现象、洗除困难等缺点。海藻酸钠糊也是常用的印花糊料之一。其主要优点包括流动性好、渗透性好、得色量高且均匀、制糊方便易洗除、花型轮廓清晰。其主要缺点就是色浆遇强酸、强碱、重金属离子易凝胶和不适用于含阳离子染料或助剂的色浆。龙胶糊分为天然龙胶和和成龙胶两种，其主要性能十分接近，具有给色量高、刮印性好、轮廓清晰、易洗除等优点，但龙胶糊的价格也较高。

(6) 印花加工过程控制

纺织品印花加工的工艺流程较长、设备类型庞杂、加工方法和工艺内容繁复，因此，与纺织品前处理和染色加工相比较，控制印花加工过程更加困难。在纺织品印花加工过程中，需要严格控制审核来样、分色制版和工艺制定三个方面，否则，就无法完成印花产品品质控制目标。

① 来样审核。收到顾客来样以后，生产技术部门的值班人员首先要观察来样是否包含了完整的花型单元。如果样品中无法分辨出印花单元，则需要业务员及时通知顾客提供面积稍大的样品。

② 分色制版。借助电子计算机分色系统对印花产品进行分色制版，已经成为目前纺织品印花加工的主要特征之一。根据本企业设备特点完成花版的制作，是印花产品批量生产的前提条件。

③ 工艺制定。纺织品印花工艺的制定主要包括印花工艺选择、花版准备、花版排序、色浆处方确定和工艺书的制定。

4. 整理车间

纺织品染整加工的后期，需要进行整理加工，俗称后整理。纺织品后整理方法十分丰富，有磨毛整理、拉毛整理、预缩整理、轧光整理、轧花整理、植绒整理、硬挺整理、柔软整理、防水整理、阻燃整理、增深整理、抗静电整理、卫生整理、易去污整理、抗菌整理、防螨整理、芳香整理、驱蚊整理、抗紫外线整理等。这些整理加工对于增加纺织品附加值起到了至关重要的作用。在上述整理中，前半部分的整理大多通过物理方法实现，后半部分的整理大多通过化学整理剂赋予织物新性能。有些纺织品物理整理过程中也需要加入适量化学整理剂，如磨毛加工和拉毛加工，都需要加入磨毛剂或起毛剂，以适当降低加工过程中织物表面产生长毛的机会。无论是起毛剂还是拉毛剂，都是通过降低砂纸或针布与织物之间的摩擦系数来减少磨毛和拉毛产品表面产生长毛绒的机会。从这个意义上说，磨毛剂和拉毛剂属于柔软整理剂。再如，棉织物抛光整理需要生物酶制剂，先磨毛后抛光的加工过程，既包含物理方法，也包含化学方法。通常在研究纺织品整理加工技术时，习惯上把通过化学整理剂赋予织物新性能的加工方式称为纺织品的功能整理。大部分化学整理通过浸轧整理剂在定形机上完成，大多数物理整理在专用机械设备上完成，而有些纺织品特殊整理不仅需要专用机械设备、还需要定形设备才能完成。

(1) 纺织品后整理加工与整理剂

纺织品染整加工主要包括前处理、染色、印花和后整理四大工序。纺织品的前处理加工以除杂为主，通常在染色加工之前；染色和印花加工都是赋予纺织品颜色的过程，只不过染色加工时纺织品表面的颜色各处均匀，而印花是通过不同颜色组成的花型完成了纺织品的局部染色。因此，从某种意义上讲，纺织品染色和印花具有相同的意义。纺织品整理通常发生在染色和印花之后，通过物理方法、化学方法或者物理化学方法赋予织物新的性能。所以，纺织品整理加工通常被称作后整理。在纺织品后整理加工过程中经常使用各种表面活性剂，以赋予纺织面料各种新的功能。这样的表面活性剂通常被称作整理剂。如涤纶面料吸水性较差，手感硬挺。为改善织物的基本性质，可以通过染色以后浸轧吸湿整理剂和柔软整理剂来赋予织物新的性能。

(2) 定形工艺制定

以提高织物尺寸稳定性为目的，通过定形机加工，同时赋予织物不同的性能，是织物定形的主要作用。在定形加工中，工艺参数主要包括温度、车速、张力、门幅和缩率。此外，各种整理也会对织物颜色变化产生影响。一般情况下，染厂根据设备功能安排设备摆放地点，所以整理设备大都摆放在定形车间。例如压光机、罐蒸机、预缩机等。拉毛或磨毛设备大多被摆放在染色车间和定形车间之间。总之,无论设备摆放在那里,只要该加工工序对纺织品的颜色可能会产生影响,就必须控制这些影响颜色的因素。

① 温度。温度是定形工艺诸多参数中最活跃的因素。对于染色织物而言,定形温度越高,要求染料耐热性越强。对于分散染料来说,提高耐升华牢度和热迁移性的前提就是合适的定形温度。保持织物干燥,可准确地表现织物颜色。对于漂白织物来说,适当降低定形温度,可明显提高织物保持白度的能力。

② 车速。一定温度下,定形机长度越短,车速越高,织物受热时间越短;机身越长,车速越慢,织物受热时间越长。通过调节定形车速保持织物获得适当热量,保持织物尺寸稳定性和颜色稳定性。

③ 张力。张力主要表现在织物的经向。经向张力越大,织物表面越平整。增加张力后织物厚度变薄,织物颜色变浅。保持织物合适的经向张力,既可保持织物平整程度,也可保持织物颜色准确性。

④ 门幅。门幅的宽窄不仅要满足顾客要求,还必须对织物颜色变化产生较小影响。门幅越宽,织物纬向张力越大,表面越平整,厚度越薄,颜色变化越明显。所以保持织物门幅的合理性,就是要在保持织物平整的同时,尽可能保持织物颜色稳定性。

⑤ 缩率。无论是经向还是纬向,织物收缩越明显,成品的手感就越丰满,厚度增加的就越明显,颜色变深现象也就越突出。在定形时既增加经向张力,也增加纬向张力,此时织物的缩率不可能增大。定形时织物经向张力和纬向张力相互制约。保持合适的织物缩率,可较好地保持织物尺寸稳定性。但织物缩率过大,虽然织物手感得到了改善,由于织物变厚,织物的颜色也会变深。

5. 检验车间

纺织品染整加工的外观质量控制主要包括检验标准的确定和外观疵点的检验两个方面。由于纺织新产品不断涌现,所以企业标准在产品检验中占主导地位。随着纺织工业的迅速发展,顾客标准的作用越来越大。纺织品外观疵点的检验主要包括前处理疵点、染色疵点和整理过程中产生的疵点和坯布在织造过程中因原料以及织造加工产生的各种疵点。总之,凡是纺织品上的各种疵点都是外观质量控制过程的内容。而内在品质控制的内容通常包括染色牢度、强力、门幅、手感、克重、弹性、风格、缩率和生态性能等方面的内容。

(1) 外观质量与外观质量检验

经过系统的培训,检验员通常肉眼就可以发现纺织品表面的各种疵点。这些疵点主要包括原料疵点、织造疵点、染整加工疵点三个方面。根据检验标准对纺织品外观疵点状态进行判定,最终确定纺织品质量等级的过程,就是纺织品的外观质量检验。

(2) 内在质量与内在质量检验

经过系统的培训,借助各种检验仪器检测纺织品各项质量指标的过程,通常被称为纺织品的内在质量检验。通常,内在质量检测项目包括织物的门幅、密度、各种染色牢度、化学整理效果、生态性等方面。

(3) 产品标准

根据纺织品的基本特点、经产品开发单位申请,县(区)以上级别的质量技术监督部门登记备案、关于产品的内在质量和外观质量检测的依据，统称为纺织品的产品标准。纺织新产品的开发加工，必须由开发单位起草和备案产品标准。

(4) 第三方检验

在纺织品检验过程中，由顾客（第一方）委托加工单位（第二方）以外的具有一定资质的检测单位进行的产品检验，通常被称为第三方检验。第三方检验具有较高的公正性。

(5) 检验人员

文化程度过低，在理解顾客要求时可能会出现较大偏差。检验员必须具有初中以上文化程度，对于正规的为顾客提供优良服务的染厂检验车间来说，检验员具有初中文化程度的要求并不高。经过长期的生产实践和系统培训后，那些年龄偏大文化程度偏低的中年女性检验员可以胜任纺织品检验员的工作岗位。对于检验人员来说，系统的培训是非常必要的。培训的形式可以多种多样，集中面授，实际操作，培训员工相互检查，口试，笔试等形式都是有效的考核方式。对于文化程度偏高，理解能力较强，动手操作能力和实践经验较丰富的检验人员，可以任命为检验组长。而对于那些文化程度偏低，动手能力较强，能通过实践操作考核，经过系统培训可以胜任检验工作的人员，就可以发放检验员任职资格证书，准许其上岗。

(6) 检验方式

手工检验是我国目前纺织品检验的主要方式。两人一组，在确定纺织品正面后对纺织品进行检验。实践证明，这种检验方式生产效率较高，而且可以完全满足顾客对产品的要求。

(7) 产品内在质量控制

对于纺织品内在品质检验而言，主要项目包括门幅、厚度、手感、弹性，强度、风格、染色牢度和生态性。

训练任务 3-1

>>> 总结各生产车间的主要作用

训练形式：

在指导教师的辅导下，学生以小组为单位，利用课堂训练时间，通过讨论，总结各生产车间的主要作用。

训练目的：

1. 通过总结生产车间的主要作用，进一步理解纺织品染整加工的基本过程；
2. 通过批改课堂训练作业，检验教学效果；
3. 激励学生的学习热情，训练学生的语言表达能力。

任务目标：

1. 通过课堂练习，让学生进一步理解“学习任务 3-1”中的相关内容；
2. 让学生进一步熟悉印染企业各生产车间的基本特点；
3. 通过完成本次训练任务，让学生进一步理解各生产车间的相互联系。

任务设计：

1. 指导教师向学生提出问题;
2. 指导教师进一步说明总结各生产车间主要作用的基本要求;
3. 指导教师在课堂上展示三个小组的作品;
4. 指导教师点评三个小组的作品。

基本要求:

根据学习任务 3-1 的描述,总结各生产车间的主要作用。

内容要求:

1. 列表总结各生产车间的主要作用;
2. 表中应注明各车间的主要设备;
3. 表中应注明车间主要工序的工艺温度、保温时间、起始温度和升降温速度;
4. 表中应列出各车间主要工序使用的助剂名称及其作用;
5. 写出涤纶机织物前处理、染色和后处理的工艺处方。

评分标准:

1. 内容完整、表格清晰、设计合理、完成及时,为优秀;
2. 内容完整、表格清晰、设计合理、完成较及时,为优良;
3. 内容完整、表格清晰、设计较合理、完成较及时,为良好;
4. 内容完整、表格较清晰、设计较合理、完成较及时,为中等;
5. 内容较完整、表格较清晰、设计较合理、完成较及时,为及格;
6. 内容不完整、表格不清晰、设计不合理、完成不及时,为不及格。

其他说明:

不及格的小组必须重做。

学习任务 3-2:新员工的招聘与培训

学习内容

1. 让学生知道新员工招聘的基本流程;
2. 让学生知道新员工培训的基本要求。

1. 新员工的招聘

员工的招收由印染企业的人力资源管理部门负责。人力资源管理部根据本厂各用人单位的具体要求,发布招聘信息。发布信息的方式可以多种多样,在公司门前张贴招工广告是最常见的方式之一。在报纸上刊登招工广告,通过网络发布招工信息,也是常用方法。

用人单位在招工前提出的具体要求,通常包括性别、年龄、文化程度、身高等内容。有时，特殊岗位对应聘者的视力也可提出具体要求。同时，用人单位必须在招聘信息中明确应聘者的相关待遇，如月薪水平、食宿条件、公司能提供的文化娱乐设施和应聘者未来职位的上升空间等等。初中以上文化程度、年龄在 18 周岁以上，通常是用人单位对应聘者提出的基本条件。

有意应聘的可根据招工信息要求，前往该企业人力资源管理部报名。报名时往往需要准备个人的近期免冠照片 3 张。通常，一张粘贴在招工报名表上，另外两张可用于建立个人档案和制作胸卡。在招工报名表中填写个人信息时，要准确真实、字迹工整。

通过第一轮招工审核的应聘者可以参加面试。面试通常由提出用人需求的部门主管担任主考。通过简单的交流，面试主考可对应聘者的综合素质进行基本的判断。用人单位可通过张贴通知的方式，及时将面试结果通告应聘者。通过面试的应聘者可进行下一轮的体检。负责招聘的人力资源管理人员应及时通知应聘人员参加体检。体检项目可根据应聘岗位的具体要求，由用人单位和医院共同商定。及时发布体检结果，及早通知应聘者，是用人单位的责任。当招聘人数较少时，招聘单位的人力资源管理人员可通过发送短信或直接打电话给应聘者。通过体检的应聘者在培训之前应与用人单位签订劳动用工合同，以此来保障劳资双方的合法权益。

2. 新员工的培训

新员工的培训通常分为两个阶段，第一个阶段集中培训印染厂的规章制度，第二个阶段新员工进入生产车间，熟悉个人未来的工作岗位。了解印染企业的相关制度，熟悉未来岗位的安全规程，是新员工第一阶段培训阶段的重点。第一阶段的培训时间通常不超过一星期，第一阶段培训结束前，新员工必须通过相关的考试。对于未能按时通过第一阶段考核的新员工，人力资源部门可组织第一阶段的第二轮培训。未能通过第二轮培训的新员工，可根据双方签订的劳动合同的相关条款执行。

新员工第二阶段的培训时间通常为一个月。第二阶段培训的初期，在师傅的指导下，新员工应该知道本岗位的工作流程、工作内容、操作规程等内容。在第二阶段培训的中期，新员工应该了解本岗位的操作要点、工艺流程、工艺条件、工艺处方、工艺设备等方面的内容。在第二阶段培训的后期，新员工应熟悉本岗位工作的基本原理、操作技巧、常见疵点的消除方法、常见故障的排除方法等内容。第二阶段培训的结束时，车间主管在征得新员工所在班组长的意见以后，可以对该员工进行培训考核。考核的内容主要包括两个方面，一方面通过口试检验该新员工对本岗位工作的了解程度。完成口试后可通过现场的操作考核，检验该新员工的实际操作能力。通过实际操作考核的新员工可以独立上岗，未能通过操作考核的新员工可在 10 天以后再次参加操作考核。

训练任务 3-2

>>> 编制新员工招聘广告

训练形式：

在指导教师的辅导下，学生利用课余时间独立完成新员工招聘广告的编制。

训练目的：

1. 通过编制新员工招聘广告，进一步了解新员工招聘的基本要求；
2. 通过批改训练报告，检验教学效果；
3. 激励学生的学习热情，训练学生的书面表达能力。

任务目标：

1. 通过完成训练任务，让学生进一步理解"学习任务 3-2"中的相关内容；
2. 让学生进一步熟悉印染企业员工培训的基本特点。

任务设计：

1. 指导教师向学生提出问题；
2. 指导教师进一步说明本次训练任务的基本要求；
3. 指导教师在课堂上展示三份优秀作品；
4. 指导教师点评三份优秀作品。

基本要求：

根据学习任务 3-2 的描述，编制员工招聘广告。

内容要求：

1. 明确提出招聘的基本要求；
2. 清楚阐述新员工的基本待遇；
3. 附加说明新员工培训的基本要求。

评分标准：

1. 内容完整、表达清晰、层次分明、完成及时，为优秀；
2. 内容完整、表达清晰、层次分明、完成较及时，为优良；
3. 内容完整、表达清晰、层次较分明、完成较及时，为良好；
4. 内容完整、表达较清晰、层次较分明、完成较及时，为中等；
5. 内容较完整、表达较清晰、层次较分明、完成较及时，为及格；
6. 内容不完整、表达不清晰、层次不分明、完成不及时，为不及格。

其他说明：

不及格者必须重做。

学习任务 3-3：生产过程的操作管理

学习内容

1. 让学生知道纺织品染整加工的操作过程；
2. 让学生知道产品加工操作过程的基本要求。

在染整加工过程中，实现工艺目的的主要载体是掌握了一定操作技能的操作工。按照织物的染整工艺要求,操作工通过染整加工设备实现加工目的。由于操作不当或操作工对染整工艺要求的认识不深,在加工过程中经常会出现染整疵病。虽然有些疵病是由于工艺制定不合理造成的,但是大部分常规染整加工过程中出现的疵点,都是由于操作不当引起的。所以,严格工艺纪律,提高操作工对于严格执行工艺的认识,不断加强操作工对于执行工艺过程中的操作管理,明确和理解织物在染整加工过程中的操作重点,具有现实意义。

1. 前处理

染色之前对织物进行的加工俗称为前处理。备布、平幅精练、预缩、预定形都属于该范畴。操作工不能完整和深刻地领会工艺的目的,偷工减料,野蛮操作,是造成加工疵点不断出现的主要原因。

(1) 坯布的准备

备布主要包括搭缸、绣字和缝头。搭缸的重点是把每匹布质量称量准确,并把布的头子甩出来以备缝头之用。称量不准,是造成颜色偏差的主要原因之一。每年至少校准一次磅秤,是必不可少的。卷装织物必须先通过退卷机退卷才可将织物置于布车中。每一匹布都必须退卷,那种每车布中每管的最后一匹不退卷的操作方法,容易造成经向弹力织物进缸预缩门幅不统一的现象,这对预定形影响更大。不退卷的经弹或双弹织物在进缸时受到的拉力较大。仅仅依靠正常的喷嘴拉力无法将不退卷的织物拉进缸内,此时必须最大限度地增加喷嘴拉力。巨大的拉力将经向纤维拉长,预缩后织物的门幅将出现较大区别,这给预定形加工带来很多困难。头子数量清点准确,是杜绝匹布搭缸时缝头漏缝的主要方法。白坯仓库中若能有专人回收捆绑坯布的塑料绳,将大大提高备布车辆车轮轴承的使用寿命。

每个顾客的坯布必须有专门的标识。绣字就是确立标识的有效途径。搭缸阶段在每匹布端距布头 1 m 处的边部绣上不同的字,以区别不同的顾客,这个过程就是绣字。在一段时间内,不同的顾客可能会加工相同的产品。如果没有在这些布头上绣字,可能会给顾客的财产识别带来困难。绣字标识要简洁、清楚,不宜过大。顾客的标识要相对稳定,不宜频繁更换。缝头不齐不平,是造成弹力织物接头处产生过多皱痕的主要原因。缝头时,一端对齐,带着张力进行缝头,是保证接头平齐的有效方法。坯布卷装储存,是减少坯布接头时头子上皱痕的好方法。卷装氨纶弹力织物长时间的露天堆放,会造成外层坯布氨纶断裂的主要原因。这将极大地影响成品头子附近的弹性和质量。

(2) 织物的精练

一般情况下,用纯碱和精练剂,在 75℃保温 25 min 以后就可以去除纤维上的杂质。但是,捻丝过程中带入原料中的油迹和污迹很难通过上述工艺条件的前处理去除。前处理出水不净,是造成染色疵点最主要的原因。色偏、色花、色迹、页差、色点等疵点,都与前处理出水不净有关。前处理的出水阶段,有的操作工用缸口喷淋出来的水喷手,通过经前处理液喷淋后手掌皮肤是否滑爽来判断前处理以后染缸内的水是否有残留的碱份。然而,一般情况下,当前处理液的 pH 值接近中性的时候,织物表面的 pH 值还往往是碱性。当染色结束以后布面残留有碱份,若染色配方中分散红 3B 的比例比较高,那么经高温定形后织物表面分有可能出现大量的无规则的蓝斑,而且无法回修,只能改色。

前处理出水不净,会造成染色过程中染液的 pH 值偏高,从而有可能引起一些对 pH 值比较敏感的分散染料的色变,最后造成整缸织物色偏。通过调整染色处方,采用对那些不耐碱分散染料多加半成或一成的方法，将会严重影响浅灰系列颜色的准确性。从而引起多次缸内加料，最后导致整缸织物的色花。

出水干净，不仅包括严格控制缸内的 pH 值，还包括去除因前处理而产生的附着在织物表面杂质。这些杂质是产生色花、色迹、页差褐色点的主要原因。加强缸口排水，延长洗涤时间，适当提高出水过程中的温度，把缸内的织物拉出来一小部分置于出布导布滚上，让整缸织物的一部分始终裸露在缸外，随整缸织物一起循环，以去除前处理杂质。这种出水方法不仅适合于低捻度织物，也适合于强捻织物碱减量以后进缸染色之前的出水，其目的就是要充分的去处织物表面的杂质和减量以后残留在织物表面的涤纶粉末和碎屑，避免染色时引起色迹、色点等疵点。

严禁将前处理用的液碱从染缸缸口倒入缸内。特别是在加工涤黏交织或并交类织物时，浓度为 30% 的液碱从缸口倒入染缸时，足以使织物上的黏胶长丝或短纤在织物表面的局部完全消失。织物靠近缸口越近，黏胶纤维从局部消失的现象越严重。涤棉和涤黏交织织物及混纺织物，在用高温高压法进行绳状染整加工过程中，应该尽可能的连续生产，在转序过程中不易停放时间过长。特别时在做染缸内强减量的时候，不宜在减量以后把织物拉出染缸之外做长时间的存放等待染色。此类织物存放时间过长，布车内部下方的局部区域仍会出现因热量积累和残留的碱份积累造成的棉纱或黏胶纤维局部消失或脱落的现象。保守而且稳妥的办法就是将碱量以后的织物打入染缸内进清水后等待染色。

涤纶及其混纺织物在漂白加工时，经常与前处理同浴进行。此时的工艺温度比全涤低捻织物的前处理高出 30℃以上。若有氨纶存在，为了保持其弹性，适当可以考虑降低双氧水的加入量，适当降低工艺温度。当然也可以考虑弹力织物的漂白工序安排在预缩和预定形以后完成。

(3) 弹力织物的平幅精练

车速过快、水温过高，是产生接头处皱痕的主要原因。严格控制车速和温水槽内的温度，是平幅精练工序的操作重点。根据织物的密度和厚度，适当地调整车速和水温是必要的。因车间内布车移动时对精练机车头上扩幅辊撞击所产生的毛刺，经常会造成坯布表面的擦伤和拉毛。被严重擦伤和拉毛的坯布，将会在成品表面留下无法修补的疵点，从而影响工厂的信誉和日常加工的质量稳定性。经常检查精练机车头上扩幅辊表面的光滑性，是减少和杜绝此类疵点的有效途径。

(4) 涤纶强捻织物的预缩与减量

不论是哪一类型的工艺，预缩的目的都是相同或相近的。与前处理工序不同，预缩工序的工艺温度一般都在 100℃以上。有的操作工以为预缩过程是白坯布半成品加工，升温和降温速度可以随意。这正是强捻仿麻类全涤织物表面容易产生“鸡爪印”和“郁刹污”这类条花疵病的主要原因。全涤 POY 和 FDY 的复合丝产品，即使捻度不高，若在前处理的降温阶段降温过快，或进冷水过早，也很容易在布面上出现此类疵病。全长丝 FDY 类产品就更容易在织物表面出现这一类疵病。哪怕是在脱水过程中，脱水的容布量过大，或者布面温度过高，或者脱水时间过长，都会在布面出现条花类疵病。稳定和提高产品质量，应该从白坯布加工开始控制。通过控制预缩的升温速度和降温速度，控制进冷水的温度，以此杜绝预缩过程中布面产生条花类疵病。

适当增大喷嘴的压力，可以改善因坯布门幅过宽引起的成品门幅过宽的现象。慢速升温，分段升温，都是通过增加工艺时间来加强坯布门幅收缩的方法。

用染色机在高温状态下对强捻织物进行碱减量加工，是涤纶机织物常用的一种间歇式减量方式，是常温间歇式减量机减量的重要补充。常规强捻产品的碱减量完全可以通过这种方式来完成。成本轻，效率高，是染色机代替减量机减量的主要特点。相对固定几台染缸，临时性地进行机缸碱减量，是提高工厂整体工作效率的常用方法。

减量过程中同样存在着升温和降温速度的控制问题。高温减量过程中，涤纶在强碱作用下表面水解，此时在织物表面产生的条花不易在后续工序中修复。通过修复疵病提高产品质量，其效果不明显。严禁随意提高减量促进剂的加入量，避免因减量速度过快引起的减量率过高，最终造成织物强力下降过多的现象。

机缸高温减量，若织物质量为 300 kg，加入液碱的质量为织物质量的 20%，那么机缸碱减量所需的液碱质量为 60 kg。如此之多的液碱，在领料时必须注意安全。最好用两个大的塑料桶，用专门运送液碱的领料车运输。领料专用车严禁用来运输白坯布和成品布。一般情况下，储存液碱的超大型槽罐出料口下面的地面上总会有溢出的少量液碱，料桶底部黏上的液碱会沾到车上。同时，领料过程中，从料桶口溢出的少量液碱也会溅到运输车上。所以，若用此车来运输涤/棉、涤/黏类白坯布或染色布，势必会造成液碱对织物的沾污，引起黏胶和棉纱的局部脱落。

2. 染色

现在的染厂对于升温保温和降温的控制非常严格，一般采用对工艺编号的方法由电脑集中控制。集中控制的地点一般设置在染色车间内，简称电脑中控室。在染色过程中，操作工本人在保温阶段应该把下一缸的白匹布拉过来，把染料和助剂准备好。

(1) 领料

有经验的操作工领料之前会检查领料桶是否漏水，他们可以根据欲染织物的颜色深浅协助开料员检查本缸染料是否开错。有经验的操作工也可以检查出称料工有没有称错染料。领料时，操作工应该把领料桶清洗干净，染料和助剂分桶存放。千万不能将醋酸直接放入装有粉状染料的料桶内。一般情况下，300 kg 的一缸白坯布，按照 1∶12 的浴比计算，染缸内的水不会超过 4 t。为了调解染色时的 pH 值为 4～6 之间，加入 1 000 mL 的冰醋酸即可。如果把这 1 000 mL 的冰醋酸直接加入到染料桶内，势必会造成粉状的分散染料大量凝结成黏糊状的染料饼，此后即使使用热水化料，也很难化开。直接把没有化开的含酸量偏高的染料颗粒打入染缸内，一定会在织物表面出现大量的染料点。如果用细密的过滤网过滤染料，那些被醋酸溶成黏糊状的染料将会全部被过滤出来。染液中 pH 值将偏高，浅颜色的染色用料将明显减少，最终的结果必然是色偏和色浅。加料续染，还会带来更多的问题。

染深颜色的染缸一般排列的方位距离称料间较近，以杜绝染料粉尘直接飞入浅色成品布车内，造成整缸布上有大量的蓝点子或者红点子。给领料桶加盖，或者在称料间给染料上层加水，或者使用浆状染料，都是可行的方法。固定染缸内染液的液面高度，是一种比较好的办法。这样可以更好地控制加入的醋酸用量。用缓冲溶液调整染液的 pH 值也是比较好的方法。简单有效的方法，都是生产中值得推广的方法。

(2) 化料

用温水化料，可以提高染料的溶解度。在染缸本身的化料罐中把干净的水加热至操作工本人感觉到稍微有点烫手的温度，此时的水温一般在50℃左右。化料搅拌时使用的化料棒，最好是用外表光滑，两端密封的金属管。不沾染料、质量适中是对化料棒的基本要求。一段封闭的金属管，容易因操作工的粗心大意造成化料时粉状染料从未封闭端进入化料棒内部，遇水后凝结成黏糊状，在后续染色化料时由于此些染料的松动产生染料点。

(3) 进料

先打入助剂运转5 min后再加入染料，是进料的次序。严禁缸口加料。养成缸口加料的习惯，与前处理时可以在缸口加入“去油灵”有关。实际上，前处理阶段在缸口加入“去油灵”对前处理和织物的影响不大，但是很可能因加入“去油灵”时注意力不集中而使得“去油灵”的塑料外包装掉入染缸内无法拿出，最终将引起因织物循环不畅的堵缸。而此时的塑料袋已经变成了一个塑料球。塑料袋在变成塑料球的过程中，半缸的织物表面很有可能被塑料球擦伤。让操作工养成良好的操作习惯，杜绝缸口加料，是减少染色疵病的基础。

(4) 加压

有的操作工认为，早一点给染缸内加压，升温可以快一点，从而节省了加工的时间，提高了效率。然而，过早加压，容易造成升温至100℃左右时缸内的泡沫过多，造成织物循环不畅，最后引起堵缸。过晚的给缸内加压，容易引起织物循环速度减慢，造成染色不匀的现象。商品染料中本身就带有大量的扩散剂和匀染剂，100℃左右会在染缸内产生大量的泡沫，容易引起堵缸。

染色的保温阶段，由于缸内的压力最高，时常出现缸口的密封圈被冲破的现象。密封圈冲破，这不仅与密封圈的质量有关，还与操作工盖缸口时旋转密封螺丝的力量均匀性有关。沿对角线方向给密封螺丝加力，且用力不要过猛，是减少缸口密封圈被冲破的有效方法。

(5) 对样

有的工厂要求对样时由操作工本人把于接头处剪下来的小块色样烘干后送值班长处对样。烘干小样一般由操作工在化料罐的蒸汽管上完成。色样用干净的纸张完全包覆后方可在蒸汽管上烘干。排出的蒸汽的管子下端必须被水淹没，否则容易烫伤操作工。操作工剪样时，把自己的双手洗干净，以免造成颜色沾污。手净、纸净、色样完全包覆及蒸汽管排气量适中，是对样的基本要求。蒸汽管排气量过大，易引起浅色色样的色偏和化料罐中的水在短时间内沸腾。烘干小样时，操作工一般都是用双手完成的。化料罐内的水沸腾的速度过快，操作工来不及关闭阀门，容易烫伤自己。有的工厂要求操作工把色样送至值班室由辅助人员用烘箱烘干，以提高对样的准确性。采用这种方法烘干色样，操作工在值班室内停留时间可能偏长，容易造成车间内机台无人看管的现象，导致产生新的疵病，比如说染缸内上水过多，引起低温状态下的堵缸等等。这样可能引起某些特殊产品的布面“细花”现象。

(6) 加料

由于多种原因，导致染色布的颜色出现偏差。色偏较明显时必须加料。加料时，操作工习惯于不放掉全部脚水，以便加料时染缸内的温度不至于太低。全部放掉脚水，进清水后重新加醋酸再加染料，是保证加料以后颜色准确性的基础。中浅色加料必须升温至120℃保温 10 min;深浓色加料必须升温至 130℃保温 20 min。否则,高温定形时,最终的成品还会出现较大的色偏而导致顾客的投诉或者抱怨。加料时化料的要求与前面相同,不然仍有可能造成再次加料,最终导致色花。

每一缸布染色结束以后,操作工都应该清理过滤网。如果过滤网不及时清理,就会导致:循环泵的扬程受到抑制而引起堵缸;后续染色前处理时,若药品浓度过高,很有可能对堵塞过滤网的纱线剥色。这些纱线从前一缸染色布上脱落,被剥色以后带有颜色的前处理液,会严重影响本缸鲜艳浅色的色光,造成不必要的改色,既影响工作效率,增加成本,又损害企业名誉。

(7) 后处理阶段

放掉脚水,重新上清水,重新升温,严格保温,才能做好后处理。后处理的主要目的是为了去除织物表面的浮色,以此来提高织物的摩擦牢度、水洗牢度、升华牢度,降低和减少分散染料的热迁移现象。保险粉只有在碱性条件下于 75～80℃之间使用,其还原能力才最大,所以较低温度下的后处理,或者较低温度下加入纯碱和保险粉对涤纶织物做后处理,都会影响保险粉的作用和后处理的效果。不放掉脚水,脚水中残留的染料会消耗掉后处理药品的作用。

染色以后,可以考虑把织物出缸时最后一匹布的头子拉出 2 m,展开以后盖在布车上。以此来杜绝粉状染料在浅颜色织物表面产生蓝点子或红点子之类的染料沾污。

3. 定形

对织物的整理大多发生在染色之后,所以,染色之后对织物的整理俗称后整理。虽然也有发生在染色之间的整理,但习惯上人们仍称作整理。

(1) 成品定形

拉幅定形是最常见的整理方式。控制每米织物的克重,可以通过调整织物的张力和门幅来完成。门幅和克重及手感没有完全调整合格的几匹布需要回修定形。在定形机的机尾摆放一台台称,把挂码为足码的两三匹布的质量称出来,就可以算出本品种的成品克重。定形机机头部分的紧布器和超喂辊就是通过调节织物经向张立来控制织物手感和克重的主要装置。定形机的出布装置中,打冷风装置和冷却滚筒是降低布面温度的重要装置。布面温度过高,定形下落时可能产生死皱,影响成品质量。及时打开冷风装置和冷却滚筒的冷水循环,是促使织物降温的前提。冷却滚筒内的循环水忘记打开,是经常发生的。

需要长时间训练以后,才能够发现织物下落过程中表面存在的色迹和色点。通常,成品定形是织物染整加工过程中的最后一道工序。经过高温定形以后,再去回修织物表面的各种疵点,就显得困难许多。

在定形机机尾直接检验成品质量,是采用来料加工方式的染厂的通用做法。检验员要特别注意挂码完成以后成品布不同页面的颜色差别。相对其他单色织物,用涤纶灰丝、白丝和阳离子染料可染的改性涤纶染各种中浅色织物,其成品布面上的色迹、色点、色花就更难发现,特别是页差,极难发现。只有完成成品码布以后,把成捆的成品置于检验台上,才能从布边上的颜色差别检验出页差。页差是最严重的色花。漏验以后,对工厂的信誉影响很大。

(2) 预定形

预定形时,应该采用针板定形机。预定时经常会发生工艺温度没有完全达到工艺要求,操作班长就下令开始操作的现象。经常会造成两种现象，一是某一缸成品有两三匹门幅偏宽，二是阳离子染料可染的改性涤纶素色织物成品的布边部分出现大量的“刀口印”。

定形机内的实际温度比工艺温度低 10℃也强行操作，而且车速偏快，造成了前面两三匹织物表面上坯布的门幅符合要求，但是经过减量和染色工序以后，这两三匹织物的门幅就会逐渐的宽出来，而且手感偏软。预定时野蛮操作，给减量工序带来很大的影响。会造成减量工序的值班长无法准确判定减量的手感，最终导致一缸布中织物的手感不统一，招来顾客的抱怨和投诉。

若前面预定的是全 FDY 产品，接下来预定阳离子染料可染的改性涤纶织物，而且定形机内的温度比工艺温度高出 10℃的情况下，若车速较慢，就会造成素色的改性涤纶织物布边部位有明显的“刀口印”。所谓“刀口印”，就是布边出现了有规则的与织物其余部位颜色明显不同的现象。出现这种现象的主要原因在于，一是烘房内温度过高，二是针板本身吸热与散热的速度高于烘房内热空气的吸热与散热的速度，三是与针板直接接触的织物边缘在预定过程中获得的热量比织物的其余部位明显偏多。最终导致，①布边取向度高于其余部位；②减量时布边减量率偏低，纱线的比表面积小于其余部位；③染色时染料进入布边的机会小于其余部位。综上所述，最终成品布边的颜色偏浅，偏浅部位的形状与针板的形状十分近似。

由此可见，预定形时温度过低和温度过高，都会严重影响成品质量。

对于小提花类的全涤织物的预定形，为了保持成品上花型的对称性，可以考虑在预定形时尽可能多地增加经向张力。

(3) 柔软整理

为了增加涤纶织物成品的滑爽性，在成品定形时浸轧柔软剂是最常见的柔软整理。影响涤纶织物手感的因素很多，单靠增加柔软剂的用量来改善织物的手感是不足取的。由操作班长随意增加柔软剂的用量，只会造成成品的扒丝现象。有机硅类柔软剂在涤纶织物的柔软整理时使用较多，若无限提高助剂浓度，不仅会浪费助剂，还会引起成品扒丝。

4. 其他

(1) 退柔软

经过柔软整理的织物在回修时要做褪柔软处理，以去除置于织物表面的柔软剂后再做回修。如果直接回修，在高温湿热状态下，有机硅柔软剂破乳后会凝结成黏稠状灰色物质，大量地黏附在染缸内壁和热织物上，很难处理掉。黏附于染缸内壁上的黏稠物质，会在后续加工中陆续地黏附在一缸又一缸的织物表面。

比较好的退柔方法就是使用柔软剂生产厂家自行开发的退柔专用助剂。有机硅类柔软剂可以在这类专用助剂的作用下溶于水，而不会造成对染缸内壁的黏附。一味使用纯碱退柔，只能更多地给工厂的正常生产带来麻烦。

(2) 脱水

使用带有导布装置的、加盖安全盖的大型脱水机的厂家越来越多。脱水时，织物摆放平整与均匀，是延长脱水机使用寿命的方法之一。特殊原料织成的织物，如全涤 POY 和 FDY 的复合丝产品和全长丝 FDY 类产品，脱水时应注意，时间不可太长，每次脱水的织物也不宜太多，否则会造成织物表面因脱水过重而产生大量“细花”的现象。

(3) 回修

定形以后的回修效果甚微。及时发现,及时回修,是提高回修效率的基础。色坯的烘干工序是半成品检验的关键工序。加强此工序的人员培训,提高他们对各种疵点的辨认水平,是提高回修效率的关键。回修过程中,同样要严格执行工艺,不然就会出现一些新的疵点。

改色也是回修的内容之一。漂白和大红色改黑色,改色后的黑色,一个看上去明显的发白,一个看上去明显的发红,不会成为漂亮的黑色。

良好的操作习惯是在平时严格要求下逐渐养成的。如果把染厂比作一个健全的人,那么生产技术部门就是这个人的大脑,工艺就是这个人的神经系统,精良的设备就是这个人的两条腿,全体操作工就是这个人的两只手。每一个操作工,都是怀着努力工作、诚实劳动、学习技术的信念走进染厂大门。工厂的管理者有责任通过各种方式不断地提高全体员工的操作水平和认识水平,以此来促进产品质量的稳定和提高。一只水桶所能容纳的水的体积,仅仅取决于构成这只水桶的最低一块木板的高度。通过个别辅导与集中培训、师傅带徒弟等多种方式来提高操作工的操作水平,才是不断提高产品质量水平的唯一出路。再精良的染整设备,还是离不开操作工的。稳定员工队伍,不能仅仅依靠加工资这种办法。加强队伍建设,让每一个操作工在学习中快乐成长与进步,才是留住他们的好办法。

每个月,车间主任有必要把最近一段时间经常出现的本工序的各种疵点进行统计与分析。通过二到三个班次的例会,让员工们一起参与分析和管理,提高员工对次品产生原因的认识,就可以更有效地提高产品质量。采用来料加工方式的染厂,生产十缸布所获得的利润,无法抵消一缸次品造成的损失。降低次品率,提高正品率,是提高染厂效益的唯一途径。而所有这一切,都只能从员工培训入手。

坚持"以人为本",就是尊重人,尊重每一位劳动者的尊严。每个人生活的环境不同,成长的环境和受教育的背景都有差别,这也是造成每位劳动者个体差别的主要原因。绝大多数劳动者来到染厂都是想通过自己诚实的劳动换取属于自己的那一份劳动报酬。只有承认劳动者之间的差别,才可能消除这些差别。耐心地对他们进行教育、训练和培训,这些操作工的劳动技能才会逐渐地提高,生产出符合顾客要求的合格产品。

仅仅靠罚款是不会尽快提高操作工的技能的。当一个操作工不再害怕被罚的时候,真正悲哀的不是操作工本人,而应该是整个染厂。当染色组长耐心地帮助操作技能较低的操作工提高操作水平的时候,也正是这名操作工逐渐增加个人收入和整个染厂不断提高产品质量的时候。

通过"结对子""一帮一""拜师傅""优胜红旗竞赛"等形式,都可以有效地促进全体劳动者不断提高劳动技能和操作水平。当刻苦钻研操作技能在染厂内部蔚然成风的时候,和谐班组、和谐车间与和谐染厂的局面就会形成。

训练任务 3-3

>>> 分组总结纺织品染整加工不同阶段的操作要点

训练形式：

在指导教师的辅导下，学生利用课余时间分组完成纺织品加工不同阶段的操作要点总结。

训练目的：

1. 通过总结产品加工不同阶段的操作要点，进一步理解正确操作的重要性；
2. 通过批改训练报告，检验教学效果；
3. 培养学生的团队精神，激励学生的学习热情，训练学生的书面表达能力。

任务目标：

1. 通过完成训练任务，让学生进一步理解"学习任务 3-3"中的相关内容；
2. 让学生进一步熟悉印染企业各工序的操作特点。

任务设计：

1. 指导教师向学生提出问题；
2. 指导教师进一步说明本次训练任务的基本要求；
3. 指导教师在课堂上展示三个小组的优秀作品；
4. 指导教师点评三个小组的优秀作品。

基本要求：

根据学习任务 3-3 的描述，总结纺织品加工不同阶段的操作要点。

内容要求：

1. 总结操作规程基本要求；
2. 描述违反操作规程的后果；
3. 第一组和第二组总结前处理阶段的产品加工操作要点；
4. 第三组和第四组总结染色阶段的产品加工操作要点；
5. 第五组合第六组总结后整理阶段的产品加工操作要点；
6. 第七组合第八组总结其他阶段的产品加工操作要点。

评分标准：

1. 内容完整、表达清晰、层次分明、完成及时，为优秀；
2. 内容完整、表达清晰、层次分明、完成较及时，为优良；
3. 内容完整、表达清晰、层次较分明、完成较及时，为良好；
4. 内容完整、表达较清晰、层次较分明、完成较及时，为中等；
5. 内容较完整、表达较清晰、层次较分明、完成较及时，为及格；
6. 内容不完整、表达不清晰、层次不分明、完成不及时，为不及格。

其他说明：

不及格的小组必须重做。

学习任务 3-4：生产车间的设备管理

学习内容

1. 让学生知道纺织品染整加工过程的设备管理要点；
2. 让学生知道主要生产设备的管理要求。

在生产经营过程中确保全体员工的生命安全、确保企业利益、确保顾客的产品质量，都是十分必要的。如何实现三个“确保”，是很多企业在发展中不断探索的问题。在生产活动中，作为劳动者本人，无疑处在活动的中心位置。只有充分发挥人的作用，才能充分发挥设备的作用，进而才能不断稳定和提高产品质量。所以，在生产过程中正确处理好三者关系，具有重要意义。

工厂中出现重大人身安全事故，大多是生产设备对人体的伤害。操作者只有加强对设备的了解，加强对设备操作规范的理解，知道了违反安全操作规范的危害，了解了违规操作的后果，才能有效地驾驭设备，生产出高质量的产品。对于那些新进厂的青年员工，必须做好安全教育。青年人好奇心重、思维活跃、精力旺盛，有一股子天不怕地不怕的气概，在不了解设备的安全操作规程之前，很容易造成人身安全事故。建立厂级、车间和班组“三级”安全教育制度，对于新进厂的青年员工尤其重要。采取集中讲授、签名确认、严格考核的方法，能有效地提高新员工的安全意识。穿戴必要的劳动保护用品进入生产现场，不乱碰、不乱摸、不乱按，是对新员工的基本要求。不要打扰正在作业的工人师傅，不影响工人师傅的现场操作，不在工作现场大声喧哗、追逐打闹，是新员工必须做到的。

操作者在作业时与设备之间形成的关系，不仅决定了操作者本身的人身安全，决定了设备的安全状况，也决定了产品的质量。认真学习作业指导书、学习设备安全操作规程、学习设备维护的基本知识，才能不断地了解设备，不断提高操作技能。像染色设备的加压和排压、最高染色温度、缸口螺丝的拧紧的顺序，脱水机的容布量与刹车，定形门幅、车速与温度，都是正确使用设备的关键步骤和主要工艺参数。只有掌握了这些重点才有可能正确掌握设备的操作。

1. 辅助设备的管理

(1) 缝纫机

缝纫机是备布工序和其他转序工序中缝头的关键设备，平缝机或三线包边机是常用机型。白坯备布缝头、坯布进缸缝头、开幅和烘干之前连接引布的缝头大多使用平缝机，而成品定形之前为了降低织物的纬斜、提高光电整纬器的整纬效率，每一匹成品布的头子撕掉以后都可以使用三线包变机。成品定形前撕下来的零散的布头都应该由缝头人员收集起来，由专人打包后处理。

为了减少织物纬斜，提高正品率，管理严格的染厂要求每缸布最后两个头子必须用平缝机来缝头。若最后两个头子采用布头打结的方式进行连接，那么每缸布不仅损失2 m以上，还会引起定形工序中严重的纬斜。新建的大型染厂地面比较平坦，有利于平缝机的移动。建厂历史较久远的染厂地面的平整程度严重受损，特别不利于染色车间内可移动平缝机的日常维护。如果能把染色车间的平缝机固定在装有轮子的支架上，将有利于平缝机的维护。

全体员工在产品转序过程中都应注意缝纫设备的摆放地点，严禁在推拉布车时碰撞缝纫设备。每个班组都要有专人保管每台缝纫设备的加油油壶、底线装置和缝纫线。缝纫工在上岗前要经过专门的设备保养培训。机修工当中应该有一两个熟练的缝纫设备检修人员。

(2) 布车

布车是染厂转序过程中的主要运输工具。布车主要由车身、车把、车轮和容布壳体组成。壳体的清洁、车轮的保养和车把的形状，对产品质量有较大影响。有的染厂布车的壳体由玻璃钢构成。这种壳体虽然成本较低、重量较轻，但是强度较差，还容易造成沾色。在染厂中不锈钢薄板作车的壳体，也有较大的数量。还有的染厂用竹条和木板围成布车的壳体。但是用塑料铸成的壳体显然具有更多的优点：强度高不怕撞、表面光洁不沾色、耐老化不变色、高度适中而且耐用。若是在塑料壳体的底部四角开出小洞，有利于车内积水的排出，进而可最大限度地降低运输的重量。

车身可用脚钢焊接而成，车把用镀锌管，经弯圆机弯圆成形最好。镀锌管较少产生锈迹。具有一定弧度的车把可最大限度地避免因布车无意相撞而带来的布面破损。产品在转序过程中，为了下道工序寻找布头方便，总有两个布头会缠绕在车把上。如果布头缠绕在具有棱角的车把上，很可能因为布车间的无意相撞在布头上产生破洞。这样的破洞给顾客带来的坯布或成品损失可能要大于2 m。在车把和角钢的焊接点旁再焊接上20 cm长的一小段上端开口的薄壁管，以便于插放流程卡。流程卡是十分重要的质量记录，在转序过程中因存放不慎，经常会被水打湿或遗失，这将严重影响标识的追溯和生产信息的正常传递，从而影响生产管理。卷状的流程卡有了固定的插孔，有利于流程卡的保存和传递。

车轮的保养与维护是布车维护的重点和难点。通常情况下车轮轴承的损坏都是由于纱线或塑料绳过度紧密缠绕引起的。捆绕坯布用的材料大多是塑料绳。由备布工序的员工及时收集捆布用的塑料绳是解决问题的基础。由专人在空车备布前用钩刀清理缠绕在车轮轴承处的纱线或塑料绳，是延长车轮使用寿命的关键。可由身体健康的退休工人担任维护车轮的机修工，这样可以明显降低车轮维护成本。400部布车完全可以满足一个中小型染厂的日常转序需求。车轮维护机修工每天维护50部布车并不困难。这样每星期把所有的布车维护一次是完全能够实现的。采取给布车编号的方法便于布车的日常维护。每辆布车有两大两小四个轮子，以这样的方法维护，每年节省的车轮维护成本将远远小于车轮的更换费用。

转序通道路面的平整程度和连接通道的坡度大小都影响轮子的磨损速度。老染厂的通道可以钢板铺设，新染厂的通道可与地面一样全部做成水磨石。

(3) 退卷机

卷装坯布可以更充分地保持织物平整。匹装坯布不仅不能消除织造过程中产生的内应力，还会产生新的折痕。这都不利于涤纶弹力织物、涤纶仿毛织物和涤纶强捻织物的染整加工。用退卷机退卷，可以提高退卷效率，减少坯布在退卷时产生折痕的机会。需要注意的是，退卷机的有效门幅应该大于坯布门幅，退卷辊的表面必须光滑，退卷的速度不宜过快。

大部分的退卷机都是由皮带传动的。用皮带油来保持皮带表面具有合适的摩擦系数，有利于提高传动效率。添加皮带油不宜过多，以免皮带油被甩出造成坯布沾污。使用退卷机时还应注意用电安全和操作安全。操作人员应该及时清理缠绕于退卷辊面的纱线。传动部分外部应具有防护装置和止退装置，不但可以避免布边纱线和布头缠入转动装置内部，还可避免坯布在退卷过程中左右移动过大。

(4) 脱水机

带有自动导布装置和安全盖的大型脱水机被使用的越来越多。劳动强度低、外壳不生锈、操作方便安全和容量大是这类脱水机的主要特点。为了提高生产效率，脱水机应该安装在距离染色车间和后道工序不太远且比较宽敞的地方。安全通道狭小，转序通道不流畅，因此而带来的劳动生产率的下降，有些像某些国际大都市的交通拥挤问题，损失很难计算清楚。

脱水机辅助工作台的高度要适中，过高和过低不仅会影响操作工的工作效率，还会影响操作工的安全。脱水机的内壁和自动导布装置表面必须光滑，开关的高度要合适，过低不仅易进水，还易被布车撞击。有的操作工为了阻止布匹进出脱水机时在自动导辊上因运行速度过快被甩出，喜欢在导辊上缠绕一些布条。时间过长布条会黏色，对漂白布易造成二次沾污。

在安装脱水机时，地脚的稳固程度、地脚的水平程度和地脚螺丝尺寸的精确程度决定了脱水机安装以后运行时的平稳程度和噪声大小。地脚螺丝尺寸不精确，安装时很困难。地脚深度不够，或者地脚水平状况不好，都会造成脱水机使用时震动过大，进一步引起内层运行不平稳，最终影响使用寿命。

织物原料不同，基本特性就不同。脱水时运行时间就会有差异。运行时间越长，脱水机的转速就越快，紧贴内壁的外层织物受到内部织物的挤压就越严重。有些仿毛产品，脱水时间过长，或者脱水时产品加入脱水机内部过多，都会在织物表面留下痕迹，有时会留下非常严重的“鸡爪花”。

2. 前处理设备的管理

涤纶机织物专用的前处理设备并不多。常规涤纶机织物的前处理主要是绳状精练，强捻涤纶机织物的前处理主要是预缩(解捻或松弛)，弹力涤纶机织物的前处理主要为平幅精练。绳状精练和预缩可以在普通染色机中完成，弹力织物的平幅精练在平幅精练机上进行。有时轻薄织物的精练也可在连续减量机上完成。

(1) 平幅精练机

平幅精练设备是以棉织物平洗设备为基础，随涤纶弹力织物加工工艺要求不断完善而迅速发展起来的一类新型设备。设备主要包括：进出布装置、张力调节装置、对中装置、扩幅装置、平洗槽、加热装置、调速装置、冷水喷淋装置和真空吸水装置或轧水烘干装置。双弹或纬弹织物的加工，平幅精练工序显得十分重要。

以全涤纬向弹力机织物为例，其平幅精练加工工序操作如下：调整张力杠角度，使坯布布面平整，门幅适当回缩。六槽平洗机内采用清水精练。初始水槽温度为室温，最后一槽为80℃。中间各槽水温逐渐升高。车速可以根据坯布门幅收缩尺寸来调整。门幅收缩过小，可以降低平幅精练车速。水槽之间可由直辊扩幅辊连接。扩幅辊表面也可采用非不锈钢材质。扩幅辊转速须随出布速度自动调节。通过冷水喷淋装置、均匀轧车和真空吸水装置可以尽快降低织物表面温度。虽然在轧水和吸水装置之后增加一柱(8～10 个烘筒)烘筒,可使织物进一步缩幅,但烘燥(包括预定形)后织物门幅收缩过快是纬弹织物布面出现永久褶皱的主要原因。另外,考虑到桃皮绒风格的天丝(tencel)纬弹织物在湿状态下可发生自身原纤化,此类织物的加工宜采用平幅精练后的轧水烘干工艺。在平幅精练过程中烘筒烘干装置是否使用,主要取决于织物的性质。

平幅精练最后一槽水温为 80℃,可使纬弹坯布门幅有较大收缩,从而显现纬向弹力。同时,从室温到 80℃之前的 5 个水槽也可使纬弹织物相对缓和地均匀收缩,以确保布面平整。操作工应特别注意精练以后出布时布边不可卷曲。发现布边在出布辊上卷曲,必须及时排除。上机 210 cm 的纬弹坯布,精练后若门幅大于 160 cm,则说明精练车速过快。

进布的扩幅装置表面易被布车撞击出毛刺。这些毛刺对于织物表面造成的擦伤往往是无法回修的。在平幅精练设备的车头部位安装必要的保护装置是保证机头扩幅装置表面免受损伤的有效办法。各水槽之间的扩幅辊的轴承保护有赖于每个班的操作工。发现纱线缠绕在轴承内,作业间隙应该及时清除。平幅精练设备机尾作业场地应有一定的排水坡度。

(2) 染缸内预缩

预缩过程即是前处理过程,也是纬纱在比较剧烈的湿热状态下进一步收缩和消除内应力的过程。弹力织物和强捻织物都需要预缩加工。平幅精练以后,染色班长应尽快安排织物预缩。收缩变粗的经纱也会进一步加大纬纱的缩率。预缩时缓慢升温可以减少布面皱痕。加大喷嘴压力,可以减小经纱收缩与弯曲。高效精练剂、中性去油灵和适量的纯碱,可以去除纤维上的杂质和浆料。115～125℃之间织物在高温高压喷射溢流染色机内运行 20 min,门幅一般为 134～139 cm。145 cm 以上的预缩门幅会降低成品的纬向弹力;130 cm 以下的预缩门幅,织物表面易出现经向条痕。预缩过程中堵缸,会对半缸织物造成严重损伤。降温过快,冷水进缸过早,都会使织物表面出现细小的褶皱,影响织物平整度。

为了保护氨纶的弹性,弹力织物预缩时,加入缸内的碱剂相对强捻织物要少。即使这样,若在染过深颜色的染缸内对欲染较浅颜色的弹力织物进行预缩,加入缸内的助剂也会对染过深颜色的染缸产生清洗作用。缸内残留的染料会对弹力织物产生比较严重的沾污现象。特别是弹力织物中的氨纶会被染成红棕色,这将会严重影响弹力织物在后道工序中染成较浅的颜色。所以,不可在深颜色缸内对欲染浅色的织物进行预缩。由于预缩过程中工艺温度接近染色温度,有时还会加入较多的助剂(碱剂),还有被预缩的织物在缸内充当洗缸布,这样的工艺条件非常接近于洗缸。所以,固定若干只干净的染缸做预缩缸是非常必要的。

(3) 染缸内精练

常规涤纶机织物的精练就是对织物的前处理。由于工艺条件相对简单,此处不再赘述。预缩和精炼结束以后,及时清理设备过滤网非常重要。

3. 染色设备的管理

涤纶机织物的染色设备主要包括高温高压溢流染缸和平卷缸。绳状染色设备匀染性好、织物手感丰满、适合小批量多品种的市场需求。平卷缸不仅是涤塔夫里料的主要染色设备,目前还被用来做一些特殊弹力织物的平幅精练和预缩。

（1）缸盖与加压

O型缸和J型缸缸盖仅仅是尺寸上的区别，形状和加盖方式基本类似。经常注意观察缸口"眼镜"玻璃和缸口密封圈是否破损，有利于减少质量事故和安全事故。拧紧缸口螺栓时，应沿对角线方向进行。力量要适中。用力过大或过猛，易造成缸口密封圈的损坏。80℃缸口盖上以后需要对缸内加压。及时加压可以减少105℃之前缸内产生过多泡沫的机会。泡沫过多易引起堵缸，造成色花等染色疵点。平卷缸缸口较大，密封加盖时要特别注意密封件整体的平整性。

（2）化料与打料

化料缸、化料筒和化料棒的清洁与否对浅颜色的影响至关重要。有时候染乳白色织物，300 kg以上的织物，加入的黄色分散染料不到3 g。化料过程中若有杂质混入，将严重影响织物的颜色。化料时用水量不宜过多，以免引起缸内水位变化过大，从而引起织物过渡漂浮产生的堵缸等现象。染料和助剂要打尽，化料缸要清洁，这是打料阶段的基本要求。经常检查化料泵的工作状态，以免发生漏料或打料不尽等现象。预缩前织物较松散，纱线脱落后滞留在过滤网内的机会较多。前处理后织物变得更加紧密，纱线脱落的机会明显下降，滞留在过滤网内的机会较少。所以在织物染色保温时，操作工都可利用空余时间清理染缸的过滤网。及时清理过滤网，不仅可以减少染料点，还可以有效地保证染缸主泵的扬程少受损失，进一步稳定产品质量。

（3）喷头、转速和配缸

染缸的喷头也叫喷嘴，是辅助主泵对缸内织物产生抽力使之循环的主要装置。J型缸的喷头一般有三套之多，供厚型、中厚型和薄型织物染色时使用。织物厚度决定其单位质量，织物厚度越大，形成绳状以后的直径越大。喷头的口径需要与绳状织物的直径相配套。过大或过小都会产生染色疵点。喷头口径相对绳状织物直径过大，织物在通过喷头时占有的空间相对较小，受到循环染液（水）的拉动的力量也较小，织物运行速度变慢，织物在染缸后部易堆积，造成堵缸。若绳状织物直径相对喷头口径过大，织物在喷头内运动时始终受到挤压，容易在织物表面产生"郁刹污"等染色疵点，还容易造成织物堵缸。

织物的转速可以通过染缸前部的阀门来调节。在喷头口径与织物直径配合较好的前提下，可以通过调节织物的运行速度来调节织物在染缸内的堆积状态。织物在染缸内堆积状态不良也容易引起堵缸。良好的织物堆积状态应该是均匀的波浪形。浪峰长期的前倾或后倾都易引起堵缸。可以通过调节织物的转速保证织物在染缸内有良好的堆积状态以避免堵缸。调节时双管内的织物转速应尽量的一致，不然易产生颜色上的管差。

一般情况下要求织物在配缸时匹数为双数，以便双管的染色设备每管内织物匹数相同、米数接近。若米数相差太多，虽然织物在染缸内循环的速度很接近，但是经过喷头的次数却相差很远。由于织物染色主要是在喷头内完成的，所以，很容易造成管差。若每匹坯布的米数都比较均匀，产生管差的机会就会下降。

在双管J型染缸的尾部有一个蝶形阀门，是用来调节主泵在双管之中扬程分配的。若染缸经常出现单侧堵缸现象，可以考虑通过调节蝶阀来解决这个问题。

如果染缸热交换器内部发生焊缝开裂，保温阶段很有可能会造成染液沿进水管泄漏至其他染缸，对其他染缸内的浅色造成沾污。虽然这种现象很少发生，但在分析产生古怪颜色变化的因素时不可遗漏此种可能的原因。

(4) 进布、水洗和出布

进布必须通过导布环。进布速度不可过快,回修布尤其如此。若回修布进布速度过快,且不经过导布环,很开能因织物与染缸支架的剧烈撞击而在织物表面产生“鱼鳞斑”。这种疵点是无法回修的。没有导布环,进布时易在容易产生极光印的涤纶织物表面产生新的更加明显的极光印。“鱼鳞斑”就是最严重的极光印。导布环内环表面必须光滑。

常规织物和弹力织物的染前水洗都可以在染缸内进行。强捻织物减量以后染色之前的水洗在上述染缸内进行,其效果不十分明显。减量后水洗不净是减量织物产生色花的主要原因。带有六角盘装置的平幅水洗设备对减量后涤纶织物进行水洗效果最好。在没有此类设备的情况下,把织物拉出缸外在出布的导布轮上进行水洗也是一种不错的选择。实际上水洗过程中辅以机械振动,是提高水洗效果的有效手段。

如果师徒关系的两名操作工操控两台或三台染缸,那么在织物完成染色出缸时两人就可以每人负责一管,一同进行手工拉布以提高出布的速度。为了降低劳动强度,提高生产效率,可以考虑在出布时往染缸内缓慢注水。缓慢注水还可以节省下一缸进布时进水的时间。手工拉布时织物经过出布导轮,不仅可以进一步降低劳动强度,还便于控制织物在布车内平稳堆放。若每名操作工操控一台染缸,那么出布时同事的帮助是提高工作效率的有效途径。

(5) 配电箱、压力表和温度表

合理摆放配电箱,可以延长其使用寿命。避免布车剐碰和撞击,避免各种液体的侵蚀,是保护配电箱的基本要求。配电箱的顶端严禁摆放操作工的水杯、饭盒、衣帽和其他杂物。在作业时不应用力揿按各种按钮。未经培训的员工严禁上岗,非本岗位员工严禁串岗并随意旋转配电箱上的速度调控旋钮。严禁任何人无故随意打开配电箱。

设备本身有多个压力表,用来标明染缸不同部位的压力。温度表和压力表都是操作工严格执行工艺的辅助工具。发现压力表或温度表明显失灵,操作工应与本班班长及时联系。有的染厂染色阶段的工艺控制由技术科管辖下的中控室统一完成。此时设备上的压力表或温度表在工艺控制过程中所起的作用将大大降低。

4. 整理设备的管理

烘干设备、定形设备是涤纶机织物常用的整理设备。灌蒸机、轧光机和电光机等设备在涤纶机织物新品开发过程中越来越重要。由于烘筒式烘燥机在涤纶机织物表面易产生极光现象,所以涤纶织物加工过程中不常使用。

(1) 烘干机

如果按照织物在烘干时受到的张力大小来给烘干设备分类,可分为张力式烘干机和松式烘干机两种。松式烘干机是目前常用的烘干机,主要由进出布装置、烘房、导带、速度调节装置、温度控制装置和抽湿装置组成。张力式烘干机的使用数量虽然在逐渐下降,但目前仍有些染厂还在继续使用。为了提高烘干的效果,可以把多个烘房组合起来。烘房内的张力辊的多少,决定了每个烘房容布量的大小。也有厂家把大轧车安装在张力式烘干机前面的,通过浸轧和烘干完成对织物的柔软整理,以缓解定形生产能力不足的局面。

松式烘干机可以最大限度地降低烘干时给织物带来的经向张力,使织物尽量的蓬松,从而改善织物的手感。张力、车速和温度的合理搭配是松式烘干机操作的要点。温度越高、车速可以越快。车速过快会导致织物表面受到的张力变化较大，影响织物蓬松的手感。有些弹力织物，布面上由“树皮皱”或“珍珠”风格构成。要求织物在烘干过程中张力越低越好，以尽量保持织物的风格。140℃以下的烘干温度比较适合涤纶机织物烘干。织物的干燥程度可以通过调节车速来控制。温度过高容易导致转动装置内部润滑油的升华，加速传动部件的磨损。

张力式烘干机在柔软整理时，由于柔软剂使用不当，会经常出现柔软剂黏辊现象。由于烘干温度低于定形温度，此时产生的黏辊次布回修比定形时产生的柔软剂黏辊疵布更容易。通过加强设备维护的方法来彻底解决柔软剂黏辊的现象，目前还没有很好的办法。

(2) 定形机

定形机是较复杂的整理设备。涤纶机织厚重织物的定形，大部分在针板定形机上完成。针板定形机主要包括进出布装置、张力调节装置、扩幅辊、轧车、整纬器、超喂、探边、驮布皮带、压针和脱针装置、速度调节装置、温控装置、门幅调节装置、针板轨道、导热管道和散热片、热风循环系统、主电机、润滑系统、抽湿装置、冷却装置、配电控制柜和烘房。目前最好的国产定形机基本可以替代进口定形机对涤纶机织物进行定形加工。

涤纶机织物的定形温度偏高，润滑油的选择和润滑系统的维护对定形机来说显得更加重要。通过适当增加烘房数量来降低定形的车速和温度，是加强定形机日常维护的有效方法。烘房过短的定形机在使用时只能通过升温的方式来达到工艺效果。过高的温度导致润滑油的快速挥发。当抽湿装置的通道内壁沾满挥发的润滑油以后，某一时刻在高温作用下就会出现润滑油挥发物沿通风管道内壁下滑、在织物表面形成点状油污的现象。虽然在抽湿风机前端增加风道坡度并加开小孔以截留油污的方法可以解决布面的油污问题，但迅速失油的润滑系统，只会加剧针板轨道的磨损。

每节烘房内部扩幅装置的协调一致，仍然有赖于有效的润滑。扩幅装置不能得到有效的维护，时间过长就会失灵，定形时就会造成布面撕开或定形门幅无法展开的质量事故。在作业的间歇时间内每天维护一次全部扩幅装置，是保证扩幅系统有效运作的基本途径。清理扩幅丝杠上的纱头，在丝杠上喷洒二硫化钼润滑剂，都是比较好的办法。

工作间隙及时清理烘房内过滤网上的絮状物，有利于提高热风传导效率。及时开启打冷风装置和冷却水循环系统，有利于迅速降低成品表面温度，减少布面折痕。开启静电消除系统有利于涤纶机织物成品的平稳摆动和包装。利用作业间隙及时更换破损的针板，有利于减少布边漏挂。空车降温或升温时应把毛刷盘提起。超喂和张力的调整，以布面进入定形机头自然顺畅为宜，同时还要参照织物的门幅、克重、手感和布面平整程度等要求。

热风循环方向主要包括上吹风、下吹风、测吹风三种方式。利用烘房门板上的风向循环手柄可以适当调整每一节烘房内部的热风循环方向。韩国晓星公司生产的定形机热风循环调整装置设计得很巧妙。根据织物的厚重轻薄，适当地通过调整烘房内热风循环方式，以此来提高热能利用效率和生产效率，是定形机的新特点。轻薄织物定形机尾部的热风循环方向以上吹风为主。下吹风过强，容易把织物从针板上吹起。热风吹风方向的调整，应该与温度、织物状态、车速等因素结合起来综合考虑。如中厚型织物，在定形机的中部过多地利用下吹风热风循环方式，在抽湿循环风机全速开动的时候，容易造成能源的浪费。

(3) 其他设备

涤纶仿毛织物加工时经常使用罐蒸机。新的罐蒸机或新的包布在使用时容易在织物表面形成包布痕。极端温度下对新的包布进行罐蒸，可以最大限度的减少包布痕。

薄形仿毛织物在轧光时经常使用电热的轧光机。织物布边部位易在加热辊上残留短纤堆积的痕迹。其实加热辊的中间部位是最热的，这些堆积的残留物不是因为加热辊表面温度过高造成的，而是由于织物边部较厚，被摩擦的机会较织物内部偏多的缘故所致。轧光作业结束后用细砂纸轻轻磨去这些残留物就会使加热辊面光亮如初。

染整设备的使用者与设备接触的机会远远大于专职的机修人员。设备的使用者有义务做设备的维护者。专职的机修人员应该更注重按计划保养设备。如果设备主管部门能让每一位设备使用者清楚地知道该设备的基本维护规则和正确的使用方法，那么，该染厂的设备维护费用还会进一步降低，设备的使用寿命还会进一步的延长。

在涤纶机织物染整加工厂中，最主要的染整加工设备就是染缸和定形机。如何保证主要染整设备的安全操作，确保人身安全、设备安全和产品安全，是染厂安全文明生产的主要工作。

选用什么样的方式来加强本厂设备维护与保养，不是固定的。只要适合企业的生产规模和产品结构，能够满足生产需求和顾客需求，这样的设备维护保养模式就是好的。虽然说设备科主要担任整个企业生产设备的维护与保养，但是企业的计量设备、检验设备和动力设备的校验和安全管理也必须由设备科负责。配合质量管理体系的年审或外审，定期对高温高压设备（锅炉和染缸）的安全阀和压力表进行校验，是企业设备科的职责之一。磅秤、天平、砝码的校验也在设备科的职责范围之内。

根据设备进厂时间、使用情况和维修纪录，编制各个车间生产设备维护保养计划，是设备主管的职责。建立设备台帐，是设备维护与保养的基础工作。既能通过生产设备赚钱，也能通过延长设备使用寿命省钱，才能充分提高投资回报率。换句话说，省钱的效果越明显，企业可持续发展的潜力就越大。让全体员工都理解了设备全员保养与维护的道理和意义，让全体员工都养成自觉维护设备的良好习惯，同时让这些好习惯逐渐形成传统，形成企业文化的核心内涵，远比企业每年多赚几十万更重要。

“工欲善其事，必先利其器。”加强全员的设备维护与保养，奖励那些在设备维护过程中的先进分子，在企业内部大张旗鼓地宣传他们的事迹，有利于养成良好的企业作风。良好的工作作风在企业开展任何基础管理工作过程中都会起到积极的推动作用。

训练任务 3-4

>>> 分组总结产品加工不同阶段的设备管理要点

训练形式：

在指导教师辅导下，学生利用课余时间分组总结产品加工不同阶段的设备管理要点。

训练目的：

1. 通过总结产品加工不同阶段的设备管理要点，进一步理解设备管理的重要性；

2. 通过批改训练报告，检验教学效果；

3. 培养学生的团队精神，激励学生的学习热情，训练学生的交流沟通能力和书面表达能力。

任务目标：

1. 通过完成训练任务，让学生进一步理解“学习任务 3-4”中的相关内容；
2. 让学生进一步熟悉印染企业各常见设备的管理特点。

任务设计：

1. 指导教师向学生提出问题；
2. 指导教师进一步说明本次训练任务的基本要求；
3. 指导教师在课堂上展示三个小组的优秀作品；
4. 指导教师点评三个小组的优秀作品。

基本要求：

根据学习任务 3-4 的描述，总结产品加工不同阶段的设备管理要点。

内容要求：

1. 总结染整设备管理的基本要点；
2. 第一组和第二组总结前处理阶段的设备管理要点；
3. 第三组和第四组总结染色阶段的设备管理要点；
4. 第五组合第六组总结后整理阶段的设备管理要点；
5. 第七组合第八组总结其他阶段的产品加工的设备管理要点。

评分标准：

1. 内容完整、表达清晰、层次分明、完成及时，为优秀；
2. 内容完整、表达清晰、层次分明、完成较及时，为优良；
3. 内容完整、表达清晰、层次较分明、完成较及时，为良好；
4. 内容完整、表达较清晰、层次较分明、完成较及时，为中等；
5. 内容较完整、表达较清晰、层次较分明、完成较及时，为及格；
6. 内容不完整、表达不清晰、层次不分明、完成不及时，为不及格。

其他说明：

不及格的小组必须重做。

学习任务 3-5：生产车间的工艺管理

学习内容

1. 让学生知道生产车间工艺管理的基本要求；
2. 让学生知道工艺管理的主要内容；
3. 让学生学会填写工艺单。

工艺管理是染厂技术管理的基础。染整工艺的制定需要丰富的实践经验作依托，不然制定出来的工艺可能在实际操作中无法实现工艺目的。虽然不同的工艺流程可以产生近似的工艺效果，但是在相对较长的时间内，染厂的生产设备会有比较明显的稳定性。对生产设备了解得越多，制定出来的工艺条件就越容易实现。

1. 工艺制定

根据织物特点和顾客要求制定工艺，是最基本的工艺制定原则。染厂的工艺是以产品加工为中心的，主要包括前处理工艺、染色工艺和整理工艺。染色工艺还可以分为染色阶段和后处理阶段，而整理工艺本身也可以分为定形、预定形、罐蒸、轧光、成品预缩、拉毛和其他化学整理等多种形式。在工艺制定时，顾客的要求可以作参考，织物本身的基本性质决定了染整加工工艺的主要特点。织物的捻度、原料的性质、织物的克重、坯布的门幅、混纺的比例、是否有氨纶、是否有其他特种原料等等各方面的因素都需要考虑。

(1) 前处理工艺的制定

前处理工艺本身也包括机缸精练、机缸预缩和机缸减量三种类型，而机缸精练是最简单的工艺之一。涤纶机织物机缸精练一般以全涤织物为主，其他混纺或交织织物的精练工艺在温度设定和加入的助剂方面有较大区别。图 3-1 为普通涤纶织物机缸精练的工艺曲线。

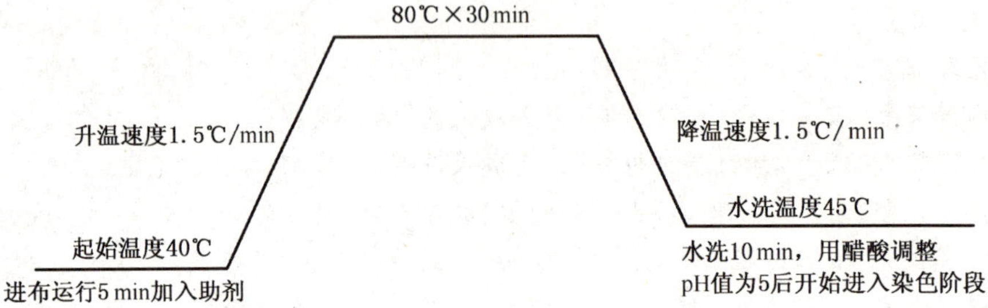

图 3-1　普通涤纶织物机缸精练工艺曲线

工艺设备、工艺流程、工艺处方和工艺条件是制定工艺过程中不能回避的主要问题。就上述具体工艺而言，工艺起始温度、升温速度、最高工艺温度和保温时间、降温速度、水洗温度和水洗时间以及染色前需要调整的酸碱度，都是工艺的主要内容。织物在染缸内顺畅运行几分钟以后，没有出现打结、堵缸、断头等现象，就可以加入前处理助剂了。助剂的品种与精练的目的相一致，主要是液碱和精练剂。常用的去油灵，就是含有大量精练剂的助剂。助剂的加入量不仅和织物的质量有关，还与浴比有关。有时值班长是按照织物的百分比质量开料单的，而有时另外的值班长习惯于按照每升含有多少克助剂的方式开料单的。无论哪一种方式，都可以满足生产要求。一般情况下，涤纶机织物主要以高温高压法为主进行染色。在染厂中人们习惯上按照设备的外形来对常用的高温高压绳状染色设备进行分类。按照这样的方法分类主要有两种，一种是 O 型缸，另外一种就是 J 型缸。O 型缸容量较小，一般不会超过 120 kg，浴比也不大，一般为 1∶8，适合作小批量的轻薄织物。J 型缸容布量较大，一般为 340 kg 左右，浴比为 1∶10 左右。随着纺织行业的不断发展，使用 O 型缸的染厂越来越少。机缸预缩和机缸减量的工艺制定原则与机缸精练大同小异，只不过最高温度和保温时间有所区别。

(2) 染色工艺的制定

分散染料高温高压法绳状染普通涤纶机织物，一般的染色温度为130℃。根据织物特点和染料特点决定升温速度和降温速度，根据颜色深浅和染料特点决定染色温度和保温时间，根据织物特点决定冷水进入缸内的温度，是制定染色工艺的主要原则。颜色越深，保温时间越长；涤纶的FDY原料在织物中使用比例越高，升温降温速度越慢，进冷水的温度越低。染色过程是对织物的湿热定形。织物在染缸内染色时间越长，织物的手感越柔软，门幅也会变得越宽。染色时喷嘴拉力的大小对织物门幅有一定影响。拉力越大，门幅越窄，织物成品的手感越差，经向缩水率越大。

(3) 后处理工艺的制定

全涤织物的后处理相对简单，利用碱性条件下保险粉还原能力较强的特点，使织物表面残留的浮色和杂质溶于水。这样不仅可以提高成品的牢度，还可以改善织物的鲜艳度。放掉全部染液，重新上清水升温至接近80℃以后再加入纯碱和保险粉，有利于保险粉在高温下充分发挥还原能力。先加纯碱后加保险粉是必须遵守的工艺纪律。后处理过程中适当加入少量的净洗剂，也有利于浮色的去除。净洗剂的耐碱性决定了净洗剂效能的发挥。新型助剂的不断出现，完全能够满足生产需要。以涤棉织物为例，先染涤后染棉是常规的染色工艺。分散染料染色结束以后，后处理必须进行。如果用硫化染料染棉，那么50℃下的后处理就会以硫化染料的氧化为主要目的。如果用活性染料染棉，此后90℃的后处理就会以皂洗为主。应用不同的染料对交织物或混纺织物进行染色，后处理的工艺会出现较大差异。

(4) 整理工艺的制定

常规的整理工艺主要是指织物的拉幅定形。以全涤机织物为例，定形时进行柔软整理、抗静电整理、防水整理或其他化学整理，是最常见的整理方式。门幅、克重、手感，这三项指标是织物定形的主要考量标准。就定形工艺而言，主要参数应包括车速、温度、张力、超喂、助剂浓度和浸轧方式。常规涤纶机织物整理工艺的制定，一般由定形值班长负责完成。

2. 工艺处方及其确认

小样打样时，需要按照染色配方移取染液。染色配方一般情况下由化验室值班员写在配方单上。配方单中必须表明染料种类、名称、染色深度和助剂名称以及助剂加入量。

(1) 配方书写

如前所述，选择小样染色配方时，打样员按照蓝黄红顺序，在化验室打样配方单上由上至下书写染色配方。图3-2中给出了分散染料染涤的配方书写示意图。图中的配方分别是中灰、藏青和豆沙三种颜色第一轮打样的染色配方，织物为全涤麻纱。配方可写在普通笔记本上，便于打样员吸取染液。值班员在书写染色配方时，直接写出染料相对织物百分比质量，即染色深度，而省略百分号。

1-1#(中灰)	
分散蓝 2BLN:	0.34
分散黄 E-4R:	0.22
分散红 3B:	0.17
2-1#(藏青)	
浆状分散深蓝 HGL:	7.2
分散蓝 2BLN:	1.6
分散黄 E-4R:	0.23
分散红玉 SE-GFL:	0.16
3-1#(豆沙)	
分散蓝 2BLN:	0.09
分散黄 E-4R:	0.36
分散红 3B:	0.36

图3-2　小样染色配方的书写

化验室中有打样值班员和普通打样员。打样值班员不仅有开出染色配方和工艺的权利，还要负责顾客来样的人工测配色工作。经过人工测配色后，值班员写出打样配方给普通打样员，由普通打样员负责打样用染液的吸取和打样工作。图 3-2 中第一个配方和第三个配方书写顺序完全一样，只是蓝黄红三原色染料比例不同，所以染出的颜色也不同。而在第二个配方中，由于使用了高温三原色之一的深蓝和中温三原色之一红玉，所以染色配方中有四种染料。实际上配方 2 仍然是按蓝黄红顺序书写的，只不过蓝色染料有两种，一种是中温型，另一种是高温型。分散深蓝有两种，一种是粉状，另一种是浆状。关于染料在使用时的基本状态，需要在配方中加以说明。比如染料力份是 100%还是 150%，是液体还是固体，都需加以说明。

4-1#（麻灰黄点）	
分散蓝 2BLN：	1.2
分散黄 E-4R：	0.6
分散红 3B：	0.7
阳离子蓝 X-GRL：	0.01
阳离子黄 X-5GL：	0.09
阳离子红 X-G：	0.03
5-1#（麻灰红点）	
分散蓝 2BLN：	1.42
分散黄 E-4R：	0.66
分散红 3B：	0.77
阳离子蓝 X-GRL：	0.01
阳离子黄 X-5GL：	0.02
阳离子红 X-G：	0.09

图 3-3　双组分纤维制品小样染色配方的书写

有些染厂经常用一些代号来表示某些染料，以简化打样配方的书写过程。无论染色配方多么复杂，在书写时都可以简化。图 3-3 中列出了阳离子染料可染的改性涤纶 CDP 与普通涤纶网络丝织成的可染双色的小样打样配方。图 3-2 中的两个配方大同小异，与图 3-2 不同的是，图 3-3 中配方由两类染料组成。一类是分散染料，另一类是阳离子染料。配方中两类染料的书写是分开的，每种染料仍按蓝黄红顺序书写。掌握了配方书写的基本规则，就可以在整理本公司产品的染色配方单和染色工艺单时提高工作效率。

(2) 配方调整

根据顾客来样颜色，在样卡中找到相近颜色，写出打样配方，是人工配色的基本流程。实际上写打样配方时，值班打样员已经根据经验对打样配方进行了第一次调整，第一次打样主要用来验证该织物的吸色性能。对某个具体颜色而言，不具有独立值班能力的打样员在写打样配方时每次只写出一个染色配方。在长期打样过程中，每个值班打样人员都形成了一整套适合自己的测配色方法，这些方法都是系统和连贯的。从事打样工作的专业人士，对不同色样之间的颜色差别，其判断标准是一致的。每次测配色过程中，值班打样员都是按照长期以来自己在大脑中形成颜色测量标准，对顾客来样与样卡中色样之间的色差进行测量。由于标准是统一的，所以每次只能写出一个小样染色配方。在季节更替时，染厂内加工的颜色变化较大，这时每位值班打样员每班次内都必须开出将近 100 张染色工艺单。以每个颜色打样两次计，8 h 内一个打样值班员必须人工测配色 300 次以上，或者至少写出 200 个以上的小样染色配方。如果每位顾客来样每次测配色都写出 6 个不同的配方，那么这位值班打样员在 8 h 内根本无法完成开出 100 张染色工艺单的任务。换句话说，这位值班打样员是不合格的打样员。

按图 3-3 的配方完成小样染色后，值班打样员就可以进行真正意义上的第一次测配色。经过第一次小样染色，通过染出的小样颜色，可对顾客本批次坯布对染料吸色性能有一个基本的判断。如果打出的小样正好有一个颜色非常接近顾客来样，则可开出染色工艺和染色配方。其余颜色必须根据第一次打样结果由值班打样员做出适当调整。这样调整配方的过程就是真正意义上的人工测色。一般情况下，值班打样员第二次写出的染色配方可以写在第一次配方的右侧。这样既便于值班打样员的正常操作，也便于普通打样员进行色样整理和颜色档案制作。在整理中普通打样员可根据配方和小样颜色变化细心体会值班打样员调整配方的过程和原因。一段时间后普通打样员的业务水平将会有较大提高。在测色与配色过程中，打样员必须首先比对和判断来样与色卡之间的深度差别，然后才可以比对和判断来样与色卡之间色光区别。所谓"先看深浅，后看色光"的打样原则，指的就是上述的比对与判断。不同颜色之间的差别，在普通人看来更多的是色相上的差别，而对于打样人员来说，深浅上的差别才是真正的差别，色光上的差别却在其次。以灰色和黑色为例，这两个颜色都是均匀的吸收可见光中的所有光线，只不过吸收的程度不同。灰色吸收少，黑色吸收多。当把灰色染色配方不断加深后，灰色总会被染成黑色。在不同深度下调整小样染色色光，黑色永远是黑色，灰色永远是灰色。

配方调整时，先看深浅，再看主色，后看色光。如果需要调整某种染料，在调整时最少调整半成，也就是 5%，最多调整多少，与值班打样员调色水平有关。调整配方时，还是有一些基本经验可供参考。比如说，打出的小样与顾客来样相比，深度很接近，仅仅是打出小样略发红光，此时调整配方时，有两种方法：一是在配方中去掉半成红，其二是在配方中加半成蓝。两种方法都可以使用，关键看哪一种方法在整体上会保持该颜色总体深度与顾客来样更接近。同理，当小样略发蓝光时，也可采用增加红光的方式把蓝光压下去。打样过程中，如果感觉色光过于鲜艳，可以适当增加黄色来调整小样色光。加黄以后，小样总体深度会明显增加。当蓝光和红光都比较突出时，增加黄光后，小样会明显发旧。在配方调整过程中，增加蓝光不仅可增加小样深度，还可增加小样鲜艳度。打样时究竟如何来调整色光，需要从业人员在实践中不断摸索，不断总结，这样才可能迅速提高打样功力。图 3-4 中列出了图 3-3 中的配方经过调整后的书写形式。

1-1#(中灰)		**1-2#(中灰)**	
分散蓝 2BLN：	0.34	分散蓝 2BLN：	0.37
分散黄 E-4R：	0.22	分散黄 E-4R：	0.23
分散红 3B：	0.17	分散红 3B：	0.21
2-1#(藏青)			
浆状分散深蓝 HGL：	7.2		
分散蓝 2BLN：	1.6		
分散黄 E-4R：	0.23		
分散红玉 SE-GFL：	0.16		
3-1#(豆沙)		**3-2#(豆沙)**	
分散蓝 2BLN：	0.09	分散蓝 2BLN：	0.11
分散黄 E-4R：	0.36	分散黄 E-4R：	0.45
分散红 3B：	0.36	分散红 3B：	0.47

图 3-4　小样染色配方调整后的书写格式

图 3-4 中藏青色经第一次打样后，打出的颜色小样非常接近顾客来样颜色，经适当调整后已由值班打样员开出染色工艺和染色配方。而图中的中灰色和豆沙色，第一次打出的小

样颜色与顾客原样还有偏差，需要经过小样染色的再次验证。中灰的配方调整如下：蓝加一成，黄加半成，红加两成。豆沙色的配方调整如下：蓝加两成，黄加两成半，红加三成。中灰色和豆沙色染色配方作如此大的调整，主要原因都是因为深度不够，说明在配色过程中选用的色卡，其织物原料规格与顾客来样规格相差较多。普通打样员必须及时把每块打出的颜色样剪成尺寸适中的样卡，用胶贴贴在书写了染色配方的横格笔记本上，以便于在空余时间内制作色卡。在藏青染色配方中，有4种染料，高温型1种，中温型2种，低温型1种。通常情况下，高温型分散染料原则上不能与低温型分散染料一起使用。因为这两种类型的染料基本性能差别太大。高温型分散染料相对分子质量大，染色工艺时间较长，适合染深色；而低温型分散染料相对分子质量较小，染色工艺时间较短，适合染浅色。染料类型不同，上染率的工艺曲线也不同，染色时颜色重现性较差。所以，使用分散染料时，制定染色配方和染色工艺的技术员都应尽可能避免发生这种现象。在常用的黄色分散染料中，主要有低温型分散黄E-4R、中温型分散嫩黄SE-4GL、高温型分散荧光黄8GFF和高温型分散黄棕S-2RFL。常用的两种高温型分散黄染料，一个带有强烈的荧光且价格偏高，另一个带有强烈的红光，且有时以浆状出现。中温型嫩黄色光过于鲜艳，染深性不好，而且价格稍高。

鉴于上述多种原因，在藏青染色配方中用了低温老黄，既可以保持染深性，也可以降低染料成本。由于低温黄相对分子量较小，为了避免织物在高温定形时因染料耐升华牢度不好而产生明显色变，所以定形温度可适当调低，定形车速可适当调慢。至于中温型分散红玉SE-GFL和分散蓝2BLN的使用，主要是用来调节色光。在藏青配方中除了分散蓝2BLN以外，其余三种染料的色光都偏灰暗。染色色光灰暗的染料对染料的染深性有正面影响。为了调解整个配方的鲜艳程度，可适当增加分散蓝2BLN在配方中的比例。在调整染色配方时，值班打样员决定某个颜色的打样次数。当值班打样员确定某颜色生产染色工艺和配方后，也就完成了人工测配色的全部过程。

(3) 配方管理

正确书写配方，及时整理配方，及时粘贴染色小样，随时利用染色小样制作色卡，都是配方管理的主要内容。同时，配方管理是颜色档案管理的基础。处于学徒阶段的化验室内所有的普通打样员，是平时化验室管理配方的主要人员。为师傅制作使用方便的色卡，不仅可以提高本组的打样效率，还可以更多地得到师傅的指点和帮助。在打样时如果两个配方太接近，而顾客打样坯布的规格也非常接近，此时可在打样前于染色小样的坯布上做记号来区分这些小样。记号要简单有效，做记号时必须在书写配方的笔记本上同时作记录。不可凭个人记忆记录记号。实践证明，多数情况下凭个人记忆记录记号，最终的结果都会给打样工作带来混乱。采取在布边剪豁口的方式做记号效果最好。在某一边剪一个豁口、两个豁口、三个豁口，就可以区分四块小样。当豁口不够用的时候，还可以采取在相邻两边同时剪豁口，或者在对边上剪豁口的方式来区分样布。在一条边上剪的豁口数量过多，小样染色后不易区分。

3. 工艺单及其编制

染色工艺单上除了染色工艺曲线外，还有染色配方、工艺说明、顾客原样颜色和化验室打样小样颜色。以普通涤纶和阳离子可染改性涤纶织物为例，染色工艺单见图3-5。

图中的大片空白处可以用来填写染色工艺曲线。工艺单中前处理和后处理工序各种助剂浓度的单位都是“g/L”，染料质量计算采用相对织物百分比质量，可简写成(o. w. f.)，而染色时加入助剂的量可以用“千克”或“毫升”直接表述。需要加入的固体助剂可用“千克”表述，而液体助剂可用“毫升”表述。当织物质量确定后，可根据染色浴比要求得知染液总体积

杭州恒逸印染有限公司染色工艺单

<table>
<tr><td>客　户</td><td>王春江</td><td>颜色名称</td><td>麻灰黄点</td><td>织物名称</td><td>阳离子麻纱</td></tr>
<tr><td>批号</td><td>14/140</td><td>缸号</td><td>12</td><td>浴比</td><td>1∶10</td></tr>
<tr><td colspan="6">要求：分散染料与阳离子染料分别化料，阳离子染料调浆时可加入少量醋酸，用温水化料。染色后处理只加净洗剂 1 g/L，于 80℃下水洗 20 min，不得加入纯碱和保险粉。织物配缸不得大于 340 kg。织物前处理可采用 23 号工艺，不得加入液碱，精练剂 1 g/L。染色时参考 36 号工艺，降温至 98℃，保温 10 min。</td></tr>
<tr><td colspan="6">配方：分散蓝 2BLN：1.22%　　阳离子蓝 X-GRL：0.01%
分散黄 E-4R：0.63%　　阳离子黄 X-5GL：0.09%
分散红 3B：0.71%　　阳离子红 X-G：0.03%
助剂(醋酸)：1 500 mL　　匀染剂 12B：1 000 mL

工艺制定：魏纪林
年　月　日</td></tr>
</table>

图 3-5　染色工艺单

数量。根据该总体积数量按配方要求可计算出每种助剂加入量。根据织物质量和染色配方，也可以计算出染色用各种染料数量。有染厂为保持工艺单简洁，工艺员在书写染色配方中没有标出染料具体单位，直接写出每 100 kg 织物染色时所需要某种染料千克数量。实际上，染色工艺单在染厂中有时也会被操作工叫做配方单。工艺单对于染厂来说是非常重要的技术文件，需要严格保管，严禁外流。工艺单上规定的浴比，不仅仅是染色浴比，织物在染缸内加工的前处理工序和后处理工序都需要严格遵照染色浴比完成加工。不同型号的染色设备，对染色加工时染缸内液面高度有严格要求。超过这个液面高度或与这个液面高度相差过大都会严重影响染色设备正常运行。所以，在工艺单中固定了织物质量范围后，染缸内液面高度也基本固定。可通过染缸前的连通管看清染缸内的液面高度。液面高度基本决定了浴比的变化不可过大。固定液面高度还可更好地保持染缸内的清洁程度。通过了解染色配方和染色工艺说明，操作工可以对染色工艺单进一步了解。随着在染厂内工作时间的延长，操作工看工艺单的速度也会逐渐加快。严格按照工艺说明的要求执行，是染色操作工的基本职责。通过了解工艺曲线、工艺说明和工艺配方三部分内容，操作工可基本掌握染色工艺单的主要内容，这对于掌握产品质量控制重点有很大帮助。有时在染色工艺单上还会写出对脱水操作工的基本要求，这需要染色班长及时通知全体脱水操作工注意某品种脱水时的具体要求。

4. 染色工艺曲线

根据织物特点和染料特点制定染色工艺条件，这个过程就是制定染色工艺的过程。通常说的染色工艺条件主要包括染色温度、时间、浴比和染液酸碱度。再好的染色工艺也需要

用简单有效的方式传达给染色操作工。如果染色操作工无法完整领会染色工艺要求，工艺的执行就会大打折扣，结果就会造成染色工序的产品品质急剧下降，顾客抱怨迅速上升。为了简洁、准确、有效地把上述诸多工艺条件让操作工完整地领会，就需要一种直观的表达方式。染色工艺曲线就可以作为很好的载体，简洁、准确、完整地表达各种工艺条件。染色工艺曲线是由若干直线连接而成的，习惯上被称作染色曲线。按照染色工艺不同阶段的基本要求把各种工艺条件有机地连接起来，达到把各种染色工艺要求准确传递给相关人员的目的。通常染色工艺曲线由前处理阶段、染色阶段和后处理阶段组成。根据织物的加工特点，可以对染色工艺曲线进行适当的增减。图 3-6 就是涤纶织物用分散染料采用绳状染色方式的染色工艺曲线。在该曲线上明确标出了染色的三个阶段以及每个阶段的注意事项。一般情况下，染色工艺曲线通过染色工艺单下发到相关工序。染色值班长根据染色工艺曲线基本要求，向染色操作工讲解操作要点，提出具体要求和操作注意事项，根据染色配方开出染色料单。染色操作工把料单送至称料间，由称料员称料后，染色操作工领取并核对染料，进行化料和染色前的各项准备工作。在这个过程中，染色工艺曲线所承载的关于染色工艺方面的要求是简洁而直接的，与染色有关的工艺参数和要求，染色班长和染色操作工可从染色工艺曲线上找到(图 3-6)。

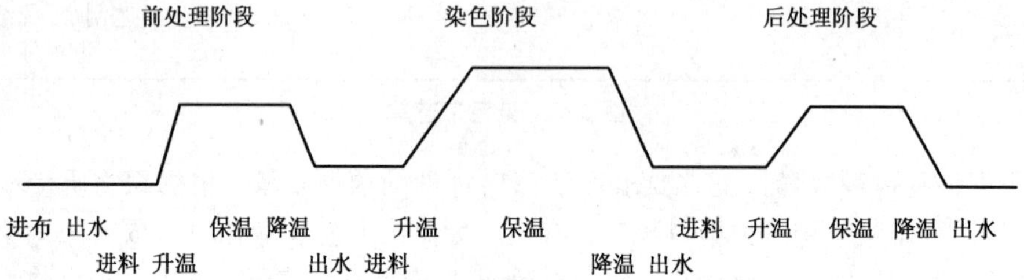

图 3-6　涤纶织物分散染料绳状染色工艺曲线

绳状染色加工涤棉机织物，前处理温度接近染色温度。提高前处理温度可提高棉织物的退浆率、毛效和白度。充分的出水可降低织物表面浆料残留现象，提高染色质量。水洗不净，在织物上残留浆料，会造成染色后浆料残留痕迹更加明显的现象，彩色的浅颜色尤其明显。前处理的保温时间可以根据织物厚度和坯布第一次前处理的白度来决定。染色温度可根据染料的温度类型和基本性能来决定。分散染料的后处理主要是分散染料的还原清洗。每个阶段升温降温速度越慢，该阶段工艺时间越长。实际上，降低升温降温速度就是变相延长工艺时间。不同阶段出水后升温前的进料内容不一样。前处理阶段和后处理阶段的进料以助剂为主，染色之前的进料以染料为主。大部分绳状浸染的染色工艺曲线都大同小异，操作工熟悉曲线基本结构后，可进一步了解染色工艺。

5. 工艺管理

通常情况下，生产技术部主管负责常规染色工艺的制定，定形车间主管负责常规整理工艺的制定。在新产品开发过程中，由生产技术部主管和定形车间主管经讨论和协商共同制定新品整理工艺。

就染色工序本身来讲，技术部门根据顾客来样颜色打出小样以后，打样工艺就是制定该颜色染色工艺的基础。前处理、染色、后处理，三个阶段的工艺要求完整地制定在工艺单上，送交染色车间集中控制室。中控室主管根据该工艺的具体要求，调出相关工艺，输入到电脑中控制染色车间内部的每一台染色机的升温、保温和降温过程。20套不同工艺参数的前处理工艺足以满足不同要求的精练、预缩和减量加工的要求。同样，30套不同工艺参数的染色工艺也可以满足不同品种染色过程的基本要求。10套的后处理工艺也能满足不同品种的后处理要求。这样，60套不同编号的染色工艺就可以满足染色车间的要求。还可以通过现有工艺的不同组合完成新产品的实验工艺。这里所说的组合是前处理、染色和后处理全部工艺的组合。只要调出不同的工艺序列编号，经过简单的连接，就可以满足绝大多数的新产品开发的实验工艺的需求。

整理工艺的制定主要包含两个方面，第一方面是设备的选择，第二方面是具体的方法。磨毛机、轧光机，更多的是通过物理方法赋予织物以新的特点。而定形机、罐蒸机、预缩机，则是通过化学方法和物理方法的协同作用赋予织物新的性能。单独使用化学方法的整理加工很少。未来的发展趋势应该是利用复配整理剂的协同效应，通过物理化学的综合方法，赋予纺织品更多新性能。这样的整理方法被称作联合整理。

制定整理工艺远比制定染色工艺复杂得多。织物整理过程中，对助剂的浓度与工艺条件的配合要求很高。定形温度的高低与定形车速的快慢直接影响织物的手感和某种助剂能否最大限度地发挥效能。既然人们对不同织物手感的理解差异较大，那么面对面的交流就显得非常重要。适当地记录烘房温度、定形车速、织物门幅、织物克重、织物张力、超位大小、助剂浓度和浸轧方式，对于有效地控制织物的手感有很大帮助。

训练任务 3-5

>>> 编制涤纶机织物染色工艺单

训练形式：

每位同学在教师指导下利用课余训练时间独立编制涤纶织物染色工艺单。

训练目的：

1. 通过编制工艺单让学生知道纺织品染色加工的工艺特点；
2. 通过批改训练任务书，检验教学效果；
3. 激励学生的学习热情，进一步强化训练学生的职业技能。

任务目标：

1. 通过课后训练，让学生进一步理解“学习任务3-5”中的有关内容；
2. 让学生进一步熟悉印染企业染色阶段的技术管理基本特点；
3. 通过完成本次训练任务，让学生完全熟悉染色工艺单的编制步骤和内容。

任务设计：

1. 指导教师向学生提出问题、布置任务；
2. 指导教师进一步说明编制染色工艺单的基本要求；
3. 指导教师在下次课堂上展示三位学生的优秀作品；
4. 指导教师点评这三份优秀作品。

基本要求：

根据学习任务 3-5 中的相关描述，要求全体学生编制涤纶织物染色工艺单。

内容要求：

1. 写出工艺说明；
2. 写出染色配方；
3. 画出工艺曲线。

评分标准：

1. 内容完整、表述清晰、说明合理、完成及时，为优秀；
2. 内容完整、表述清晰、说明合理、完成较及时，为优良；
3. 内容完整、表述清晰、说明较合理、完成较及时，为良好；
4. 内容完整、表述较清晰、说明较合理、完成较及时，为中等；
5. 内容较完整、表述较清晰、说明较合理、完成较及时，为及格；
6. 内容不完整、表述不清晰、说明不合理、完成不及时，为不及格。

其他说明：

不及格者必须重做。

学习任务 3-6：仿色打样的颜色管理

学习内容

1. 让学生知道纺织品仿色打样的过程控制重点；
2. 让学生知道影响仿色打样颜色准确性的主要因素。

在印染厂日常生产中，影响涤纶织物成品颜色准确性的因素是多方面的，化验室打样的准确性无疑是诸多因素中最主要的。不断稳定和提高印染厂化验室打样的准确性，对于提高颜色的准确性具有重要意义。

1. 打样设备

常用涤纶打样设备有高温高压打样机、甘油打样机和红外线打样机。三种设备各有特点。

(1) 高温高压打样机

此类打样机最高工作温度 130℃，可以调整升温速度，由两根电热管作为热源。最多可放 12 只染杯，由连杆装置带动挂有小样的挂钩上下移动完成打样过程。染杯的最大容量为 300 mL，织物的质量决定了浴比的大小。打样时染液的加入量由染色配方决定，最后用水加至整个染杯的三分之二高度，即 200 mL 左右。液面高度过高，浴比与生产实际浴比相差过大，会影响颜色的准确性。液面过低，小样随挂钩上升时可能不被液面全部浸没，造成小样色花。

常用的染杯有玻璃染杯和不锈钢染杯两种。新染杯在使用前要检验其直径的大小。直径偏大容易造成染色结束后的卡杯现象。取杯时若用力过猛，玻璃染杯易破损。不仅容易造成打样员手部受伤，细小的碎玻璃还容易割破打样机半球形压盖与整个打样机平台的密封圈，影响下一次打样。玻璃染杯易于观察染液脚水的状态，方便新批号染料的进厂检验。而使用不锈钢染杯检验新批号染料时，就必须将染液脚水倒入烧杯后才能观察。不锈钢染杯虽不易破损，但若表面光洁度不高，会降低清洗染杯的效率果。

除了每周清洗一次小样机以外，出现玻璃染杯破损时，必须将掉入小样机底部的碎玻璃全部清理干净，不然容易造成定期清理小样机时打样员的手部受伤。清理时把水全部放干，检查和清洗电热管表面。电热管表面的水垢长时间不清理，不仅影响加热效率，还容易造成电热管的爆裂。清理时若发现电热管表面出现鼓胀或明显变形，应及时更换，以免影响加热速度。

每次从打样机底部放水后，再加水时要检查底部水阀是否关严。若底阀关闭不严，轻微漏水，易造成小样机底部锈蚀或小样机漏电，引起安全事故。每只小样挂在挂钩上后，要进行必要的固定以免造成脱钩后的色花。若固定过紧，易造成玻璃染杯的破损。小样挂在挂钩上，若不圆滑的褶皱过多，浅色的小样会因打样保温时间不长而形成色花或色偏。

(2) 甘油打样机

被加热后常压下能够产生高温，是甘油的主要特点。甘油打样机的加热原理与高温高压打样机相同。甘油打样机有12只染杯和24只染杯两种。甘油打样机的染杯容量比高温高压打样机的染杯容量大。液面高度的调整直接影响打样的浴比。甘油打样机的自动化程度比高温高压打样的自动化程度高。

若染杯内液面高度过高，染液的浴比过大，就会造成小样打样和生产实际大样的浴比相差过大，从而影响颜色的准确性。若打样时浴比与实际生产的浴比相同，染杯内的浴比就会过小，液面高度就会降低。而类似于车轮转动的染杯，其内部的染液在运行时就可能会出现染液不能完全浸染小样的现象，从而影响小样的匀染性，影响打样效率。

甘油的挥发随甘油加热池内水分的蒸发而挥发。甘油内部的水分主要来自于打样时染杯内部。染杯的盖子与杯体是一一对应的。盖错盖子或加盖时力量不足是产生染杯漏水的主要原因。加盖后倒置片刻，以确定染液是否会漏出。染液的漏出不仅影响小样颜色的准确性，还会引发甘油的大量挥发，使化验室内部弥漫着甘油的味道，造成部分打样员的身体不适。

染杯放入染杯卡座时一定要检查是否真的卡牢。若没有卡紧就会产生卡杯事故，对小样机的损伤很大。严重时会造成小样机电机烧毁或变速箱损毁。甘油小样机加热装置的维护参照高温高压小样机电热管的维护方法。打样结束后，可将染杯置于自制的甘油回收装置中静止若干时间，以便让染杯表面的甘油滴入回收器。有意识地回收甘油，是节约甘油的有效途径。随着甘油的挥发，打样机内部甘油的接口高度会逐渐下降。定期检查接口高度，随时补充甘油，是保证打样机加热效率、提高打样速度的有效办法。

高温高压小样机和甘油打样机的冷却装置宜采用软管连接，以便于整台设备的移动和维修。必要时可以把甘油打样机的底部垫高，以便于甘油的排放。

(3) 红外线打样机

红外线打样机有12杯、24杯和36杯三种，其自动化程度一般比甘油打样机更高。可以预先编辑若干个程序，以供不同类型染料打样用。程序的编辑主要考虑升温速度、最高温度和保温时间等因素。特殊染色工艺可临时编辑。成熟的工艺可以编号，编号顺序可与生产车间计算机总控室的编号相同。

每天应该检查红外线打样机内控温参照杯内的液面高度。其液面高度过低，容易造成温度探测的瞬间波动现象。实际上把参照温度的染杯内部加满水就可以彻底杜绝温度检测的瞬间波动现象。检测染杯的温度长时间出现波动，会造成测温系统的失灵，最后影响整台小样机的寿命。

三种打样机中红外线打样机价格最高。保持打样间内适当的温度和湿度，对保护高档打样设备有利。高温高压染样机排压时，会造成室内湿度过大。长此以往会影响红外线打样机的寿命。有条件的企业可以把高温高压打样机单独放在一个房间内。

红外线打样机染杯的体积与高温高压打样机染杯的体积相差无几。红外线打样机染杯转动方式使杯内染液与小样之间的相对运动更有序，有利于匀染。小样尺寸适中、沿染杯内壁平放也有利于匀染。

打样时染杯盖子与染杯本身一一对应，可以保证染液不会从染杯内泄漏出来。红外线打样机安全、清洁、效率高，是值得推广的打样设备。甘油和红外线打样机染杯的密封圈是保证打样时染液不外漏的关键。红外线小样机打样时染杯加盖前检查盖子号码是否与杯体号码相同，是保证盖口螺纹不被损坏的关键。染杯盖口的螺纹损毁以后，很容易造成染液泄漏。无论是哪一种小样机，打样后及时清洗染杯，是保证颜色准确性的基础。

2. 打样浴比

以红外线打样机为例，打样时小样的织物质量以 5 g 为宜，染液体积最后可通过添加水和醋酸溶液调整为 100 mL。此时的浴比为 1∶20。实际生产中以国产的高温高压喷射溢流 J 型缸为例，通常情况下织物的质量在 320 kg 左右。春夏季面料染色时可以通过更换小口径喷嘴保证轻薄织物的循环速度。以染缸内加入 4 t 水为例，此时的浴比约为 1∶12。从实际情况看，红外线打样机 1∶20 的浴比完全可以满足生产实际的需要。打样时小样织物质量为 2 g，如液面高度过高，很可能使打样浴比为 1∶100。染中浅颜色时，化验室和生产车间的浴比相差 10 倍以后经常会出现实际生产颜色较深的现象。织物颜色偏深若通过剥色回修，很容易造成织物强力损伤过大的现象。

3. 染料的称量与配制

只要砝码精确(0.01 g)，哪怕是用最普通的托盘天平，也可以用来称量化验室打样用的染料。取染料时用白纸包好即可。天平上垫上白纸的左右两个托盘中不能有水滴。调整好天平后即可称量染料。若打样织物的质量为 5 g，称量染料时也应称取 5 g 染料，以便于染色配方的换算。

用 1 000 mL 的容量瓶盛装 1 000 mL 蒸馏水，把称取的 5 g 染料缓慢倒入容量瓶后必须使瓶颈和底部的染料全部溶解。此后将化好的染料倒入 1 000 mL 的广口瓶备用。每次使用广口瓶内的染料之前，必须倒置后摇匀。只有沉淀在底部的染料全部溶解后方可使用。广口瓶便于染料的移取。

用移液管移取染液之前，移液管内外必须干燥清洁。打样时每只染料瓶内必须有一只专用的移液管。打样时若只用一只移液管抽取不同的染料，虽然每次都用清水多次通过吸球冲洗移液管，也不能保证移液管的清洁。在清洗之后抽取另外一种分散染料之前，有的化验员习惯于用力把移液管上的水滴甩出去，时间一长，就会在打样员打样工作台的背面墙上出现很多甩出去的染料点。残留在移液管上的染料和水滴会严重影响其他瓶装染料的纯洁性和浓度稳定性。所以，每只染料瓶内必须有一只专用的移液管，才可以最大限度地保证每瓶染料的纯洁性和浓度稳定性。打样结束时，把所有的移液管清洗干净放入烘箱，以备明天继续使用。即使如此，为了保证颜色的准确性，在每一瓶染料使用了三分之二以后也须重新化料。使用自动滴液系统可以进一步保证打样时因吸料产生的颜色误差。自动滴液系统的磁铁搅拌器可以降低化料强度。自动滴液系统配以自动测配色系统，可以使印染厂的颜色管理上一个明显的台阶。

4. pH值调整

分散染料染涤纶的pH值为4～6。以国产的高温高压喷射溢流J型缸为例，染色时染缸内的水为4 t，加入1 000 mL的冰醋酸就可以将染液的pH值调整到4～6之间。化验室打样用的醋酸可用10 mL的冰醋酸溶于1 000 mL水调解而成。打样时在染杯中加入10 mL稀释的醋酸就可以保证染液的pH值在4～6之间。

5. 织物的准备与称量

(1) 织物的准备

普通涤纶织物打样前可由化验员到白坯仓库中剪取。剪取坯布时注意坯布的批号并保持坯布头子的平齐，以便备布时缝头方便。浅色的打样用坯布，可在化验室作前处理。在热水中加入少许洗衣粉通过洗衣机可以完成织物样布的前处理。洗涤后的织物样布应在干净的烘箱内烘干后方可使用。烘箱内的温度以不超过100℃为宜。

(2) 织物的称量

涤纶织物的回潮率较低，称量小样时不必过多地考虑干燥织物的含水量给颜色准确性带来的影响。夏季称量织物时必须关掉电风扇。有条件的企业可以在化验室内安装空调。小样的质量应该与染料的浓度相对应。

需要做碱减量的涤纶织物，必须经过减量以后才可以打样。同时减量用样布必须经过预定形。间歇式碱减量设备的挂样箱不仅可供减量工序值班长控制织物的减量手感，也可完成打样用减量织物的减量。样布手感的控制可由减量值班长完成。

弹力织物的打样样布只能在预定以后取得。织物经过预缩、预定形，纤维内部的取向度更加均匀。减量以后，纤维的比表面积增加，会提高织物的染深性。弹力织物经过预缩和预定形，提高了织物的尺寸稳定性；减量织物既需要预定形，也需要碱减量。所以，只要在预定或减量以后，用其样布打样，才能保证此类织物颜色的准确性。

6. 颜色管理

仅仅通过大缸染色以后的对样来保证颜色的准确性是远远不够的。顾客来样大多经过成品定形。分散染料的热迁移和升华主要发生在定形工序，这将进一步影响颜色的准确性。定形工序的每一个值班长在控制颜色准确性方面与染色值班长具有相同的责任。在控制颜色准确性的过程中，生产技术主管的责任应该大于染色车间主任和定形车间主任。化验室应该设有顾客颜色档案管理员。化验室值班长、染色值班长和成品定形值班长是给颜色管理员提供顾客颜色档案原始材料的直接责任人。

应该建立顾客颜色档案。顾客来样、化验室打出来的色样、染缸中染出来的大样、定形以后的颜色样，都应该在顾客的颜色档案中保留。来样打准是基础，根据车间大缸生产的颜色适当调整染色配方和染色工艺，根据定形以后的颜色适当调整定形工艺，才能真正保证颜色的准确性。

训练任务 3-6

>>> 总结影响仿色打样准确性的主要因素

训练形式：

每位同学在教师指导下利用课余训练时间独立完成影响仿色打样准确性主要因素的总结。

训练目的：

1. 通过总结影响仿色打样准确性主要因素，让学生知道纺织品染色加工过程控制的基本特点；
2. 通过批改训练任务书，检验教学效果；
3. 激励学生的学习热情，进一步强化学生分析能力的训练。

任务目标：

1. 通过课后训练，让学生进一步理解“学习任务3-6”中的有关内容；
2. 让学生进一步熟悉印染企业仿色打样阶段的技术管理特点；
3. 通过完成本次训练任务，让学生进一步理解控制纺织品颜色准确性的基本特点。

任务设计：

1. 指导教师向学生提出问题、布置任务；
2. 指导教师进一步说明编制染色工艺单的基本要求；
3. 指导教师在下次课堂上展示三位学生的优秀作品；
4. 指导教师点评这三份优秀作品。

基本要求：

根据学习任务3-6中的相关描述，要求全体学生总结影响仿色打样颜色准确性的主要因素。

内容要求：

1. 说明打样设备对准确性的影响；
2. 说明打样方法对准确性的影响；
3. 说明染料助剂对打样准确性的影响；
4. 说明称量对仿色打样准确性的影响；
5. 说明工作环境对仿色打样准确性的影响；
6. 说明其他因素对仿色打样准确性的影响；
7. 建议列表完成上述说明。

评分标准：

1. 内容完整、表述清晰、说明合理、完成及时，为优秀；
2. 内容完整、表述清晰、说明合理、完成较及时，为优良；
3. 内容完整、表述清晰、说明较合理、完成较及时，为良好；
4. 内容完整、表述较清晰、说明较合理、完成较及时，为中等；
5. 内容较完整、表述较清晰、说明较合理、完成较及时，为及格；
6. 内容不完整、表述不清晰、说明不合理、完成不及时，为不及格。

其他说明：

不及格者必须重做。

学习任务 3-7：一线员工的工资管理

学习内容

1. 让学生知道印染企业一线员工月度工资的构成原则；
2. 让学生知道印染企业一线员工月度工资的计算方法；
3. 让学生知道印染企业管理人员月薪的基本组成和发放方法；
4. 让学生知道印染企业其他岗位工资的构成特点。

在计划经济时代，每个染厂的生产任务都是由上级下达的，那时每个染厂都有劳动定额。而劳动定额通常指的是员工每天必须完成的基本工作量。企业的劳资部门根据国家的基本要求，以劳动定额为基础制定员工工资。那时人们工资构成是以基本工资为主，计件工资为辅。如果上级下达了超过劳动定额以外的生产任务，各部门就只能通过加班的方式来完成生产任务。只有员工们完成了劳动定额，才能保证每个部门的生产任务按时完成，进而保证全厂生产任务的按时完成。若部门不能按时完成任务，就需要安排大量的加班。

进入市场经济时代以后，企业的生产任务由企业自己根据市场需求确定。社会分工的细化使资源得以重新配置，社会各阶层的潜能被充分激发。随着我国工业化进程的进一步加快、农业生产效率的不断提高，大量农民凭着他们的勤劳和智慧，逐渐成为我国乡镇企业生产一线的主力军。竞争机制的引进，淘汰了那些设备工艺落后、管理水平低下的企业。从此，劳动定额管理的概念越来越淡化，多劳多得为大多数人所接受，个人工资的主要组成部分由基本工资变成了计件工资。所以，工资管理也越来越偏重于计件工资管理。而所有的这一切，都是我国坚持改革开放的结果。

1. 工资分类与分配

目前情况下，企业内部的工资主要分为两大类。一类是一线员工的工资，一类是管理人员的工资。一线员工的工资主要包括两部分，一部分是基本工资，另一部分就是计件工资。员工工资以计件工资为主，以基本工资为辅，按月发放。管理人员的工资也包括基本工资和奖励工资两部分，其中基本工资按月发放，奖励工资一般在年底发放。

无论是员工的工资还是管理人员的工资，都是按岗位设置的。染色车间工作岗位包括备布工、缝头工、绣字工、染色工、脱水工。减量车间的岗位包括减量工。定形车间的岗位有烘干、缝头、开幅、定形、挂码、检验、入库。染厂内部还有许多比较特殊的岗位，比如机修工、电工、司炉工、废水处理工、清洁工、高配房值班电工、保安等，这些岗位与上述一线员工的工作岗位相比，用计件工资制来衡量他们的工作，似乎缺乏有力的数据支持。具体量化的指标不如一线员工透明和细致。

如此一来，不便于用计件工资制来计算岗位工资的岗位，在工资构成方面就必须另辟蹊径。比如说可以适当加大固定工资的比例，增加固定工资的组成项目。例如：设立全勤奖、设立服务年限工资、加大加班工资的额度等。全勤奖的额度一般为 30 元；在染厂内工作两年以上的，年限工资设定为 50 元；工作年限为 5 年以上的，年限工资为设定为 100 元。也可以采取每增加一年工作年限，其年限工资增加 20 元，一直到 10 年为止的方法。增加全体员工的归属感，是增加企业凝聚力的基础，而凝聚力是激发战斗力的前提。加强员工队伍建设可以从多个角度、多个层面、多个方位展开，如果具体落实到从调整员工工资构成开始，哪就是最直接的。

保安、机修工、电工等岗位，青年人比较多。而总经理办公室的工作人员数量有限。企业的一些临时性任务可由总经理办公室会同保安部一起共同来完成。比如接待任务、在公司大门前插彩旗、摆放花木、安排宾客车队行驶走向、悬挂欢迎条幅、在重大节日之前更换鲜艳的国旗和公司旗帜等等，都需要临时增加工作人员。临时增加的这些工作任务，都需要支付加班工资。保护年青人的工作积极性的方式和方法有很多种，支付加班工资就是其中一种比较好的保护方法。

其他管理人员的工作岗位很多，主要有库管员、统计员、主办会计、助理会计、车间主任、主任助理、值班长、部门主管、生产技术部主管、总经理助理、副总经理、总经理等岗位。这些岗位的工资分成两部分发放，一部分按月发放，另一部分在年终发放。按照职务的高低和责任的大小，平时发放的工资额度可以有较大区别，这样发放有利于减少年终集中发放工资的压力。不同班次的值班长，其平时发放的工资额度可以有适度的差别。发放之前可以参考车间主任对值班长的日常考核结果。车间主任对值班长日常考核的内容以产量、质量和消耗为主。根据平时考核结果，值班长年终工资的发放额度，也可有适度区别。包括值班长在内的全体管理人员的年终工资的发放额度，既要看本企业目前的生存状态，也要参考本企业去年的工资总额和其他企业本年度的发放额度，还要考虑本企业未来发展的需要。企业当年利润指标的完成情况，是决定年底工资额度的主要依据。

2. 生产车间的工资管理

(1) 染色车间

① 备布工序。备布工序包括搭缸、绣字和缝头三个工种。每个班设搭缸工 1 人，绣字工 2 人，缝头工 1 人。搭缸工的主要工作是把每一匹织物放入布车时就将每一匹布的两个布头拉出，以便于绣字和缝头。卷状织物必须全部退卷后搭缸。以每缸布 14 匹计，每匹以 0.07 元计，搭缸工每缸布可得 0.98 元。以中型染厂每天生产 1 400 匹为例，搭缸工每班平均可得工资将近 32 元。14 匹布需要绣字 56 处，每处 0.032 元，每缸布 2 名绣字工可得工

资 1.79 元，每人平均 0.90 元，每人每天工资大概在 30 元。每个布头缝制后可得 0.069 元，每缸布 12 个布头，缝头工可得工资 0.83 元，每班工资将超过 27 元以上。外加全勤奖、夜餐费和基本工资，每月搭缸、绣字和缝头三个岗位的月工资分别可以达到 1 300 元、1 240 元和 1 150 元。其中基本工资的额度在 180 元到 300 元之间，新员工和老员工的基本工资差别在 120 元以内。关于各种保险，可以参照双方签订的劳动合同执行。由于劳动强度不同，三个岗位的工资有些差别也是正常的。每个班搭缸的数量会有一些区别，但一个月算下来区别有限。一般情况下中班的产量会高一些，后半夜的产量会低一些。生产技术部的值班人员可以通过控制发放流程卡的数量来控制每个班的搭缸产量。

备布工序设立小组长 1 人，一般由搭缸工担任。组长的工资中可增加职务津贴一栏，一般每月为 30 元。组长负责去生产技术部领取流程卡，并负责登记产量。中班和夜班的产量登记本由夜班组长于每天早上上交车间主任办公室，由统计员检查产量登记的准确性。备布组长归染色班长管理，每个组长要积极主动地配合染色班长工作。每个班缝头用的剪刀、底线和塔线由缝头工自己保管。缝纫用线的领取由组长按物料领用制度执行。

② 脱水工序。每个染色班都有脱水工 3～4 名，负责完成本班的脱水工作。每个班的脱水工可设立组长 1 名，负责本组员工的管理。组长可由工作积极、文化程度较高、办事公道的中年员工担任。脱水组长归染色班长管理，脱水工的产量由定形车间转序工序的缝头工负责登记，登记后由染色值班长签字确认。由于染整工艺的发展，织物预缩的增加，脱水的工作量逐渐增加，由原来的每天 120 匹增加到 180 匹以上。在没有增加脱水机之前，脱水公的工资会出现较大幅度的上升。新型脱水机的出现，彻底改变了因脱水来不及而影响生产顺利进行的被动局面。容量大、带有安全盖和自动倒布装置的新型脱水机不仅极大地提高了产量和效率，还提高了安全性。

在染色车间劳动强度相对较大的就是脱水工。目前每匹预缩布和染色布脱水的单价一般为 0.21 元，减量布的单价为 0.25 元，这样全月工资可以达到 1 400 元左右。有些两次减量的织物减量后颜色样或染色工艺没有及时制定出来，需要停放一段时间。而这些织物中有含有对碱比较敏感的其他纤维，这就需要进行脱水、烘干或者定形，以免因布面带碱时间过长造成织物上特种原料的过度损伤。布面带碱脱水，对脱水工的双手的影响较大，所以脱水单价适当调高是合理的。

③ 染色工序。染色工是染色车间最主要的工种，数量最多，可以设立组长 1 人，副组长 1 人，共同协助染色班长管理染色工序。按照染色工艺的不同把每缸布分为不同的染色阶段。比如说普通涤纶机织物的前处理完成以后单价是 2.93 元，包括完成一次水洗。完成一次后处理单价也是 2.93 元，而仅完成一次 130℃保温 30 min 的染色的单价为 5.86 元。完成一次 135℃保温 40 min 的染色的单价为 7.13 元。由于染色工艺由电脑集中控制，所以染色操作工的工作压力明显减轻，工艺的准确性也明显提高。这样操作工的工作重点就放在了进布、水洗、进料和出布等四个方面。领料、化料、拉布、正确使用和维护设备，是上述四项工作以外的主要任务。1 名熟练的操作工 8 h 之内一般可以完成两缸以上的加工任务，每天平均的计件工资应该在 30 元以上。这样全月的工资就会在1 200 元左右。

专门负责织物预缩的操作工，可以是学徒工。可以采用 1 个师傅带 2 个徒弟共同操作三只预缩缸的方法，以便最大限度地发挥师傅和徒弟的作用。可以把总产量的 40%登记在师傅的名下，2 个徒弟分别登记总产量的 30%。这样做预缩的师傅每月的工资也会在1 200

元左右。由于操作失误造成的次品，必须按照次品的数量和回修次品的难易程度对直接责任人采取相应的处罚。本组组长负责帮助操作者分析产生次品的原因。回修次品既可以由经验丰富的操作工完成，也可以由产生次品的直接责任人完成。具体由谁来完成由值班长作最后的决定。直接责任者在回修次品时产量不计。若回修一次成功，可以随即撤销前面的相关处罚。

大部分的次品是由操作失误引起的，小部分次品是由工艺失误和设备运转失常造成的。而大部分染色方面的次品是可以回修的，小部分次品是无法回修的，这会给企业造成直接损失。确由操作失误产生的无法回修的次品，且给企业带来直接经济损失，可以考虑由直接责任者适度承担企业给顾客的赔偿，赔偿部分直接在工资中扣除。

④ 称料工序。每个班都配备称料工 1～2 名。1 名直接负责染料的称量，另外 1 名负责助剂的称量。减量用的液碱、后整理用的各种助剂、染色用的各种助剂都由 1 个人来负责，这名称料工的工作量也不小。2 名称料工各自负责自己工作范围内的领料核算和染化料车间内仓库的盘点。每一天各种染化料的使用量经核算以后上报染料仓库库管员。每个月的仓库盘点必须由三个班的称料工协助库管员协助完成。每个称料工月工资额应该高于本班染色操作工的平均水平。按照领料单的数量来计算称料工的工资比较直接。

⑤ 减量工序。随着两次减量的应用越来越多，其他减量方式逐渐减少，减量工序应设有值班长 1 名，每台减量机安排减量操作工 3 名。如果液碱输送比较困难，每班还需配备液碱运输工 2 名。通常中型涤纶机织物染厂有两台以上的间歇式减量机。在没有减量车间主任的前提下，减量值班长划归染色车间主任管理。如果两次减量的织物较多，还是铺设液碱输送管道更能节约生产成本。这样每班可以减少 1 名液碱运输工。以每人月工资 1 000 元计，每月可节约 3 000 元，一年可节约 36 000 元。而 36 000 元可以铺设多远的液碱输送管道呢？

从劳动强度、培训成本、文化素质要求、工作压力和工作经验等多方面综合因素考虑，减量工序普通操作工的工资应该比染色工的工资低，而减量值班长的月工资一般要超过染色值班长。考虑到两次减量织物的季节性比较强，所以减量操作工的流动性比较大。为了降低培训成本，每年工厂中都应该保留 3 名以上的老的减量操作工留下来做“火种”。关键时这几个老师傅也可以临时组成一个班组做一些零星的两次减量织物。在没有减量产品的时间里，这几位老师傅也可以作弹力织物预缩的辅助工。

(2) 定形车间

定形车间的主要工序包括：转序、烘干、定形、罐蒸(轧光)、终验。转序工序的主要工种有开幅、半检和缝头，定形工序的主要工种有机头上布、挂布、计量检验，烘干和罐蒸(轧光)工序的操作与转序和定形工序相比相对简单且人员较少，无需再细分工种。

① 转序。转序工序的开幅岗位可分为机械开幅和手工开幅两种方式，一般多为女工操作，目前很少有仍用手工开幅的染厂。2 人一班的机械开幅，采用以匹为单位的计件工资制，可以最大限度地提高产量。单纯的计件工资每人每天可以达到 25 元，每人每匹单价 0.047元，这样每月的工资总额一般在 1 100 元左右。转序的缝头工的计件工资单价可以参考染色车间备布工序缝头岗位的计件工资。

② 烘干。烘干工序的操作工人数并不多，一般为 2 名。除非是松式烘干机，目前还有少数染厂保留这种设备，以提高织物手感的蓬松性，其余大部分染厂都不再使用烘干机，而

改用定形机直接对织物进行定形和烘干。由于烘干机产量不稳定，所以通过产量计算其操作工的计件工资制显然不合理。此时可以参考染色车间减量操作工的考核方法，采取灵活的考核方式和生产任务的安排方式，为烘干工序的操作工合理地结算月工资。

目前仍有少数染厂还在使用连带轧车的张力式蒸汽烘干机。这种烘干机可以通过轧车对织物进行浸轧式的柔软整理。用先烘干再定形的整理方式明显的浪费能源，延长了产品加工流程，增加了转序工序的工作场地占用，降低了生产效率。棉织物连续平幅加工时经常使用烘筒式烘干机，涤纶机织物在加工时使用烘筒 烘干的机会不多。专门加工涤塔夫的染厂较多地使用这种烘干方式，而为了减少织物表面产生极光的机会，涤纶机织物服装面料的染整加工很少使用烘筒烘干方式。而有些专门加工中长类仿毛面料的染厂，为了使织物表面产生适度的光泽，曾经在烘筒表面喷涂一层绿色涂层，以降低织物表面产生极光的机会。从最终的结果来看，效果是不错的。但是过分地依赖这种烘筒烘干机对涤纶机织物进行烘干，可能会增加常规织物表面产生极光的机会，最后影响织物的颜色和外观质量。取消烘干工序，适当保留一台松式烘干机，不仅可以缩短工艺流程，扩大转序工序的场地面积，减少员工数量，更重要的是可以节省能源。

③ 定形。每台定形机开始操作时都需要比正常运转时多 1 名操作工。接头、上布、挂针、落布，调整张力、门幅和手感，都需要在短时间内完成，机头在开机时若只有 1 人无法完成上述诸多任务。当全部参数调整完毕以后，机头若有两人就显得太浪费了。机尾除有一名定形组长以外，还需要有 2 名检验计量工、3 名挂码和 1 名拉布工。以米为单位来计算整班的产量更准确，更有利于结算月工资。白坯直接预定形、预缩后预定形以及染色布成品定形，其劳动强度是不一样的。前者强度最低，后者强度最大。所以计件工资的单价就会不同。

检验计量工在白坯预定形和预缩布预定形时，仍需要坚守工作岗位。检验计量工的月工资应该高于本组的平均工资。如果拉布工的月工资为 1 000 元，那么挂码工的工资就应该是 1 100 元，计量工的月工资应该在 1 200 元以上。定形机头上头工的月工资也应该在 1 200 元左右，而定形组长的工资应该在 1 500 元以上。开机上头时和了机挂导布带的工作，一般都由定形组长协助机头人员完成。这样一来，男工出现在定形机机头的机会明显增加。

在企业内部，工资分配制度是利益分配的具体方案。分配方案的优劣，从小的方面说，关系到每一名员工的切身利益，关系到企业的生存与发展；从大的方面说，还关系到社会的和谐与稳定。任何工资分配制度，都是某一个团体在特定历史时期内部妥协的结果。分配方案只有更好的，没有最好的。在处于社会转型期的当口，任何一种工资分配制度都有其局限性。在企业发展的初期，作为投资方的企业家可能更多想到的是自己的利益，他们会把企业的生存与发展放在第一位，把员工的福祉放在第二位。这时候的工资分配方案，更多地倾向于企业的高层管理人员或一般管理人员。随着劳资双方关系的改善和企业的发展壮大，在工资分配制度方面，企业业主会逐渐做出相应的调整。随着科技发展和社会进步，坚持以人为本、坚持保护弱势群体、坚持可持续发展的科学发展观已经深入人心。随着构建和谐社会的深入进行，我国国民经济发展已进入新的历史时期，纺织工业的发展也应该主动适应当前社会发展的趋势。在这种大环境的影响之下，兼顾国家利益、企业利益和一线员工个人利益的工资分配制度也会逐渐形成。表 3-1 列出了染厂染色车间不同工序月工资的构成方式，表 3-2 列出了染色工计件工资的计算方法。

表 3-1 染厂染色车间各工序月工资构成

工序	计件工资	基本工资	全勤奖	夜餐费	工龄工资	其他工资	月工资
备布							
搭缸							
缝头							
脱水							
染色							
减量							
称料							

表 3-2 染色工计件工资计算方法

项目	计件工资计算说明
前处理	80℃保温 20 min 降温后水洗一次，计染色的三分之一
染缸轻减量	110℃保温 20 min，按染色的 8 折计，120℃保温 30 min 按染色的 9 折计
预缩	110℃保温 20 min，按染色的 8 折计，120℃保温 30 min 按染色的 9 折计
染缸重减量	110℃保温 20 min，按染色的 8 折计，120℃保温 30 min 按染色的 9 折计
两次减量	手感合格后按染色的 110%计产量
染色	打料升温开始，计四分之一。开始保温，计二分之一。保温结束，计四分之三。降温结束，水洗一次，取样对色，计 100%
后处理	80℃保温 20 min 降温后水洗一次，计染色的三分之一
回修	每小时 4 元，手工操作
洗缸	每小时 3 元，连续 4 h 打 8 折，连续 8 h 打 7 折
完整染好 1 缸布，计工资 12 元	

没有绝对的公平，只有相对的公平。计件工资的高低与地区之间的工资水平的差异有关，与本行业发展的速度有关，还与国家整体经济形势有关。但是无论怎么说，员工工资的总体水平总会越来越高的。

训练任务 3-7

>>> 计算染色车间各工种的月度工资

训练任务引导文：

杭州恒逸印染公司 2010 年 1 月份完成加工产值 460 万元，比去年同期增长了 23%，因此工人工资也有了比较明显的增长。请您根据学习任务 3-2 中的相关描述，填写表 3-1 中各工种的月度工资。

任务设计：

1. 指导教师向学生们提出问题，布置训练任务；
2. 指导教师进一步说明染色车间各工种工资结算基本原则；
3. 指导教师在下次课堂上展示三位学生的计算结果；
4. 指导教师点评学生的计算结果。

评分标准：

计算结果全部正确，满分。每错一项，扣 10 分。

其他说明：

不及格者必须重做。

学习任务 3-8：生产车间的基本管理

学习内容

1. 让学生知道印染企业基层管理者的主要职责；
2. 让学生知道印染企业生产部门交接班的主要内容；
3. 让学生知道印染企业次品回修的一般程序；
4. 让学生知道印染企业劳动保护用品发放的一般要求。

车间管理是车间主任的日常工作，以工序管理和班组管理为基础。通过现场管理、工艺管理、生产计划实施、产质量控制、次品回修、劳保用品的使用和交接班管理等多方面内容逐步展开。车间管理是多项管理工作开展的基础，有效地开展车间管理是开展其他管理工作的前提。车间管理的开展往往是从人员管理开始的，而人员管理往往又是从检查和落实各项规章制度展开的。《员工守则》《设备操作规程》《工艺操作规程》等质量管理体系中第三层次的文件，是开展车间管理的基础文件，全体员工是否认真执行这些文件的要求，关系到车间管理能否真正地落到实处。

1. 工序管理

以染色车间为例，在一个班次内就有备布工序、染色工序、减量工序和脱水工序。为了便于生产管理，往往把一个班次内的不同工序分成不同的生产小组，每个小组设立一名组长。有时由于小组内人员较多，还可以设立一名副组长。比如说染色车间的染色小组，其人员的数量主要取决于染色设备的多少，染缸越多，染色工越多。有时一个班次内的染色工人数会大于备布工序、减量工序和脱水工序人员的总和。这时仅仅依靠一名染色组长来协助染色班长管理全体染色工，往往显得力不从心。14 名染色工最好由一名正组长和一名副组长来协助染色值班长进行工序管理。

有人说工序管理更多的是组长管理。从值班长的角度来讲，这话说得很有道理。从工序内部来说，这句话的道理就显得不充分了。如何充分发挥组长的作用，是值班长始终需要考虑的问题。值班长对组长的充分信任和必要指导，是组长开展工序管理的前提条件。组长对全体组员的充分信任和悉心指导是组长有效开展工序管理的基础。

组长是基层管理者，基层管理者管理水平的高低、管理效果的好坏，直接影响到整个企业的生产管理结果。选择什么人作组长，不仅关系到整个班次的产质量消耗，还关系到整个车间的生产管理效果。工作认真、身体健康、文化水平较高、有一定的组织能力、愿意为企业的发展作贡献，这样的人最适合作组长。一般情况下，优秀的染色组长是染色值班长的候补人选，优秀的染色班长是染色车间主任助理的合适人选。

宣传和贯彻车间主任和上级的要求，是组长的职责之一。及时向上级主管反映一线员工的合理要求，也是组长的重要职责。修改和编辑本工序的《安全操作规程》《工艺操作规程》和《作业指导书》，还是组长的职责。经常召开本岗位的碰头会，开展 QC 活动，向上级主管提出有利于生产管理和技术管理的合理化建，更是组长的职责。协助机修人员对本岗位的生产设备进行必要的维护和保养，是组长带领全体组员必须做到的。模范遵守工艺纪律，为全体组员做出榜样，在日常生产中始终追求产量高、质量好、消耗低的目标，是组长必须做到的。关心同事、帮助同事、指导同事、与同事一起共同提高生产技能，这也是组长应该做到的。

有的染厂在定形车间管理过程中仅仅设立了烘干组长、开幅组长、定形组长等基层管理人员，没有明确上述各工序之间的管理层次。实际上由定形值班长负责协调开幅、烘干、转序、定形、轧光、罐蒸和检验等定形车间全部工序的关系，会更有效地提高生产效率。在上述各工序中，定形工序相对复杂且人员较多。参照染色车间的管理模式，由定形值班长统一协调和管理转序、开幅、烘干和定形工序，是分层管理的具体体现。采用这种管理模式以后，定形车间和染色车间这两个染厂中最重要车间的生产管理就会更有效。那种由车间主任代替值班长的管理方法，使车间主任忙于应付琐碎的日常管理事务，而失去了正确履行其职能的机会和时间。定形车间优秀的定形值班长应该成为主任助理的候补人选。

2. 班组管理

这里所说的班组管理，更准确地说应该叫做班次管理。一个车间有不同的班次，染色车间一般有三个班次，定形车间的班次可以安排得更灵活。班组管理更多的是指车间主任对车间主任助理和三班值班长的管理。这种管理是以服务为前提的。指导下属如何开展工作，帮助下属解决工作中遇到的困难，指出下属在工作上的不足，给下属指明努力的方向，辅导下属使用常规的管理方法，开会时多给下属发言的机会，耐心地听取下属的汇报，都是在为下属提供服务。如果下属在工作中因为经验不足而造成一定的损失，此时作为上级主管应该主动替下属承担这个责任。否则，你的下属就会和你一样在今后的工作中不敢承担更大的责任，遇到问题绕着走。这种工作作风一旦形成就会像瘟疫一样在整个车间内部迅速蔓延，结果是：产量下降，质量下降，职工队伍纪律涣散，质量事故和安全事故频繁发生，全体员工没有战斗力。

在日常工作中车间主任除了对下属做好服务工作以外，还必须对日常工作进行严密的策划、不折不扣的实施和落实、随时随地的检查和督促，不失时机地协调、总结和处理。协调的过程就是沟通和交流的过程，在这个过程中不要把自己的想法强加于任何下属。策划的过程需要大量的经验和先例作支撑，对于整个车间全体员工都不熟悉的一份全新的策划，更加需要畅所欲言的自由讨论。把困难想得多一点，没有坏处，只有好处。经过共同讨论形成的计划在兼顾了各方面利益以后，执行时遇到的阻力和困难就相对较少，就容易得到全体员工的全力支持。通过深入现场主动询问、打电话询问或请某一位执行计划不利的下属到办公室汇报工作，都是检查和督促计划实施进度的好方法。及时总结成功的经验，及时处理工作中出现的问题，积极稳妥地寻找解决问题的新方法，都在车间主任的职责范围之内。

主任助理在职务上高于值班长，低于车间主任和副主任。所以说主任助理的工资自然要高于值班长。然而在世俗的观念中，各级助理都处于染厂管理中相对尴尬的位置。但是如果把助理的位置放在整个管理链条上就不难发现，各级助理正好处于这条链的中间位置。换句话说，助理在整个管理链条上起着承上启下的关键作用。如果从企业发展的长远角度来考虑，助理是上升空间最大的储备干部。深入实际、调查研究，发现新情况、解决新问题，是主任助理行之有效和不断取得工作进步的好方法。为了让主任助理承担更多的责任，或者说能够得到更多的锻炼机会，企业总经理在设有主任助理的车间内一般不再设立车间副主任一职。

在日常工作中，主任助理应该更多地主动承担文字方面的工作。起草通知、为会议准备各种资料、作统计分析工作、质量管理工作、体系维护工作、员工培训工作等多方面的工作。与总经理办公室和总经理助理保持良好的合作关系，非常有利于企业的成长。在总经理助理的协调下，协助总经理办公室做好产质耗分析、质量管理体系的维护和质量管理体系的外审与年审工作。除此之外，主任助理还要抽出时间进行现场检查、工艺管理、新品开发策划与工资总体核算等等。在这个位置上，一个人要完成两个人以上的工作量。也只有这样，主任助理才可能尽快地成长为合格的车间主任。

做任何工作都不会白做，历练了才有经验，总结了才能提高。

3. 交接班管理

两个班次之间的交接，存在着接口。在自动化程度日益提高的今天，设备机电接口不良，就会产生故障，而生产交接不良，就一定会产生次品。如何提高交接班效率，减少交接班过程中出现错误的机会，是交接班管理的主要目的。

交接班主要是指人与人之间的交接，抓住了这个核心问题，其他问题就可以迎刃而解。通过操作工之间的交与接，传递了所有关于生产设备、生产工艺、生产环境、加工对象等方面的信息。交接时，没有交清、没有接清、或者既没交清也没接清，都是接口不良的具体体现。只要出现接口不良，信息的传递就会出现偏差或遗漏，产品的加工就会出现次品。

接班者提前五分钟上岗进行交接班，是交接班的基本要求。普通员工之间的常规产品的交接班可以不用作记录，但是各个工序之间的交接班必须有交接班记录。组长之间的交接班既包括面对面的通过语言为主的交接方式，还包括当面交接交接班记录。交接班记录是交接班的重要标志，它既是质量管理体系的质量记录，同时也是设备运转记录和生产运行记录。关于记录的内容，应采取详略得当的方法，记录那些比较重要的问题或者出现的两个班次都不太熟悉的新情况。上级的重要指示、要求、通知、工艺要点等也可以记录在交接班记录上。两个班次都比较熟悉问题可以通过语言交流完成交接，新产品开发过程中的实验记录需要记录在专门的记录本上，而且记录得越详细越好。

交接班过程中，交班者要把该说的说出来，该写的写清楚；接班者要把该记的记下来，该问的问清楚。交接班记录每个月上缴一次，车间主任应该妥善保管交接班记录，保管时间的长短，参考《质量记录清单》中规定的质量记录的保存年限。

4. 次品管理

由于操作失误、设备故障、工艺问题或其他原因产生的次品，必须由值班长决定如何处理。本车间出现的次品由本车间的值班长决定处理意见，定形车间发现的次品，本车间不能回修的，须由两个车间的值班长经交接以后共同处理。出现次品以后值班长必须记录在值班长交接班记录上。对于本人没有把握一次回修成功的次品，需要及时向主任助理或者车间主任汇报，以及时征求他们的处理意见。对于那些车间主任仍无把握一次回修成功的次品，由车间主任及时向生产技术部主管汇报，由生产技术主管给出具体的回修工艺，并由具体承担回修任务的车间主任记录回修工艺要点并及时布置回修，回修时由值班长记录回修过程。回修成功以后，值班长必须向产生次品的直接责任者进行必要的教育和培训，以杜绝类似事故再次发生在同一个操作者身上。同时，值班长必须写出相关的通知，教育本班和其他班次的操作者，时刻警惕类似次品的出现。通知中应该写明产生次品的主要原因。最好能通过班组会议展开讨论，大家畅所欲言，交流经验，互相促进，共同提高。

对于回修不成功的次品，由生产技术部主管召集相关车间主任再次讨论回修工艺，由技术水平高的操作工负责完成次品回修。最常见的次品莫过于色花或染料点，定形车间产生的柔软迹出现的机会较少。无论是哪一种疵点，回修时一般都采用人工控制回修工艺，很少有用电脑控制工艺的。这就要求回修次品的操作工必须严格执行值班长、车间主任或者生产技术主管制定的回修工艺。

回修两次无效的，可以考虑改色。无法改色的，由生产技术主管负责通知业务员或直接告诉相关顾客，与业务员、顾客一起商讨有关的后续赔偿等事宜。一般情况下，只能通过冲减染费的方法逐步赔偿顾客的损失。次品布由定形值班安排定形计量以后入成品仓库，以备染厂做定形引布、洗缸布之用。对于染厂自身无法使用的次品布，由业务部主管联系次品回收顾客进行收购，销售所得计入染厂营业外收入。

因无法回修的次品给染厂带来的直接经济损失，造成次品的操作者个人应该承担10%左右的额度。额度特别巨大的，操作者本人最多承担300元以下。同时可以考虑，若在以后的两个月时间内，该操作者没有出现任何次品，扣掉的罚款应该再奖励给该操作工。

5. 劳保用品的使用

在比较复杂的环境中工作时，为了保护操作者、避免操作者受伤，企业需要向不同岗位的员工发放劳保用品。最简单的劳保用品莫过于毛巾和肥皂了。实际上劳保用品是劳动保护用品的简称，工作服、工作鞋、安全帽、防护手套等等都属于劳保用品的范畴。高温季节发放的茶叶、白糖、冷饮等，也属于这个范畴。

上岗前穿戴好劳动保护用品，是对操作者的基本要求。染色车间属于高温高压特殊工作岗位，染色工、减量工、脱水工的防护长筒靴须具有防滑功能，且耐弱酸和弱碱，全套工作服最好是全棉的。定形车间机尾工作人员必须发放工作鞋，以提高工作场地的清洁程度。定形机操作工上岗前更换工作鞋和工作服是基本要求。随着季节的变化，生产车间内的温度会发生很大变化。冬季时有些操作工为了防寒可能会脱掉工作服而穿一些其他的比较厚的衣服。特别是脱水工、定形机机头上布工、缝头工等，组长和值班长要对这些岗位工作服前襟、下摆和袖口较长的操作工提出警告，必须对工作服本身不适合自己尺寸的部位进行适当的修整，以免在工作中出现意外。在排除染缸堵缸的故障时，染色操作工还需要一付乳胶手套和一个塑料水桶。乳胶手套用来保护双手，以便在拉动堵塞在缸口和喷嘴的织物时不被烫伤。塑料桶用来盛装冷水，以冷却在拉动织物过程中被织物不断升温的戴着乳胶手套的双手。这两样劳保用品的发放周期应该在两年以上。

染厂必须按时发放劳动保护用品，应该尽力避免以下发等额现金的方式替代劳动保护用品实物的下发。减量工序还需要下发橡胶皮质围裙，称料岗位也应该下发被称为“象鼻子”的防毒面具，机修人员要经常发放棉线手套等。比较特殊的劳动保护用品发放的周期较长，比如说防滑靴、围裙、防毒面具等。

训练任务3-8

>>> 总结生产车间基本管理的特点

基本要求：

根据学习任务3-8的相关论述，利用课余时间总结交接班基本要求、次品管理规程和劳保用品发放规则。要求列表总结、独立完成。

任务设计：

1. 指导教师向学生们提出问题，布置训练任务；
2. 指导教师进一步说明总结次品管理规程和劳保用品发放规则的基本要求；
3. 指导教师在下次课堂上展示三位学生的优秀作品；
4. 指导教师点评学生的优秀作品。

评分标准：

1. 内容完整、表述清晰、说明合理、完成及时，为优秀；
2. 内容完整、表述清晰、说明合理、完成较及时，为优良；
3. 内容完整、表述清晰、说明较合理、完成较及时，为良好；
4. 内容完整、表述较清晰、说明较合理、完成较及时，为中等；
5. 内容较完整、表述较清晰、说明较合理、完成较及时，为及格；
6. 内容不完整、表述不清晰、说明不合理、完成不及时，为不及格。

其他说明：

不及格者必须重做。

学习任务3-9：印染企业的物资管理

学习内容

1. 让学生了解仓库管理的主要内容；
2. 让学生熟悉机物料仓库管理的注意事项；
3. 让学生了解染料仓库管理的基本特点。

业务部门通过顾客为染厂提供白坯，采购部门负责染化料和机物料的供应，生产部门通过消耗染化料经过各种加工设备把坯布加工成色布，设备管理部门最大限度地保持和提高设备的运转率，顾客缴付加工费以后提取成品销售，如此形成了染厂内部的产供销循环。在上述循环中不难看出，染料和助剂的质量，机配件和辅助材料的质量，都将对最终的产品质量产生巨大影响。所以说，在生产过程中，如何加强各种物资的质量控制，加强物资管理，对于提升染厂的管理水平十分重要。

染厂的物资管理的内容很多，主要包括坯布、半成品和色布的管理，染化料助剂的管理和机械配件与辅助材料的管理。

1. 白坯仓库与成品仓库管理

以来料加工为主的染厂，坯布是最重要的原料，所以在所有的物资管理中，白坯仓库管理处于统领全局的地位。加强坯布仓储管理，对于搞好其他物资管理具有重要作用。

(1) 白坯仓库管理

① 白坯入库。坯布既属于染厂的原料，也同时属于顾客财产。因此，在坯布入库时，既要准确清点白坯数量、批号、规格，还要对入库坯布进行妥善保管。

a. 入库。坯布入库时，库管员必须当面点清坯布数量，准确称量坯布克重，分清坯布批号，准确登记，同时给顾客开具坯布入库单作为入库凭证和点色凭证。入库单上要写清楚每个批号的绣字、克重、数量、入库时间和顾客签字等信息。

b. 坯布堆放区域的划分。入库的坯布必须进行合理的摆放。如果白坯仓库足够大，可以考虑给不同的业务员划分固定的坯布堆放区域，让其顾客的坯布在该区域内定点存放，有利于在坯布仓库内部开展定置管理。每个业务员划分的面积可以根据其平时业务量的大小来划分，划分的面积也不是一成不变的。随着业务员业务量的变化适当增加或减少其仓储面积，是合理利用坯布仓库有效面积的方法之一。

c. 坯布堆放。坯布堆放的高度必须适中，过高易造成卷状坯布变形。弹力卷状坯布被压扁以后很容易在坯布的头子上产生褶皱，这种褶皱在染整加工中无法去除。坯布堆放的层高与卷状坯布的直径和坯布本身的幅宽有关。卷状坯布的直径越大，坯布堆放的层高应该越低。直径越大，单坯重量越大，坯布堆放层高过高也容易把下层的坯布压扁。纺织厂打卷时每卷坯布的长度应该适中，长度过长容易造成卷状坯布直径过大、质量过大的问题。坯布堆放要留出空隙，便于坯布备缸和清点剩余数量。坯布必须堆放在木架上，坯布仓库内严禁吸烟。

d. 坯布标识。坯布标识主要是指入库以后在布堆上用小黑板标明的坯布数量、批号、绣字等信息。有时候白坯仓库内的小黑板数量不够，坯布标识可以直接用彩色粉笔写在坯布上。每一次坯布出库发放到生产车间时，不要在本批号没有全部出库之前把标有坯布信息的那一匹发货发掉。当白坯仓库存货过多时，库管员必须通过其他辅助手段有效记录某顾客某批号堆置于何处。比较有效的辅助记录手段就是在坯布堆放示意图上作好相应的记号。

② 白坯发放。按照生产技术部开出的产品质量流程卡上面的要求进行染色用布的准备过程，在染厂内叫做搭缸或备布。按照流程卡上的数量，把坯布放入布车内并拉出坯布仓库，也就完成了坯布的发放。以后进行绣字、退卷、缝头和准备，是备布工序的主要工作任务。发放坯布时库管员必须在场清点数量。库管员必须根据每天的坯布发放数量及时登记坯布账目。

③ 白坯库存。保护顾客财产不受侵犯，保证仓库内的坯布账卡物相符，是库管员的职责，也是染厂的职责。每个月月底盘点一次坯布库存，是验证坯布数量准确性的有效途径。发现数量不对，必须及时与顾客沟通，通过业务员与顾客商量解决的办法。确系染厂责任的，染厂必须赔偿顾客损失。能够查明直接责任人的，责任人必须承担相应的责任，不能查明直接责任人的，库管员必须承担相应责任。

(2) 在制品管理

染厂在制品管理主要是指数量管理，每月一次的在制品盘点结合坯布仓库盘点和成品仓库盘点一起进行。从备布工序、预缩工序、减量工序、染色工序、脱水工序、转序工序、预定烘干开幅工序到成品定形工序，按照生产工艺流程，每个工序都要盘点，才可以盘点清楚全部的在制品数量。盘点在制品时不要忘记盘点回修产品，在整个盘点过程中，在制品全部以匹为单位。

(3) 成品仓库管理

织物完成成品定形以后必须及时进入成品仓库。成品进入成品仓库以后自动启动成品仓库管理程序。核对匹数，核对总米数，核对加工步骤，是成品仓库库管员必须完成的工作职责。成品仓库内部区域划分不会像坯布仓库那样严格，但是某个顾客成品的堆放还是相对集中的。成品的堆放一般以缸为单位，不可摆放过高，以免成品滑落造成沾污。成品在进入成品仓库以前，每匹布外面必须套有专用的塑料包装袋。包装袋上需要在底部开孔，以利于包装时被压入包装袋内部的空气及时排除，这样有利于保持每一匹成品外形尺寸的统一，从而利于整缸布的摆放。

成品米数和匹数的核算相对简单，加工步骤的核对相对复杂。以流程卡为准，核对加工步骤是比较简单有效的一种方法。主要的加工步骤需要在出库单上注明的有：双减量的坯布克重，仿毛织物的成品克重，颜色的深浅和其他特殊整理等内容。有些极其特殊的颜色需要生产技术主管临时核定才可以出库。

成品仓库管理一般包含次品管理，由于次品相对较少，大多数染厂在成品仓库的角落里设置了一间次品仓库。这些次品主要用来为生产车间提供引布、洗缸布、临时挡风装置、临时防尘装置所用的成品布等等。次品布的领用需要车间主任开具领料单，经生产技术主管签字即可。

坯布仓库管理的重点在于合理堆置与正确标识，在制品管理的重点在于每月一次的盘点，而成品仓库的管理重点在于准确的确定顾客产品的加工步骤。只有准确及时地确定顾客的加工步骤，才能及时准确地完成顾客产品的价格核准与结算。成品价格制定的合理、严密，在成品价格核准与结算的时候漏洞就少。

坯布仓库库管员和成品仓库库管员可以由一个人担任。财务报表必须在每月5日之前上报财务主管。白坯入库数量、白坯出库数量、白坯库存数量，是坯布财务报表的主要内容。成品入库数量、成品发出数量、成品库存数量，是成品财务报表的主要内容。每月领用的次品出库数量也必须在财务报表中有所体现。为了提高仓库盘点时的准确性和盘点效率，在盘点时可以由染色车间主任、定形车间主任或者染色车间主任助理、定形车间主任助理协助库管员共同完成。

成品出库数量的多少、成品库存数量的多少、在制品数量的多少，直接影响本月的销售总收入和各项消耗指标，所以，合理控制成品库存数量对于及时准确地体现每个月的经营状况具有重大意义。

2. 染化料与染化料仓库管理

对于染厂来说，坯布是最重要的原料，而染料和助剂则是染厂实现加工目的的最重要的辅助原料。染料和助剂俗称染化料，染料助剂仓库也经常被叫做染化料仓库。科学合理地加强染化料仓库管理，对于控制产品质量、降低消耗具有重要作用。

(1) 仓库设置

有的染厂把染料仓库和助剂仓库设在一起，有的染厂是分开设立的。作为以涤纶机织物来料加工为主的染厂，染料仓库和助剂仓库分开设置与合并设置都可以。如果工厂的场地面积比较大，分开设置两个仓库更好一点。如果工厂加工的品种比较庞杂，又都是以涤纶机织物为主的产品，那么助剂的品种和数量会比一般的染厂多出很多，所以在这种情况下，染料仓库和助剂仓库分开设置是很有必要的。

(2) 染料状态与浅色沾污

秋冬季节深颜色的加工数量特别多，需要大量深蓝色分散染料。有的染厂把液体分散深蓝染料专门用固定的容器盛装，一般把这个固定的容器设置在染料仓库附近。不论是固体分散染料，还是液体分散染料，都可以作为常用的分散染料。使用什么状态的染料，仅仅与染厂的习惯有关系，与染料的状态无关。哪怕在夏季，仍然要加工深色。分散深蓝是染藏青色和黑色的主要染料，液体的分散深蓝更有利于染料的称量，可以避免粉状染料在空气中的漂移，造成浅色织物的沾污。有的染厂习惯于使用粉状染料，为了减少染料的漂移，在夏季于车间内不断地往地面上洒水，染料称量结束以后由专门的化料人及时用水把粉状染料化开。设置专人化料虽然可能会增加用工成本，但是给粉状染料桶加盖的方法也不能从根本上解决浅色织物沾污的问题。密封称料间、加大染色车间的地面湿度、给浅色织物布车加盖、合理布置染色车间内深浅颜色染色加工的布局、减少车间内空气对流的机会等，都是比较好的方法。其中最简单、最有效的方法是给浅色织物加盖。

(3) 染化料管理

染厂中染化料仓库的管理主要可以分成仓库管理和称料间管理两个部分。坯布和成品仓库库管员和染化料仓库库管员一样，一般归财务系统管理，属于企业的经营管理人员。而称料间的称料员则属于普通的技术岗位，在生产中既要服从染色车间的值班长、主任助理和车间主任的合理调配，在仓库管理中还要服从库管员的指挥。

一般的染化料仓库管理流程为库管员发放染化料→称料员从仓库中领料→生产车间使用染化料→称料员核算本班的使用量→称料员上报库管员。这条线主要发生在生产车间内部，可以简单表述为：领料→使用→核算。这里的核算重点是指三个班用掉的染化料的总合，不是每个班染化料的损耗量。一个生产车间不可能为每一个班次设置一件称料间，因此车间内部的染化料的损耗量就不可能再细分到每个班次。虽然每个月的盘仓可以盘点到每一桶或者每一包的细微程度，但是仍然无法做到精确到千克或者克。连续一年或者两年的盘仓统计数据产生以后，每个月的损耗量与当月总产量或者销售总收入的比值不会出现太大的波动。如果出现较大波动，说明在生产经营管理中存在着较大的隐患或者漏洞。当出现这种现象以后，副总经理必须担负起责任，组织专门的小组必须查一个水落石出。如果视而不见或熟视无睹，那么这个染厂的生产经营情况就会每况愈下，最终导致生产经营混乱，产品质量出现剧烈波动和严重下降的现象。经营领域里的隐患或者漏洞，是染厂生产管理中的毒瘤。每个月的生产经营例会上副总经理必须向与会各位通报上个月的生产经营情况的细节。染化料损耗情况是非常关键的环节，仓库管理人员隐瞒不报或者弄虚作假必须严肃处理。

染化料采购流程为库管员核算库存→库管员开出采购计划→采购员采购→染化料入库。这条线主要发生在经营领域，可以简单表述为：核算→计划→采购→入库。这里所说的核算主要是指某一品种在仓库中的库存量。根据生产的使用量和库存量，库管员必须及时地拟定出采购计划，杜绝停工待料等事故发生。

(4) 停工待料与紧急放行

一旦出现停工待料的紧急事件，值班长必须及时汇报给车间主任，有车间主任向副总经理反映情况。此时副总应该及时做出决断：要么停工待料，要么向兄弟单位借料、要么由供货单位送料。因常规整理剂引起的停工待料现象主要发生在定形车间，可以通过调整生产计划来解决。比如说先把一些不使用该整理剂的其他类型的产品进行加工生产，待采购供应部门购入该整理剂以后再及时调整生产计划，完成那些因临时停工而积压的产品。染色中使用的助剂引起的停工待料事件很少发生，由染料引起的停工待料给染厂的正常生产带来的影响是最大的。

这种现象大多数发生在中班，一般情况下染厂的副总总能从兄弟单位借来一桶相同型号的染料以解燃眉之急。当借来的染料不能及时进行检验时，就必须采取紧急放行。紧急放行需要得到副总的认可，未检验染料的放行以后必须可以得到有效的追溯。哪一缸织物用了未经检验的染料，生产值班人员和染色组长必须非常清楚。采取紧急放行制度以后，被放行的染料波及到的范围越小越好，有时可采取仅放行一车布的办法来缩小紧急放行给生产带来的影响。

染色值班长必须及时与生产技术部门取得联系，通知该部门的值班人员进行放行染料的进厂检验工作。进厂检验与紧急放行同时进行，是比较稳妥的工作方式。一般情况下，生产技术部门的进厂检验会比生产车间的正常生产更快。由生产技术部门的值班人员确定紧急放行的染料基本性能符合生产要求以后，就可以撤销紧急放行的黄色预警标识。紧急放行的黄色预警标识可以通过领料单、流程卡来体现。在领料单和流程卡上粘贴黄色小标签可以对所有生产技术人员起到警示作用。取消紧急放行以后，必须撕掉领料单和流程卡上的标识。

当紧急放行过程中的来料检验发现染料出现明显偏差时，如果值班的生产技术人员通过必要的调整可以继续使用该染料，那么仍然可以取消紧急放行。如果通过调整无法消除偏差，此时必须停产，等待生产技术主管进行处理。此后就可进入正常的染化料采购程序。

在染厂的日常生产管理过程中，应该尽可能避免染料的紧急放行事故的发生。加强称料员、库管员、采购员之间的交流与沟通，是加强染化料仓库管理的基础。出现紧急放行事故以后，染化料仓库库管员应该承担相应的责任。

（5）染化料的存储

有些染化料在存储过程中对环境要求较高，比如说保险粉要求在比较干燥的环境下储存，双氧水的存储温度不许过高，活性染料的存储必须密封等等。所以，不同类型的染化料在存储中必须采用不同的存储条件。

采取单间隔离储存的方式，把那些比较敏感的染化料分别存放于不同的小仓库中，既便于管理，也便于储存。一般情况下，如果染厂的大门朝北，那么，这些单间小仓库位于整个染厂生产区域的东北角，那里温度相对较低，湿度也不大，比较适合需要特殊储存条件的染化料的存储。位于东北角偏北的生产辅助用房可以作为这些染化料的专用存储区域，位于东北角朝北的生产辅助用房可以储存大宗的其他染化料，而与生产车间相通的称料间，可以安排在生产区域东北角的偏东方位。仓库的选址没有固定的模式，只要能够保证染化料存储安全，而且方便生产，都是有效的储存方式。

染化料存放的高度取决于染化料的包装材料和包装方式。液体助剂的储存高度以一层为宜。固体的净洗剂可以适当加大堆放的高度，但不能把外包装挤扁压碎。有的助剂厂外包装的体积过大，也不宜叠层堆放。由于大部分的固体染料包装的质量不大，且以木桶或铁桶盛装，所以叠放高度可至三层。为了方便染化料的日常领料和入库，染料仓库内必须留有必要的通道。

（6）废染料与废料桶的处理

长期搁置没有使用的染化料有可能会变质，从而失去效能。每年年底都必须对这些染化料进行必要的清理。对于那些价格偏高，使用机会偏低的特殊染料和助剂在采购时可以适当考虑包装的大小。对于失去效能的染料，可以采取低价处理的方式，卖给那些需要这些染料的单位或者个人。比如说有些做石膏塑像的厂家就需要这些染料数量较少、价格便宜的染料。

液体的染料通常用塑料桶包装，绝大多数的液体助剂也采用塑料桶包装的方式。有的助剂厂家回收自己的包装材料，大部分厂家采取放任自流的方式对待自己产品的包装物。当染色生产车间的全部染色工都具有自己的称料用的塑料桶以后，多余出来的塑料桶就显得没有使用价值了。把这些桶收集起来，卖给那些需要这些桶的单位或个人，不仅可以增加染厂的营业外收入，还可以美化生产环境。

如果某些助剂生产厂家坚持回收自己产品的包装物，那么染厂完全有理由把该厂产品的包装物收集起来，以合适的价格卖给助剂生产厂家，以抵扣一部分该厂的助剂应付款。

3. 机物料与辅料管理

在染厂的物资管理中，机械配件管理和其他辅助材料管理占有重要比例。加强机物料管理和辅助材料管理，对于降低物料消耗、降低流动资金的占用和提高产品质量，都具有重要意义。机物料管理主要是指机械配件的采购、领用和损耗。辅助材料管理主要包括产品的包装材料、全员劳动保护用品、润滑油剂和其他辅助材料的管理。一般情况下，机物料仓库与辅助材料仓库是在设置在一起的。当然，如果条件允许，也不排除两个仓库分别设置的可能性。机物料仓库库管员与辅助材料库管员大多数情况下都是一个人，这样可以降低染厂的用工成本。而机物料的采购和辅助材料的采购在大多数染厂中也都是由一个人来完成。

(1) 机物料采购

机物料的采购由机物料采购员来完成，采购的依据是采购供应单。采购供应单由设备管理部门的主管提出，经生产技术主管确认后即可。而机物料单件价值究竟超过多少才需要总经理或副总经理签字确认，各染厂的具体情况区别很大。采购单上必须注明采购数量、规格、用途等基本信息。每一个染厂的采购员都有固定的采购渠道，一般情况下采购员都采用通过电话告知对方送货的方式来提高进货速度。机配件质量的验证只能通过实践来完成。

(2) 机物料库存

染化料采购与机物料的采购有所不同，染化料是染厂非用不可的十分重要的原材料，需要一定量的库存，而有些机物料的采购库存量很难控制。连续出现某种机械配件的更换，有可能是因为该种配件的质量有问题造成的。实际上对于染厂来说，常用的机械配件主要包含以下几类：传动轴承、传动皮带、密封配件和其他类别的细小琐碎机械配件。上述各种配件库存数量过多容易引起仓库管理的混乱。来料登记工作量增加、分类增加、有效的仓库面积被一再压缩，这些都会给仓库管理带来明显的影响。采购员与库管员建立有效的沟通，是加强机物料仓库管理的基础。常用机配件、易损件和价值较低的配件需要保持一定的库存数量，而那些价值较高、不常损坏的机配件的库存数量则越少越好。

(3) 外部委托加工

外部委托加工俗称外委加工，是一种降低设备维护费用、降低简易染整设备制造成本的有效方式。染厂设备管理部门可以通过联系一些机械加工厂、电机修理厂或其他工厂，来完成对本厂设备简单的机械加工和维修工作。比如说电机主轴的切削加工、电机线圈的缠绕和修理、布车的制造、染整设备的改造等等。小型的、零散的加工和修理工作所产生的费用需要设备主管和生产技术主管的签字确认，大型的制造、维护和改造工作需要签订合同。

(4) 机配件验收

配件质量的好坏，直接影响到一个工厂设备维护费用的高低。虽然低值易耗品的价格较低，但是加强这部分配件的质量验收可以时刻提醒配件供应商不可放松产品质量。从机物料仓库库管员的统计报表中就可以看出来某一批号、某一产地的配件质量情况。当某一配件的使用数量大量上升的时候，生产副总要特别给予必要的关注，要及时提醒采购员，及时更换品牌或供应商。当新的供应商提供样品时，质量保证期的长短直接影响该配件的消耗数量。

有的染厂为了节省成本，采取委托加工的方式制造大批的布车，布车的验收只能在实践中完成。一般布车由三部分组成：轮盘、车斗和车架。硬塑或不锈钢车斗是染厂的首选，表面光洁无毛刺是验收车斗的主要标准。镀锌管外加车把拐角处平稳圆滑的弯圆，车架整体坚固轻便美观是验收车架的主要标准。轮盘传动平稳、耐磨、持久性好是验收车轮的主要标准。

(5) 机配件领用

以旧换新一直是机物料领用的基本原则，除了染缸缸口密封橡胶皮圈之类的属于染色操作工个人维护的部位以外，其余部分比较复杂机配件的领用一般由机修人员完成。像定形机上的针板、润滑油可以由定形组长领取。对于春节前的设备大修，由于领用的配件比较集中、品种和数量都比较多，此时的机配件领用可以由某个设备维修班长全权负责，采取用什么领什么的办法，第二天集中补办前一天领出的全部领料手续。

代表染厂总经理值班的人员一般为车间主任以上级别的管理人员。机物料仓库库管员下班以后，由染厂的总值班人员负责管理机物料仓库钥匙。这样可以方便中班和夜班人员领取各种物料。

(6) 辅助材料管理

产品的包装材料、员工的劳动保护用品是最常见的辅助材料。包装材料由定形班长领取，多余的包装材料必须妥善保管。根据每个班次领用的包装材料的数量和该班所完成的生产任务，可以计算出每个班包装材料的消耗量。根据上一年度每个月平均的包装材料消耗量来考核各班组的材料消耗。对于连续超过消耗量的班组，定形车间主任有义务进行深入的调查。

对于连续多次出现更换缸口密封皮圈的操作工，值班长有义务耐心地观察该员工密封皮圈的使用方法和给缸口加力的方法。如果确实是因为缸口不平引起高压阶段的密封皮圈冲破，那么应该及时向设备管理部门的主管汇报，而若是因为员工操作不当引起的皮圈破损，值班长必须及时指出员工操作上的失误。

劳保用品由各班的值班长领取，领回去后及时发放给本班组的全体员工。劳动保护用品不仅仅包括毛巾、肥皂、服装、工作鞋，还包括降温茶、降温糖等其他物品和食品。

染厂的吊牌虽然属于标识的一部分，但吊牌的主要功能应该是宣传企业产品、宣传企业形象。在方寸之内做到这两点很不容易，尺寸的大小、整体的形状、印刷的质量、色彩的搭配、企业精神的体现等方面，都要考虑。当顾客主动索要本厂产品吊牌为其所有产品包装的时候，染厂应该无偿地奉送吊牌给顾客。

染厂内部使用的印刷品也属于辅助材料的管理范畴。染厂内部使用的印刷品主要用于质量管理、生产管理和经营管理三个方面。各级管理人员都必须牢固树立勤俭节约的理念，节约使用每一张报表。印刷品的储备数量过多，不仅积压资金，容易引起印刷品的浪费，还可能因为管理制度的重大改革而浪费大量的印刷品。

总经理办公室负责全公司管理人员办公用品的采购和下发。专人负责复印机的使用可以节约用纸，提高复印效率。坚持两面使用复印纸应该是每一个管理人员必须养成的良好习惯。电脑耗材的采购需要一定的专业知识，由总经理办公室负责此项工作具有以下便利条件：首先总经理办公室使用电脑的机会较高，更换耗材的机会较多，掌握电脑耗材价格的准确程度较高;其次总经理办公室对外联络更方便。

食堂用的各种器具由食堂的承包者负责。食堂承包者必须保证食堂的公共卫生,坚决杜绝食物中毒现象的发生。

(7) 仓库安全

为确保仓库安全,必须做到以下方面:

① 仓库内严禁烟火;

② 仓库内闲人莫入;

③ 仓库内设有安全通道;

④ 必要时安装防爆灯;

⑤ 危险品、易燃易爆品单独放置;

⑥ 仓库周围没有其他的明火源和变压器。

仓库内部的消防器材的配置以及仓库外部的安全通道、消防栓和防火墙的配置都必须是首先考虑的。培训一批训练有素的义务消防员是每一个染厂必须做到的。既不为自己的染厂认购财产保险,也不定期更换和检查消防设施,在厂区内部随意搭建违规辅助厂房,一旦出现天灾人祸,后果不堪设想。

4. 其他物资管理

有的染厂以加工轻薄型的涤棉织物为主,坯布的烧毛工序必不可少。石油混合气是目前烧毛的主要可燃气体。为了维护布车,需要经常对那些开焊的车架进行维修,这就需要氧气瓶。为了解决全体员工的午饭问题,食堂里还要使用和储备液化气。为了保证定形机顺利运转,机物料仓库还要储备一定数量的润滑油。为了减少停电给染厂带来的损失,有的染厂还自备了大功率发电机,储备了数量较多的柴油。不难看出,上述这些物资都属于易燃易爆物品。

在上述物品中,有的可以存放在机物料仓库里,比如说润滑油、氧气瓶等,有的就必须建立特殊的仓库,比如烧毛混合气、发电机用的柴油等。这些物品的仓库大部分设置在染厂的后半部分,而有的染厂也习惯上把工厂内部的垃圾堆设置在厂区的后半部分。当焚烧垃圾成为习惯以后,很有可能在大风天气引起染厂内部的火灾。所以,严禁在厂区内动用明火,必须是一条雷打不动的铁律,必须要让全体员工时刻牢记:场内吸烟,等于放火。

有条件的染厂可以自己在厂区内部安装大型地磅。煤、柴油、液碱的大量使用也需要染厂在厂区内部安装大型地磅。30 t 的地磅和 50 t 的地磅在价格上差不太多。比如说,雨天进煤和晴天进煤,一次进煤以 1 000 t 计算,两种天气情况下相差 50 t 也只有 5%的差距,看上去一点也不大。但是一个中型染厂,一年就可能被雨天吃掉 600 t 煤。以每吨 800 元计算,一年就要损失 48 万元。而 48 万元能建立几台 50 t 地磅呢?

地磅的准确性必须得到保证,每年两次的检验是必不可少的。目前大型地磅的强制检验已经引起当地质量技术监督部门的足够重视。质量技术监督部门作为公权力代表的第三方,由该部门出具的计量器具的有效证明可以保护贸易双方的合法权益。

训练任务 3-9

>>> 总结机物料仓库管理的注意事项

基本要求：

根据学习任务 3-9 的描述，学生总结机物料仓库管理的主要注意事项。

任务设计：

1. 指导教师向学生提出问题，布置训练任务；
2. 指导教师进一步说明总结机物料仓库管理注意事项的要点；
3. 指导教师在下次课堂上展示三位学生的优秀作品；
4. 指导教师点评学生的优秀作品。

评分标准：

1. 内容完整、表述清晰、说明合理、完成及时，为优秀；
2. 内容完整、表述清晰、说明合理、完成较及时，为优良；
3. 内容完整、表述清晰、说明较合理、完成较及时，为良好；
4. 内容完整、表述较清晰、说明较合理、完成较及时，为中等；
5. 内容较完整、表述较清晰、说明较合理、完成较及时，为及格；
6. 内容不完整、表述不清晰、说明不合理、完成不及时，为不及格。

其他说明：

不及格者必须重做。

学习任务 3-10：印染企业的成本管理

学习内容

1. 让学生了解成本管理的基本内容和统计分析的基本方法；
2. 训练学生成本分析基本技能。

成本管理是染厂管理中非常重要的一个环节，成本管理水平的高低，不仅关系到企业的经济效益，还关系到企业的生存与发展。通常情况下，成本管理大多被划入财务管理的范畴，但是随着企业管理的不断发展，企业的成本管理逐渐独立成为一项既依附于企业的财务管理、又与企业的生产管理越来越密切的管理项目。有的染厂还专门为此配备了成本会计，专门负责企业的成本管理工作。那么，作为生产管理部门，如何主动有效地配合成本会计开展工作呢？在制定产品价格的时候需要考虑哪些因素呢？在传递价格信息的过程序要注意哪些问题呢？本节将重点讨论以上问题。

1. 产品的价格构成

涤纶机织物染色产品的价格制定一般包括以下内容:加工流程、染色深度、织物克重、助剂价格、水电气价格、人工费、税费和合理利润等方面。

(1) 加工流程

普通涤纶机织物的染色与强捻涤纶机织物的加工流程区别较大,普通织物的染整加工只需要前处理、染色、后整理,而强捻织物的加工就需要预缩、预定形、双减量、染色和后整理。加工流程越长,加工工艺越复杂,加工的费用就应该越高。再比如说,涤纶/黏胶短纤维仿毛织物在加工过程中不但需要预缩、预定、染色、定形,还需要定形以后的罐蒸。表3-3中列举了常规的涤纶机织物不同加工流程的价格变化。

表3-3 常见涤纶机织物加工流程对价格的影响

序号	织物规格	主要加工流程特点	价格(元/m)	备注
a	常规品种	前处理、染色、后整理	1	基础价格
b	强捻织物	预缩、预定形、双减量	1.4	+0.4元/m
c	弹力织物	预缩、预定形	1.2	+0.2元/m
d	仿毛织物	预缩、预定形、罐蒸	1.4	+0.4元/m
e	仿毛织物	预缩、预定形、轧光	1.3	+0.3元/m
f	涤/棉织物	染后橡胶毯预缩	1.15	比普通涤/棉织物+0.15元/m

普通机缸减量外加0.2元/m,磨毛外加0.3元/m,拉毛外加0.4元/m,特殊的压花价格面议。

(2) 染色深度

涤纶机织物的染色深度与染料的加入量和染料的颜色有关。一般情况下,在染色过程中染料的加入量越多,织物的颜色越深。染料本身的色光越偏蓝,染出来的颜色越深。比如说,在相同的工艺时间内,漂白色的染化料成本要高于某些浅色的染化料成本。某些使用特殊染料染色的颜色,虽然织物的颜色深度不高,但是染料成本比相同深度的其他颜色会高出很多。所以,在比较织物颜色深浅的时候,仅仅比较织物的颜色深浅是不够的。还必须比较织物在染色过程中使用染料本身的成本的高低。因此,相对于染色成本而言,没有绝对的深色和浅色。在计算织物染色价格时,通常意义上说的染色深度是指染料成本的高低。

如果以常用的分散蓝2BLN为基准,当分散蓝2BLN在染色配方中相对织物百分比质量不超过1%的时候,就定义该颜色为浅色。超过1%而低于2%,则定义为中色,超过2%而低于3%就定义为深色,超过3%低于4%就定义为特黑,超过4%的定义为特种色。特种色的价格需要生产技术部主管核定。表3-4中列出了定义染色深度的基本原则。生产技术部制定染色配方的工艺员根据这个原则确定每缸染色织物的染色深度,并在流程卡上加盖染色深度印章。染色深度有五个档次,分别是浅色、中色、深色、特黑和特种色。

表 3-4 影响染色深度的基本因素

序号	染色深度	染色配方中分散蓝 2BLN 含量(owf)	备注
1	浅色	＜1%	假设分散蓝 2BLN 的价格为 30 元/kg,若以分散蓝 2BLN 的价格为基准,如果 100 kg 织物染色的染料成本低于 30 元,则该织物染色深度为浅色,高于 30 元为中色,高于 60 元为深色,高于 90 元为特黑,高于 120 元为特种色
2	中色	＞1%,＜2%	
3	深色	＞2%,＜3%	
4	特黑	＞3%,＜4%	
5	特种色	＞4%	

(3) 织物质量

织物质量的计量以坯布为准。每一种染缸的容布量都是固定的,每匹织物单位面积上的质量越高,每只染缸能够容纳的米数越短。为了保证每缸织物染色加工完成以后染厂获得的产值比较接近,织物单位面积上的质量越高,织物染色的加工费就应该越高。并不是所有的织物都适合于一种染色设备加工,当织物过厚或过薄,或者说某缸织物过短或过长时,直接会影响织物在染缸内的循环速度。染色中织物循环的速度过快或过慢时,都影响织物的染色品质。

一般情况下,每缸织物的染色米数在 800 m 左右,低于 500 m 或者大于 1 400 m 的织物长度都不太适合继续使用原来的染缸染色。600 m 到 1 200 m 之间的长度是比较适合的长度。如果 800 m 长的织物总质量为 320 kg,那么织物的单位长度质量就是 400 g/m。如果该织物的染色费用为 1.25 元/m,那么单缸染色加工产值就是 1 000 元。所以,600 g/m 的织物其染色加工单价应该在 1.88 元/m 左右,否则就无法满足每缸 1 000 元的染色产值。以坯布克重 400 g/m 的染费单价 1.25 元/m 为基准,表 3-5 中给出了不同克重的坯布染色费用的参考价格。

表 3-5 染费参考价格 单位:元/m

克重(g/m)	浅色	中色	深色	特黑	特种色
521～540	1.85	2.05	2.25	2.45	2.65+
501～520	1.75	1.95	2.15	2.35	2.55+
481～500	1.65	1.85	2.05	2.25	2.45+
461～480	1.55	1.75	1.95	2.15	2.35+
441～460	1.45	1.65	1.85	2.05	2.25+
421～440	1.35	1.55	1.75	1.95	2.15+
401～420	1.25	1.45	1.65	1.85	2.05+
381～400	1.15	1.35	1.55	1.75	1.95+
361～380	1.05	1.25	1.45	1.65	1.75+
341～360	0.95	1.15	1.35	1.55	1.55+
321～340	0.95	1.15	1.25	1.35+	1.45+

染费价格可以随着染料价格的浮动、市场行情的波动进行适当的浮动。质量稳定、产品开发能力较强的染厂也可以适当的上浮染费价格。浮动的幅度不宜过大,一般以 0.1 元/m 到 0.2 元/m 为宜。

(4) 助剂价格

助剂的价格主要体现在产品的后整理方面。柔软加工、防水加工、阻燃加工、抗静电加工、抗紫外线加工、"三防"加工和其他特殊加工，在上述染费价格的基础上还要上浮若干。一般情况下，柔软加工上浮 0.1 元/m，普通防水加工上浮 0.3 元/m，特殊的防水加工上浮 0.5 元/m。永久阻燃加工上浮 0.8 元/m，"三防"整理的价格上浮 0.75 元/m。增黑整理的价格随着黑度的增加不断上浮。

有时，助剂价格的高低不是决定整理费用高低唯一的因素，染料成本也不是决定染色深度的唯一因素。对于一些特殊的品种，比如说纬向弹力仿麂皮绒、能够产生桃皮绒风格的 Lyocell/涤纶交织织物、PPT 改型涤纶等全新的品种，加工的稳定性属于新技术，这时的加工价格无法按照前面的定价原则来定价，而是由染厂和顾客双方共同商量决定的。

(5) 其他费用

其他费用主要包括燃气动力费用、人工费用、水费、厂房设备折旧费用和财务费用等。很难单独计算出各个品种的燃气动力费用的单价，只能计算出每月全部产品的平均燃气动力费用，其他费用的计算也只能计算出平均值。有关费用的计算见表 3-6。

表 3-6　其他费用计算的参考方法

项目	单价	本月耗量	本月金额	本月总产量	本月平均
燃气费用	600 元/t	1 000 t	60 万元	300×10^4 m	0.2 元/m
动力费用	0.6 元/度	100 万度	60 万元		0.2 元/m
水费(处理费)	6 元/t	25 000 t	15 万元		0.05 元/m
人工费用	30 万元				0.1 元/m
厂房折旧费	45 万元				0.15 元/m
设备折旧费	60 万元				0.2 元/m
银行利息	30 万元				0.1 元/m
税费	15 万元				0.05 元/m
合计	1.05 元/m				

从最后的合计单价来看，如果染厂只加工普通涤纶染色布，那就会染一米亏一米。一般情况下厂房的折旧费用按照 15 年均摊，设备折旧费用按照 5 年计算。如果按照严格的财务报表计算方法计算，还有许多费用应该记入本表。换句话说，不包括染化料在内的织物其他费用的单价总和还会高于上表的计算结果。上表中只有厂房折旧费、设备折旧费和银行利息勉强可以算作固定费用，其他各项目都会随着加工总量的变划而变化。从前三项费用来看，染厂开展节能降耗活动是非常有意义的。从人工费用的角度来说，提高生产效率、提高正品率，是提高效益的主要手段。

2. 价格信息的传递

如何把产品的加工过程完成准确迅速地传递到成品仓库和财务部，对于染厂和顾客来说都是非常重要的。染厂和顾客双方蒙受损失都是不幸的，价格信息的传递效率直接关系到染厂和顾客的直接利益。以往的信息传递主要依靠产品流程卡，经常会出现偏差和漏洞，有时还会出现人为的恶意抽走产品流程卡的现象。近年来染厂内部局域网的出现较好地解决了这个问题。

(1) 传统传递方式

以流程卡为主要承载方式的加工信息传递属于传统的传递方式,这种方式在染厂发展过程中曾经发挥过巨大的作用。实践证明,这种传递方式也是一种有效的传递方式,其主要传递流程如下:

计量坯布克重→开出点色单→点色→开流程卡→入库→计算价格→缴费

计量坯布克重由坯布库管员完成,采用抽查的方式计量两匹以上的坯布质量(重量)和米数,计算出该批号坯布的克重,作为双减量加工、坯布备缸米数的参考值。计算坯布克重时需要顾客或顾客代表签字确认。如前所述,可重越高,备缸时坯布的米数就会越短,否则会超过染色设备的容布量,造成堵缸,引起色花等染色疵点。通过了解坯布克重确定织物备缸时的质量,以此来保证染色质量和单缸产值,确定双减量织物的加工费基数。

坯布仓库库管员为顾客开出入库单,便于生产技术部为顾客点色。点色单上一般必须写明:顾客姓名、绣字、批号、匹数、入库时间、点色单流水号、顾客签名和坯布克重。点色由生产技术部的值班人员完成,点色的过程实际上是顾客与染厂签订加工合同的过程。根据顾客要求,值班员记录顾客提出的加工方式和加工匹数、批号,设计加工工艺和染色配方,向顾客提出必要的加工建议或意见。如果顾客入库的坯布数量较大,一次没有全部点色,那么值班员有责任保留好顾客的点色单以备下次点色之用。

当染色配方和加工工艺全部确定以后,技术部值班人员就可以开出流程卡了。在流程卡上除了要注明产品的加工流程和各工序的加工要求以外,还要明确表明织物的颜色档次、是否进行双减量、机缸一次减量、柔软、罐蒸、轧光、压花、橡胶毯预缩、防水整理、防火整理、抗静电整理、“三防”整理和其他的特殊整理等等。

成品入库以后,产品流程卡必须一同入库。成品仓库库管员根据流程卡上的记录,登记产品的加工过程,并在成品出库单上注明坯布克重合产品的加工过程。顾客把出库单交至财务部,由财务部根据产品价格表确定加工价格,收缴顾客的染整加工费用。由此完成整个加工信息的传递过程。

在上述加工信息传递过程中,产品流程卡因为被水打湿造成的字迹模糊,容易引起加工过程的误判,而在加工过程中不可能保证产品流程卡不沾水。用塑料套保护产品流程卡的干燥、加大流程卡纸张的厚度、改善流程卡纸张的质量,都不能彻底保证流程卡不会被水打湿。这就从根本上动摇了传统的加工信息传递的准确性。

(2) 网络传递方式

染厂内部通过局域网传递信息,快捷、安全、方便。在坯布仓库输入坯布规格(名称)、克重、批号、数量以后,生产技术部、财务部、总经理室、副总经理室都可以同时看到每一天坯布的入库数量等相关信息。生产技术部根据电脑里显示的顾客入库数量和批号输入顾客点色的数量、加工流程即可,不要再凭点色单点色。上述信息输入以后,上述其他各部门也可以同时了解相关信息。成品入库以后,成品仓库库管员只要输入产品的批号、数量等信息即可,不必再输入加工方式和坯布克重,也不用再开出成品出库缴费单。

顾客在财务部就可以查询到什么批号有多少数量可以出库。财务人员也可以根据网络共享的信息计算出来的每个品种的单价进行收费。财务部也不用为顾客开出成品缴费收讫单据。当顾客来成品仓库提货时，成品仓库库管员只要根据顾客的缴费情况安排发货即可。

所有坯布和成品的收发存帐目、加工流程、加工单价等数据全部在服务器里。保证服务器安全运行是保证网络数据安全的前提。所以说，网络管理员每天备份相关的财务数据是必须的。

网络信息传递，不仅提高了信息传递的效率和准确性，还降低了劳动强度，节约了办公费用。染厂原来各岗位上的所有工作人员都可以经过简单的培训适应网络信息传递工作要求。如果有人确实不能适应网络信息传递工作的要求，那么就为其提供一个能适应的工作岗位。加强全体员工的培训，加强管理人员的电脑培训，是提高全员素质的有效手段。应该让全体员工明白这样的道理，使用电脑是为了提高效率，而不是为了让不会电脑操作的人们下岗。

从坯布仓库、到生产技术部门、再到成品仓库、最后到财务部门，这样就构成了一个完全闭合的以产品加工流程为主要依据的成品价格查询体系信息链。凡是具有终端的地方都可以按照级别对上述系统进行查询。企业的总经理、副总经理、财务主管、生产技术主管可以查询到的相关信息可以适当得多一些。坯布仓库库管员和成品仓库库管员只要能够查询到满足其自身工作需要的信息就可以了。如果在备布工序旁边的白坯仓库设置终端，用来发布备布工序进行工作的基本信息，在染色车间电脑中控室设置终端，用来发布每只染缸除染色工艺以外的操作注意事项和基本要求，在定形机机尾设置终端，专么用来输入成品、半成品的顾客名称、加工批号和数量、加工状态和加工质量，那么就可以在整个染厂内部实现生产控制的无纸化。当然不能刻意为追求实现无纸化生产控制而设置一些不必要的终端。任何一种超越现实和脱离实际的生产方式有时仅仅具有试验价值而缺乏基本的推广价值。究其原因，主要就是因为超越现实和脱离实际。一个染厂究竟采用什么样的管理方式，不仅取决于染厂本身，还有赖于整个社会环境的认同和社会生产力水平所处的阶段。但是无论怎么说，能够促进染厂发展的管理方式、能够提高生产效率和产品质量的方法，都是好的。

实际上上述的信息查询系统是以财务为中心的。那么染化料仓库、机物料仓库、辅助材料仓库连线的网络系统可以构成染厂的物资管理系统。生产技术部、染色车间电脑中控室、坯布仓库、检验工序和成品仓库连线的网络系统可以构成染厂的生产质量控制和查询系统。生产统计部门和财务部门连线的网络系统可以构成染厂内部的劳资管理系统。以财务管理系统为中心的染厂内部管理系统的全部内容，可以逐渐升级为供厂内部使用的 ERP 系统。

生产技术部内部的自动配液滴液系统、电脑测色配色系统不要与上述系统连接。全自动的自动称料系统虽然在国内不多见，但毕竟还有染厂在使用。保持各个系统的独立性，可以更好地发挥每个系统的效能，避免网络受到攻击时造成更多系统的瘫痪。建立必要的防火墙和杀毒系统，虽然牺牲了一些运算速度，但毕竟可以起到保护网络系统安全的作用。由于染厂的特殊性，网络系统传递信息的户外网线必须架设在空中，严禁网线在地下穿过。为了防止户外网线老化，可以在网线外部加装保护套线。

训练任务 3-10

>>> 总结制定产品价格的基本原则

基本要求：

根据学习任务 3-10 的描述，利用课余时间总结制定产品价格的基本原则。

任务设计：

1. 指导教师向学生们提出问题，布置训练任务；
2. 指导教师进一步说明指定产品价格的基本要求；
3. 指导教师在下次课堂上展示三位学生的优秀作品；
4. 指导教师点评学生的优秀作品。

评分标准：

1. 内容完整、表述清晰、说明合理、完成及时，为优秀；
2. 内容完整、表述清晰、说明合理、完成较及时，为优良；
3. 内容完整、表述清晰、说明较合理、完成较及时，为良好；
4. 内容完整、表述较清晰、说明较合理、完成较及时，为中等；
5. 内容较完整、表述较清晰、说明较合理、完成较及时，为及格；
6. 内容不完整、表述不清晰、说明不合理、完成不及时，为不及格。

其他说明：

不及格者必须重做。

学习任务 3-11：生产车间的质量管理

学习内容

1. 让学生了解质量管理的基本作用；
2. 让学生了解质量管理的基本方法；
3. 让学生了解建立质量管理体系的基本要求和步骤。

质量管理是以产品的质量控制为中心内容的一系列的管理活动，质量策划是质量管理的起点，在质量管理体系中质量策划属于全盘的总体计划。在系统介绍染厂质量管理与质量管理体系维护的基本要求之前，有必要简略地介绍质量管理的发展过程和质量管理的基本知识。

1. 质量管理的发展

1769 年,英国诞生了第一家现代意义上的企业。随着生产力的发展和企业规模的不断扩大,经验管理不再适应企业的发展。1911 年美国人泰勒的《科学管理原理》一书问世以后,企业管理由经验管理阶进入了科学管理阶段,企业管理也从经验上升为科学,科学管理极大地推动了生产效率的提高。由此"泰勒制"也被认为是现代企业管理的雏形。

尽管"泰勒制"在很长的一段时间里对工业发展起过推动作用,但泰勒管理仅仅把员工当作工具,对员工采取胡萝卜加大棒式的管理思想和管理方式。随着经济和技术的发展,越来越显现出其消极的一面,于是人们开始探索新的企业管理理论和方法。

20 世纪 40 年代,人类在科学技术上获得了巨大的突破,生产力水平得到了空前的发展和提高,人们对产品质量的要求越来越高。企业管理者逐渐意识到,光靠统计质量控制,不足以实现对质量的有效控制。质量的实现,还受到许多其他因素的影响,如员工的参与度和积极性、生产过程的合理性等等。在这样背景下,全面质量管理开始兴起。1951 年,朱兰博士将当时关于质量管理的一些重要思想和论文汇编成《质量控制手册》,后来这本书风靡全球。同一时期,美国的贝尔实验室开展了"全面质量保证计划"活动,宣传和强调从建立质量标准到产品最终处理为止的各种活动的重要性。1956 年,美国通用电器公司的 A. V. 费根堡姆在《哈佛商业评论》上发表了论文《全面质量控制》,首次提出了 TQC——全面质量管理的概念。

20 世纪 50 年代后期美国一些银行、航空公司为了解决自己所面临的问题,逐步开始运用质量管理的思想和方法,并取得了很好的效果。质量管理开始渗透到各个行业,各国也纷纷开展全面质量管理。在全面质量管理运动中,成就最为突出的当属日本。日本从二战的战败国一跃而成为世界经济强国,并能对当时美国的经济霸主地位产生严重威胁,以及最近几十年里日本制造成为高质量的代名词,这一切都应主要归功于全面质量管理。

二战后,美国在帮助日本重建经济基础时,派了大量专家前往日本。爱德华・戴明就是其中一位。戴明是统计专家,他在帮助日本的过程中,将各种管理原则与统计方法相结合,逐步建立了致力于产品(服务)和过程的无止境改进的全面质量管理思想,并为日本接受,在日本得到很好的发展。全面质量管理在日本叫做"全公司质量管理",特点在于整个公司从管理层到全体职员都参与质量管理。不仅研究、设计和制造部门参与,其他部门如销售、材料供应、计划、会计和人事等所有部门也都参与。质量管理的概念和方法不仅用于解决原材料、生产过程和产品设计等问题。日本在开展全面质量管理管理的深度和广度上,都比其他国家更为深刻。因此,在 20 世纪 80 年代以后,日本的全面质量管理已成为其他国家争先学习的经验。

经过几十年的发展,全面质量管理也得到了进一步的深化。从 20 世纪 80 年代后期以来,全面质量管理由早期的 TQC 演变为 TQM。TQM 的实质是以顾客满意、附加价值和持续改善为核心的一种全面的经营管理理念。它指的是组织以质量为中心、以全员参与为基础,目的在于通过让顾客满意和本组织所有成员和社会受益而达到长期成功的一种管理理念。TQM 强调用事实和数据说话,强调广泛应用统计方法和技术。TQM 的对象不仅包括一般意义上的产品和服务,还包括组织的所有活动、过程、人员和组织结构等各个方面。自从 20 世纪 70 年代末 80 年代初,美国人从日本二战后经济神速发展的奥秘中发现了企业文化对企业发展的巨大推动作用后,文化管理理论和管理方法开始席卷全球,成为当今世界企业发展中最新一代管理理论和管理方法。

2. PDCA 循环

在质量管理过程中，经常会出现 PDCA 循环的字样。实际上 PDCA 循环指的是质量管理中最常用的一种管理方法。PDCA 分别是四个英文单词的缩写，分别代表了 Plan、Do、Check 和 Action。在中文中，PDCA 分别代表计划、实施、检查和总结。

P 代表计划，它包括质量方针和质量目标的确定，也包括各种其他活动计划的制定；D 代表实施，也就是具体运作和执行前面制定的计划；C 代表检查，就是要检查执行计划的进度、结果和存在的问题，便于总结或处理；A 代表总结，总结检查的结果，总结整个循环运行过程中发现的问题。

在上述循环过程中，每个步骤都是非常重要的。俗话说凡事“预则立，不预则废”，说的就是计划的重要性。再好的计划不实施，也只能变成束之高阁的废纸，按计划行动才是最重要的。检查实施进度和实施过程，便于问题的发现和过程控制。通过检查，可以及时总结成功的经验和失败的教训。有时深刻地总结失败的教训比总结成功的经验更重要。凡事不可“毕其功于一役”，对于没有解决的问题，可留给下一个 PDCA 循环去解决。总结包含三个方面的含义：第一，总结整个循环的全过程；第二，总结成功的经验，逐渐形成标准；第三，找出存在的问题，进入下一个循环过程。没有细致深刻全面的总结，就没有进步和发展。在整个循环运行过程中，策划、检查、协调、服务、总结等等方面，都需要各级主管进行控制。总结得越清楚，前进的方向就越明确，提高的速度也就越快。

PDCA 循环的四个过程不是运行一次就完结，而是周而复始地进行。一个循环结束了，解决了一部分问题，可能还有问题没有解决，或者又出现了新的问题，再进行下一个 PDCA 循环，依此类推。这就是循环的主要特点——往复性。循环的另外一个主要特点就是大环带小环。每一个比较复杂的大循环都是由一些相对简单的小循环组成，这个比较复杂的循环类似于银河系，先由众多的太阳系带着行星轮系组成一条条银河，再组成银河系。每个染厂的整体运行，都是由其内部众多系统在运行过程中构成了复杂关系，由大环带动小环组成有机的逻辑整体。循环的最后一个特点就是它的阶梯式上升性。PDCA 循环不是停留在一个水平上的循环，不断解决问题的过程就是水平逐步上升的过程。关于 PDCA 循环的特点，见图 3-7。

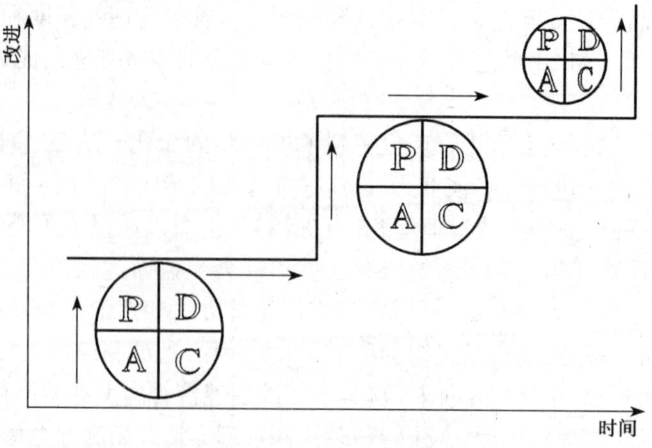

图 3-7 质量圈阶梯式上升示意图

3. QC小组、质量统计和"鱼骨图"

QC小组也被称作质量管理小组或质量控制小组，是由基层的普通员工自发的组织起来的。为了解决生产中遇到的实际问题，最熟悉生产环境的一线员工自发地组织起来，以某产品在加工中存在的某类问题为中心，从操作者、设备、原料、加工方法和加工环境等多方面入手，分析问题，寻找答案。哪怕在每一个循环过程中只前进了一小步，也值得肯定和表扬。每一个质量管理小组中最好有一两名掌握质量管理方法的骨干人员，才会使小组的工作更有效。

寻找产品在加工过程中存在的问题，并把某类问题在一定时间内出现的数量进行统计，这个过程就是质量统计。一般情况下，质量统计往往是质量管理的基础。比如说，经过统计得知，某染厂3月份总产量为310×10^4 m，出库产量322×10^4 m。无法回修的次品合计数为1 954 m，其中染料点1 400 m，污迹430 m，布边拉破101 m，其他次品23 m。如果经过4月份的努力把1 100 m的染料点减少一半，那么4月份的次品总量就有可能控制在1 200 m以内。

以质量统计中排在第一位的疵点为主要攻关目标，发动全体员工，共同献计献策，找出可能产生染料点的一切原因，绘制成如图3-8所示"鱼骨图"。

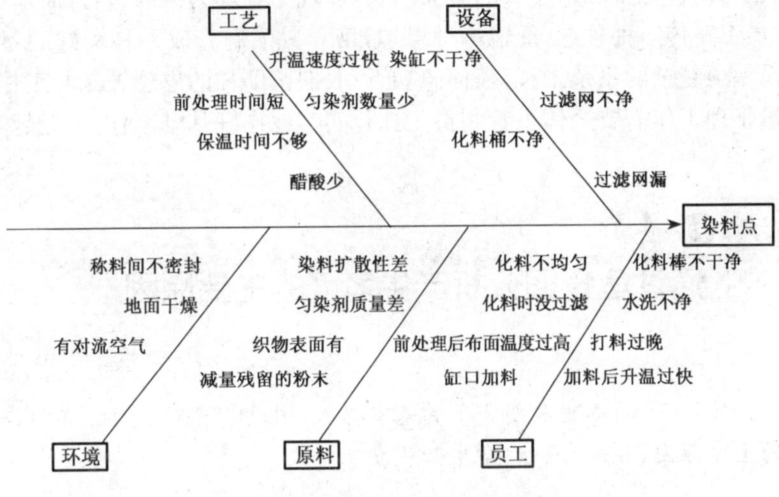

图3-8 染料点成因分析"鱼骨图"

"鱼骨图"也可叫"鱼刺图"或"因果图"，是质量管理中很常用的一种分析方法。这种图一般以某类疵点为主要的鱼骨，以可能产生的最主要的几种原因为鱼刺，来找出所有的原因。在寻找疵点产生原因的质量分析会上，与会人员一定要畅所欲言。分析原因时，所有的与会人员一律平等，不用区别对待总经理和操作工的发言。鱼头的方向并不重要，重要的是要把最后可能产生问题的原因控制在较少的范围内，以便于在以后的PDCA循环中工作有重点。在日常管理中还会用到其他的各种质量管理工具，排列图、直方图、散布图、检查表、分层法、控制图、正交设计法、回归分析法等，都是常用的质量管理工具。适合于电子产品流水线生产的6σ管理方法，不一定适合于染厂管理。纺织厂的优秀操作工可以达到万米无疵布的水平，涤纶机织物染厂每缸布的米数一般在800 m左右。1 200缸布的米数才接近

100×10^4 m，这相当于一个小型染厂一个月的产量。如果再加上各个工序有叠加出错的机会，实现西格玛目标就显得更加困难。

把 QC 小组活动与开展合理化建议活动结合起来，可以充分调动全体员工的积极性。青年工人思维活跃，精力充沛，渴望通过做出点滴成绩得到同事们的认可。因此染厂内的各级主管应该因势利导，循循善诱，引导和鼓励他们从简单的问题入手，在实践中不断学习，积累经验，积极稳妥地开展质量小组活动。保护和鼓励全体员工的创造力是主管的责任，谁调动员工积极性的能力越强，谁的部门就越有活力，作为本部门主管的工作压力就越小。

4. 全面质量管理的展开

全面质量管理俗称 TQC，任何一个企业，如果企业的主要负责人不懂全面质量管理的基本知识，或者在开展全面质量管理活动中不认真、走过场，那么这个企业的全面质量管理工作就做不好。如果以产品质量控制为核心的质量管理开展得好，开展的深入人心，那么企业就可以参考产品质量的控制过程，来加强其他一切生产经营活动的过程控制。现代意义上的全面质量管理的概念，已经涵盖了企业内部的一切活动。

开展全面质量管理可以采取先易后难的方法，循序渐进，不断提高。有了良好的群众基础以后，再探讨新的管理方式，去解决深层次的矛盾和问题就会取得比较好的效果。开展全面质量管理，也可以参考学习情境 2 的有关内容，以现场管理为突破口，开展诸如 5S 管理等活动，向全体员工宣传一种理念，灌输一种思想，培养员工们养成一种良好的习惯。开展全面质量管理是一项复杂的系统工程，任何急功近利、揠苗助长的思想方法和工作作风都要不得。全面质量管理工作需要全体主管和员工扎扎实实地作好基础工作，才能越走越远。

训练任务 3-11

>>> 通过鱼骨图分析产生堵缸的主要原因

基本要求：

根据学习任务 3-11 的描述和图 3-7 的基本格式，通过“头脑风暴法”分析高温高压溢流染色机堵缸的主要原因，要求每一位学生必须发言一次。

任务设计：

1. 指导教师向学生们提出问题，布置训练任务；
2. 指导教师进一步说明头脑风暴法的主要作用和操作要点；
3. 指导教师在课堂上耐心启发学生，极力表扬表现突出的学生。

评分标准：

1. 发言有创意、表述清晰、声音洪亮、举止得体，为优秀；
2. 发言有创意、表述清晰、声音洪亮、举止较得体，为优良；
3. 发言有创意、表述清晰、声音较洪亮、举止较得体，为良好；
4. 发言有创意、表述较清晰、声音较洪亮、举止较得体，为中等；
5. 发言较有创意、表述较清晰、声音较洪亮、举止较得体，为及格；
6. 发言无创意、表述不清晰、声音不洪亮、举止不得体，为不及格。

学习任务 3-12：统计分析与绩效考核

学习内容

1. 通过学习，让学生了解印染厂在生产组织与监督过程中确定考核依据的基本方法；
2. 通过学习，让学生了解印染厂在生产组织与监督过程中绩效考核的基本方法。

价格制定的合理性以及价格信息传递的准确性，都是染厂获取产值最大化的有效途径和手段。如何追求利润最大化，如何进行有效的内部考核，是任何一个染厂在生产经营活动中都无法回避的问题。人们常说，企业的生存与发展，三分靠技术，七分靠管理，这话是有一定道理的。统计分析是企业绩效考核中最常用的方法。运用统计分析方法，可以发现问题，寻找不足，也可以统一认识，开源节流。总之，合理运用统计分析技术，可以不断提高染厂的管理水平。

1. 统计数据的收集

统计分析是建立在大量的统计数据基础之上的，没有大量的统计数据，就无法进行有效的分析。一般情况下，要想进行有效的分析，最好有 12 个月以上的统计数据。在统计分析的初期，数据少是最大的障碍。但是，任何一种急功近利的工作方式都不利于企业基础工作的开展。实际上一年的时间很快就会过去，耐心地收集个各种数据，第二年的统计分析工作就可以更科学、更合理、更具有针对性。

充分发挥库管员、车间统计员、质量管理员、成本会计和各级主管的作用，统计数据的收集工作才可能变得更顺利。在企业内部，开展一项新的工作，自然要增加一些人的工作强度。有的人天生就喜欢接受具有挑战性的工作，喜欢在接受新工作的过程中学习新知识，在工作中寻找快乐。而有的人可能因为自身文化基础较差、或者由于来自生活以及家庭方面的原因，不太喜欢学习新的东西，或者拒绝接受自己不熟悉的工作方式。这时都需要部门主管出面对其开展耐心细致的说服教育工作。只有全体基层的统计分析人员放下思想包袱，全身心地投入到统计分析工作中来，一个企业的统计分析工作才可能有声有色地开展下去。

2. 统计数据的组成

严格意义上说，与生产经营有关的一切数据都属于统计分析需要的数据。但是在开展统计分析的初期，还是要规定收集一些相对重要的数据作为开展统计分析工作的基础数据。通常，下列数据是开展统计分析工作初期必须收集的；

① 产量：坯布入库数量、坯布库存数量、成品入库数量、成品库存数量、成品出库数量；

② 收入：主营业务销售收入、其他收入；

③ 质量：回修匹数、次品入库匹数、次品库存匹数；
④ 染化料：染料消耗数量和金额、助剂消耗数量和金额；
⑤ 机配件和辅助材料：按车间分别统计机物料和辅助材料的消耗情况；
⑥ 水电费：各部门消耗水的数量和费用以及本月电力消耗总度数和费用；
⑦ 人工费：全体员工工资；
⑧ 煤费：本月消耗的煤的数量和总金额；
⑨ 燃油费：柴油费用和金额；
⑩ 其他费用：差旅费、办公费、财务费用等其他费用。

3. 统计分析

以某染厂 2011 年 3 月份生产经营情况为例，进行统计分析，举例数据见表 3-7。

表 3-7　某染厂 2011 年 3 月份生产经营情况统计分析举例

序号	项目	数量	单价	金额	与上月相比
1	坯布入库	43 200(匹)			−1 200(匹)
2	坯布出库	44 000(匹)			+ 120(匹)
3	成品入库	3 431 000 m			-25.68×10^4 m
4	成品出库	3 423 000 m	1.68	575.06 万元	−45.32 万元
5	回修匹数	110(匹)			−10(匹)
6	次品库存	230(匹)			−12(匹)
7	染料耗用		0.26	89.14 万元	−3.32 万元
8	助剂耗用		0.21	81.86 万元	−2.65 万元
9	机配件		0.033	11.29 万元	+ 1.67 万元
10	辅助材料		0.016 5	5.65 万元	+ 0.02 万元
11	水	31 000 t	6 元/t	18.6 万元	+ 1.2 万元
12	煤	1 100 t	600 元/t	66 万元	+ 6 万元
13	电	109 万度	0.7 元/度	76.3 万元	+ 6.3 万元
14	工资			33 万元	+ 3 万元
15	燃油	2 t	4 700 元/t	9.4 万元	+ 0.47 万元
16	导热油	1 t	3 600 元/t	0.36 万元	+ 0.36 万元
17	废品收入			2.77 万元	+ 1.12 万元
18	差旅费			0.56 万元	+ 0.19 万元
19	办公用品			0.23 万元	−0.11 万元
20	招待费			0.33 万元	−1.41 万元
21	业务费			28.75 万元	+ 4.31 万元
22	银行利息			15 万元	
23	其他费用	地磅检验、锅炉验收		0.45 万元	+ 0.45 万元
24	合计费用支出		435.92 万元	毛利	140.91 万元

续 表

序号	项目	数量	单价	金额	与上月相比
25	折旧费		105 万元	税费	6 万元
26	净利润			29.91 万元	

4. 专项分析

在所有的分析项目中，在染厂生产经营中占重要地位的费用就是染料和助剂的支出，其次是电费和煤费，再次是机物料和辅助材料费用，第四就是人工费用。对这些具体项目进行详细深入的分析，就构成了专项分析的主要内容。一般情况下，在数据收集不全的情况下不要开展专项统计分析工作。由于劳动定额的制定应该具有相对的稳定，所以以计件工资为基础的劳动定额不许轻易的更改和变动。因为这不仅关系到员工队伍稳定的大局，还关系到一个染厂的声誉。所以，人工费用的专项分析在一般情况下不需要频繁地进行。表 3-8 是以染化料耗用为中心内容进行的专项分析。

表 3-8　某染厂两年以来染化料耗用情况分析

时间	收入(万元)	染化料消耗(万元)	染化料消耗总收入的比例	变化
2005 年 1 月	351	98.2	27.97%	−1.29%
2006 年 1 月	455	121.4	26.68%	
2005 年 2 月	357	99.6	27.91%	−1.26%
2006 年 2 月	468	124.7	26.65%	
2005 年 3 月	359	95.4	26.56%	−1.22%
2006 年 3 月	471	119.4	25.34%	
2005 年 4 月	364	91.8	25.21%	−1.19%
2006 年 4 月	485	116.5	24.02%	
2005 年 5 月	366	85.5	23.36%	−1.17%
2006 年 5 月	487	112.9	23.19%	
2005 年 6 月	371	85.9	23.17%	−1.14%
2006 年 6 月	496	109.3	22.03%	
2005 年 7 月	375	81.9	21.85%	−1.09%
2006 年 7 月	508	105.5	20.76%	
2005 年 8 月	387	89.7	23.19%	−1.02%
2006 年 8 月	517	114.6	22.17%	
2005 年 9 月	411	96.1	23.36%	−0.97%
2006 年 9 月	521	116.7	22.39%	
2005 年 10 月	437	106.9	24.46%	−0.91%
2006 年 10 月	536	126.2	23.55%	

续 表

时间	收入（万元）	染化料消耗（万元）	染化料消耗总收入的比例	变化
2005年11月	441	108.2	24.53%	−0.86%
2006年11月	531	125.7	23.67%	
2005年12月	447	116.2	25.99%	0.82%
2006年12月	533	134.2	25.17%	

从表3-8可以看出，两年以来该染厂的技术进步是非常明显的。染厂的染化料消耗量随季节不同有着非常明显的变化，春季和夏季的消耗量明显下降，秋季和冬季的消耗量明显上升。当染化料成本超过销售总收入的30%时，说明染厂的生产效率已经处在非常低下的情况之下。如果以班次为单位对染色车间的机物料消耗情况进行专项统计分析，那么在本月中哪个班次做的白班越多，哪个班次的机物料消耗就越大。因为设备的维修大部分发生在白班，设备维修的越多，该班次生产效率受到的影响就越大。所以，专项统计分析时得出的结论并不是每一次都是正确的。统计分析人员一定要透过现象看本质。

关于质量问题的专项统计，每一个染厂都在努力地进行着。进行质量专项统计分析的目的，不仅仅是为了提高质量，更主要的是为了质量指标的考核。

5. 目标管理与绩效考核

染厂的生产经营活动都是有目标的和方向的，没有生产经营目标的染厂会逐渐淡出主流市场的竞争，最后被市场边缘化，直至最后的破产。企业的所有者和经营者，根据企业的质量管理水平、设备管理水平、全员综合素质和目标市场的基本要求，为企业制定生产经营目标，并带领全体员工为实现目标努力工作、大胆实践、不断探索的过程，就是目标管理的过程。制定切实可行的经营目标和质量目标，是目标管理的基础。

(1) 经营指标

企业的经营指标主要包括企业的产值和利润。根据现阶段企业内部资源的配置情况和近两三年企业的发展以及周边市场的发展情况，制定一系列的经过努力可以实现的产值指标和利润指标，可以激励全体员工的工作热情和创造力。万元固定资产产值率、员工平均产值率、设备运行正常率、万元产值耗能率、百万元产值工伤事故率等指标，都可以作为衡量企业内功的指标。选择什么样的考核指标，完全取决于企业自己。

在没有增加任何资源的情况下企业每年的生产产值递增4%，利润递增2%，就是一个很了不起的成绩。这需要全体员工的共同努力才能实现。不断通过培训提高全员的技能，是提高生产效率的主要方法。能耗的连续下降是提高利润的主要途径。生产效率的提高引起产值的不断提高，最终使得固定成本小幅度的连续下降，带来了利润的小幅攀升。

经营目标的实现依靠目标的细化和分层。分配到车间和班组乃至操作岗位的质量指标、消耗指标、产量指标是保证企业经营目标实现的根本。实现细化分层的各种指标，同时需要与之配套的激励机制。

(2) 产质耗指标

确定科学合理的产质耗指标，需要两年以上的统计分析数据。在制定指标以后，要大张旗鼓地向全体员工宣传，要让全体员工都知道自己肩负的使命。产量指标能否完成不仅与整个行业的大环境有关，还与本企业的经营理念有关。业务部门与生产技术部门齐心协力，管理人员和一线员工同心同德，才能完成各种考核指标。产量指标是三个指标中最容易完成的一个指标，质量指标和消耗指标牵扯到全员的切身利益，任何人都马虎不得。表 3-9 给出了某染厂 2007 年的产值耗指标。

表 3-9　某染厂 2007 年产值耗考核指标

序号	项目	2006 年实际指标	2007 年目标	变化
1	产量	$3\,600\times10^4$ m	$3\,744\times10^4$ m	+4%
2	煤耗	0.2 元/m	0.196 元/m	−2%
3	电耗	0.196 元/m	0.196 元/m	−2%
4	油耗	0.031 元/m	0.03 元/m	−1%
5	染化料	0.446 4 元/m	0.441 9 元/m	−1%
6	机物料	0.056 5 元/m	0.056 2 元/m	−0.5%
7	工资	0.1 元/m	0.11 元/m	+1%
8	水费	0.046 元/m	0.045 5 元/m	−1%
9	次品入库数量	120 匹	108 匹	−1%
10	次品回修匹数	3 500 匹	3 465 匹	−1%

(3) 考核

产量、质量和消耗指标的考核由总经理助理负责，考核的对象是全体值班长以上的管理人员。经营指标的考核由副总经理负责，考核的对象是业务部和采供部主管。产量、质量和消耗指标的考核每个月进行一次，每个季度总结一次，每半年奖罚一次。经营指标的考核每个季度进行一次，每半年总结一次，年底奖罚一次。完成指标的组长、值班长、主任助理和车间主任按照绩效考核规程兑现奖金，没有完成指标的部门主管，按照绩效考核基本要求扣发部分奖金。有时一些突发的因素严重影响某些指标的完成，有时，目标分解以后具体承担目标的直接责任人不能进行有效的考核。这时应及时调整考核办法和考核对象。

在劳动密集型的染厂，虽然开展绩效考核与坚持“以人为本”的科学发展观在某些层面上有些背道而驰，但是在全面建设小康社会的社会主义初级阶段，还不能完全抛弃相对原始的“泰勒”制管理方式。在染厂内部的日常生产管理过程中，要求全体员工严格遵守各项规章制度，认真操作，还是有必要的。这与在全体员工中积极开展合理化建议、小改小革、质量管理活动等并不矛盾。

训练任务 3-12

>>> 根据已知数据确定印染企业绩效考核指标

根据表 3-10 中的相关数据，制定某印染厂 2012 年的考核指标，要求说明确定考核指标的主要依据，表述清晰、层次分明、书写工整、内容完整。

表 3-10　某印染厂近三年的生产经营数据表

序号	项目	2009 年	2010 年	2011 年	2012 年
1	产量	$3\,600\times10^4$ 米	$3\,750\times10^4$ 米	$3\,900\times10^4$ 米	
2	煤耗	0.2 元/m	0.196 元/m	0.18 元/m	
3	电耗	0.196 元/m	0.196 元/m	0.19 元/m	
4	油耗	0.031 元/m	0.03 元/m	0.027 元/m	
5	染化料	0.446 4 元/m	0.441 9 元/m	0.412 1 元/m	
6	机物料	0.056 5 元/m	0.056 2 元/m	0.051 2 元/m	
7	工资	0.1 元/m	0.11 元/m	0.12 元/m	
8	水费	0.046 元/m	0.049 元/m	0.055 元/m	
9	次品入库数量	120 000 m	108 000 m	98 000 m	
10	次品回修米数	350 000 m	340 000 m	310 000 m	

知识拓展 3-1 涤纶机织物染整加工的节能减排

我国涤纶纤维产量连续多年全球第一，涤纶织物染整加工在国内印染行业中所占比例也持续增长。因此，继续研究涤纶织物染整加工的节能减排，对于促进低碳经济发展具有重要意义。涤纶机织物多以间歇式加工为主，频繁的水洗和升温、保温、降温、需要大量的水、电、煤。因此，本文将围绕节水、节电和节煤三个方面展开讨论。

1. 产品分类与加工流程分析

不同的涤纶机织物加工流程虽有区别，但主要工序大同小异。常规涤纶机织物分类及特点见表 1。由于产品特点不同，涤纶机织物前处理、染色、后处理和后整理工序的工艺设备和工艺条件往往区别较大。表 3-11 中各种产品在加工中的基本流程可概括为：

备布→前处理(减量或预缩)→染色→后处理→(整理)→定形→检验→包装

表 3-11　涤纶织物分类及加工特点

序号	织物名称	加工特点
1	涤丝纺	前处理需退浆，卷染浴比低
2	普通涤纶机织物	间歇式染色居多，可快速染色
3	强捻涤纶机织物	需碱减量加工，应加强水洗
4	仿麂皮绒织物	需开纤和磨毛，应加强染前水洗
5	复合丝涤纶机织物	染色保温时间偏长，降温速度较慢
6	涤/棉混纺机织物	常用一浴法染色，棉纤维牢度偏低
7	CVC 混纺织物	常采用退煮漂一浴法前处理加工，染色可参照涤棉机织物
8	T/R 仿毛机织物	通常用活性染料套色，工艺时间较长
9	涤纶弹力织物	通常需平幅精练和预缩

2. 工艺设计

工艺设计是否合理，对产品的加工效率影响非常明显。湿热状态下的前处理和染色加工，自然应成为控制节能减排效果的重点工序。在工艺设计中坚持节能、降低污水处理压力，具有可操作性。

(1) 前处理

如果把涤纶机织物染色之前的加工过程统归于前处理加工，那么减量、开纤、平幅精练和预缩加工与常规的产品精练都属于前处理。涤纶普通机织物的前处理加工以精练为主，工艺相对简单。在精练剂和碱剂作用下于 80℃保温 20 min 即可实现去杂目的。强捻织物的碱减量是实现涤纶仿真丝加工的主要手段。通过热碱条件下的涤纶表面水解，降低了涤纶纤维刚性，改善了织物手感。弹力织物的平幅精练和预缩，都是在相对缓和的湿热条件下通过张力控制，实现涤纶织物经纬纱线的均匀收缩，保持织物的表面平整。而轻薄型的涤塔夫产品，染色前需去除织物表面的化学浆料。提高水洗效率是上述产品在前处理加工中实现节水的主要手段。

(2) 染色

染色是纺织品染整加工最重要的工序，涤纶产品的规格不同，染色工艺要求也会相去甚远。相对而言，涤纶织物染色加工的温度远高于前处理工艺温度。在染色阶段合理设计升温速度和保温时间，合理选择染料助剂，是提高生产效率的主要方面。减少工艺时间，不仅可以明显地降低耗煤量，还可以降低耗电量。如果在染色的降温阶段能循环使用冷却水，则可进一步降低耗水量。中温和低温型分散染料相对分子量较小，染料的移染性和匀染性较好，因此，适当降低染色工艺温度和保温时间、适当提高升温速度，可以节约工艺时间，降低电耗与煤耗。通过小试比较染色温度对染色配方中各种染料上染率和小样色光及深度的影响，可以确定最佳的染色温度。以分散红 3B、分散黄 E-4R 和分散蓝 2BLN 为代表的低温型三原色，在涤纶机织物产品染色中使用较多。当染色配方中染料用量较低时，通过较快的升温速度达到 120～125℃的染色温度，是节煤的主要手段。所以，前处理阶段的控制重点应放在节水方面，染色阶段的控制重点应该方法在节煤方面。当实现节水和节煤目标以后，节电目标也会实现。

(3) 新型助剂应用

涤纶织物的后处理，一般的操作步骤是降温后放掉残液再上清水升温至 80℃，加入纯碱和保险粉完成还原清洗。这种传统的还原清洗方法具有较多缺点。而杭州美高华颐化工有限公司开发的酸性还原清洗剂 M-270 则是适用于含涤织物后处理的新型还原清洗剂。

① 产品特点。在酸性浴中还原能力强，可充分洗除未固着的分散染料；染色降温排压后，可将该助剂打入染缸内，无需更换新鲜处理液；与常规后处理相比，具有省时、省水、节能等特点，符合节能减排要求；空气中状态稳定，不会发生遇水自燃的现象；使用中不释放甲醛，易于生物降解。

② 用量及工艺。分散染料染色后染液的 pH 值通常为 4～6，可供参考的工艺为：

中浅色：0.5～1 g/L；深色：1～2 g/L；温度：80℃；时间：15～30 min。

染色织物颜色深浅通常参考染色时染料相对于织物百分比质量总和的高低来判定。一般情况下，染料总量相对于织物质量不超过 1%时，织物的颜色为浅色；高于 1%却低于 2%

的，为中色；超过 2%以上的，为深色。日常生活中人们常见的特黑、藏青、咖啡、紫红、墨绿等颜色，在染色加工时，其加入染料的总和都远远超过了相对织物质量的 2%，因此，按染色时加入染料总量的多少来判定颜色深浅，这种划分方法与传统的划分方法意义相同。

③ 工艺时间比较。分散染料传统的浅色织物染色工艺曲线见图 3-9。

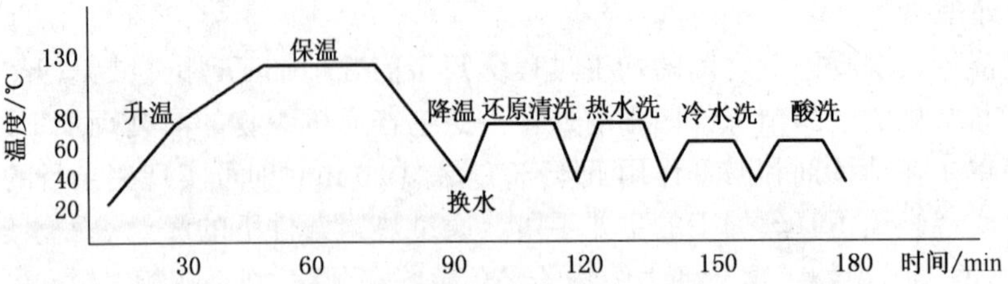

图 3-9　常规分散染料的涤纶浅色织物染色工艺曲线

用酸性还原清洗剂 M-270 进行后处理的工艺曲线见图 3-10。

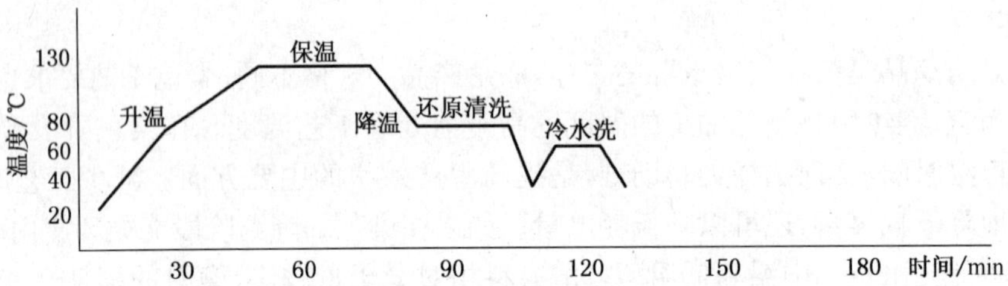

图 3-10　采用酸性还原清洗剂 M-270 进行后处理加工的工艺曲线

通过比较图 3-9 和 3-10 不难发现，使用酸性还原清洗剂 M-270 进行后处理，不仅省水，省时，还能节约染化药剂。以浅色为例，每染色一缸织物可节省工艺时间 40 min。传统工艺每缸布染色需要 3 h，每天每只染缸可染 8 缸布。使用酸性还原清洗剂 M-270 进行后处理，每天可节约时间 320 min。以每缸织物 800 m 计算，320 min 可增产染色部布 1 200 m 以上，折合产值 1 800 元。以 10 只染缸的小型染厂计算，每月可增加产值 50 万元以上。

④ 成本比对。分散染料染浅色时，酸性还原清洗剂 M-270 与传统还原清洗成本比对见表 3-12。

表 3-12　不同的还原清洗方法成本比对

相关指标	传统工艺	酸性还原清洗剂 M-270
单价	保险粉：8.5 元/kg；纯碱：1.2 元/kg	M-270：22 元/kg
以每缸 300 kg 织物计，浴比 1∶10	保险粉：1%(o. w. f.)；纯碱：0.75%(o. w. f.)	0.75 g/L
每缸药剂成本(元)	300×(8.5×1%+1.2×0.75%)=28.2	49.5
水洗	染色后换水一次，外加一次热水洗，用水量增加 6 t，以每吨自来水外加排污处理费 6 元计，增加成本 36 元	—
其他纤维损伤程度	人造长丝等纤维易损伤	—

续 表

相关指标	传统工艺	酸性还原清洗剂 M-270
色光变化	织物颜色易变化	—
能源	需要热水洗升温一次，3 t 水升高 50℃，增加成本 10 元；多运行 40 min，增加电力成本 5.5 元。合计增加能源成本 15 元	—
综合成本	79.7 元	49.5 元
结论	涤纶机织物浅色产品染色时使用酸性还原清洗剂 M-270，每缸可降低成本 30 元	

由于减少 1 次水洗，所以可节约用水 3 t 以上，每缸织物染色后还可节省工艺时间 30 min 以上。若按照每只染缸每天加工 8 缸布计算，则每天可节约工艺时间 2 h 以上，每两天可多染 1 缸。若每缸以 800 m 计，每米织物染费以 2 元计，则每月可增加产值 2.4 万元。如果每只染缸每天可节约 2 h，则每月可节约 60 h。每只染缸以 30 kW 计，每度电以 0.8 元计，若按以往加工效率计算，则每月可节约用电 60 度，即节约 48 元。

4. 设备选择

平幅卷染机与气流染色机是目前加工浴比最低的两种常见设备，选用此类设备，有助于实现节水、节能目标。高温平幅卷染机不仅可加工涤丝纺、春亚纺等轻薄类涤纶机织物，还可完成中厚型涤纶弹力织物的平幅精练。而气流染色机的大量使用，则是诸多印染企业逐渐重视纺织品染整加工节能减排的必然结果。间歇式减量机是涤纶强捻机织物仿真丝加工的首选设备。容量较大、运行平稳、操作方便、可循环使用工作液，是该设备的最大特点。连续减量机的平幅水洗部分是涤纶机织物染整加工常见设备中水洗效率最高的设备。为提高水洗效率，减少减量后涤纶粉末在织物表面的继续黏附，在六棱导布辊作用下的连续平幅水洗是最有效的方法之一。因此，合理选择设备、最大限度地挖掘各种设备的潜能，最大限度地发挥各种设备联合使用的功效，是实现涤纶机织物染整加工节能减排的重要手段。

5. 中水回用与废水处理

在降温过程中循环使用冷却水，是节约用水的主要方法。在厂房设计阶段把中水回用系统设定为促进企业持续发展的重要动力，有助于企业战略目标的实现。冷却水即可使用自来水，也可使用地下水，还可以使用其他的地表水。北方企业使用自来水的居多，南方企业使用地表水的居多。加工深色产品时，可使用染厂自备水源。南方水系发达，通过江河直接取水，再经过沉砂处理或其他方式的过滤处理，这样的水可用于常规涤纶机织物的深色产品染色加工。目前国产的染色专用水处理系统和染色污水回用装备已经能够满足生产需要。一次投入、多次产出，是此类设备最大的特点。保护环境、污水达标排放，提高生产效率、降低电耗煤耗，循环使用各种水资源，是实现低碳经济的主要方法。

6. 目标管理

通过培训不断提高操作工的基本技能，加强工艺管理和检查，通过质量管理体系的日常维护进一步保证现场管理的强度，通过质量管理体系内审、外审和管理评审不断发现问题并配置相关资源，一线员工的操作水平和工作质量水平自然会不断提高。由此产生的经济效益则会是企业最大的财富。每一位企业员工只有从内心深处不断追求完美，企业管理的精髓才可能积淀成企业文化。

通过统计分析，连续跟踪企业内部各主要生产部门的水耗、电耗、煤耗和其他生产辅助材料的消耗指标，就可以制定出生产部门相对合理的绩效考核目标。把产量、质量和消耗指标量化到车间、工段和班组，让全员参与绩效考核，目标管理的效果才能充分显现出来。通过开展“五小”活动和QC活动，能最大限度地调动全体员工的积极性。最大限度地保护一线员工的首创精神，企业的经济效益才可能最大化。生产技术管理部门，随时保持与锅炉房、高配房、水处理车间的密切联系，可以明显提高生产效率，降低各种消耗指标。企业的主要管理者在加强对生产部门考核的同时，必须不断合理地强化企业内部其他职能部门的日常考核。通过建立各种合理的规章制度，规范企业日常的生产经营活动。

知识拓展 3-2 质量管理的常用工具

1. 头脑风暴

在寻找疵点产生原因的质量分析会上，通常采用头脑风暴法。通过脑力激荡，让与会人员畅所欲言，才可能找到产生疵点的全部原因。分析原因时全体与会人员一律平等，不用区别对待总经理和操作工的发言。鱼头的方向不重要，重要的是要把最后可能产生问题的原因控制在较少的范围内，便于后续工作有重点。

2. 排列图

(1) 简介

质量问题以质量损失的形式表现出来，大多数损失由几种不合格引起，这几种不合格又由少数原因引起，一旦明确“关键的少数”，即可消除原因。排列图是为了对发生频次从高到低的项目进行排列而采取的简单图示技术，可以用最少的努力获取最佳的改进效果。

(2) 制作步骤

确定所要调查的问题及数据收集方法；设计数据记录表，按数量从大到小的顺序，将数据填入数据表，不考虑其他项目的大小，画两根纵轴和一根横轴，左纵轴标数量，最大刻度为总数，右纵轴标百分比，最大为100%，两纵轴的最大高度相等，在横轴上按频次大小画出矩形，其高度代表频数大小，在每个直方柱右侧上方标明累计值，描点后用实线连接。

(3) 示例

排列图示例见图3-13。

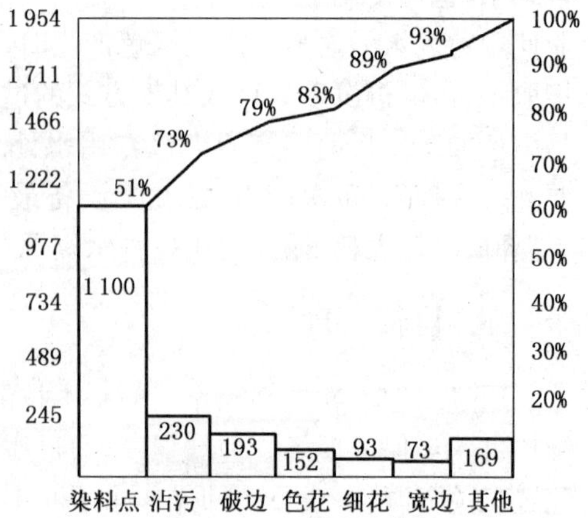

图3-13 排列图示意图

3. 直方图

(1) 简介

直方图法是从总体中随机抽取样本，将样本数据整理后用一系列等宽矩形表示数据。矩形宽度表示数据范围间隔，高度表示在给定间隔内数据的数目，变化的高度表示数据的分布情况。通过对数据分布形态和公差的相对位置的研究，可以掌握过程的波动情况。

(2) 制作步骤

收集数据，数据个数在 50 个以上，不得少于 30 个；求极差 $R=$（原始数据中的最大值与最小值的差）；确定分组组数和组距（抽样数 50～100 分 6～10 组）；确定各组界限；制作频数分布表；画直方图。

(3) 示例

制作直方图所需数据见表 3-14。

表 3-14　全涤强捻机织物减量率频数分布情况

组号	组界	组中心值	频数
1	6%～8%	7	1
2	8%～10%	9	3
3	10%～12%	11	5
4	12%～14%	13	11
5	14%～16%	15	20
6	16%～18%	17	13
7	18%～20%	19	5
8	20%～22%	21	3
9	22%～24%	23	1

根据表 3-13 中的数据画出的直方图如图 3-14 所示。

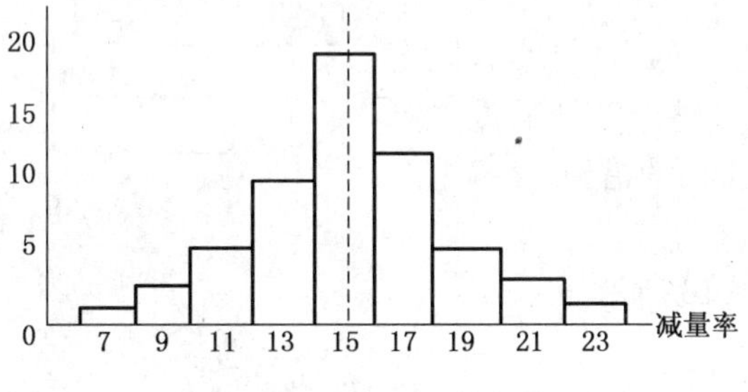

图 3-14　减量率分布直方图

4. 树状图

(1) 简介

树图能将事物或现象分解成树枝状，包括要实现的目的与需要采取的措施或手段，系统展开并绘制成图，以明确问题的重点，寻找最佳手段措施。在计划与决策过程中，为达到某种目的，需要选择和考虑某种手段；而为了采取这一手段，又需要考虑它的下一级的相应手段。层层深入下去，会形成树状图。

(2) 主要用途

新产品研发过程中设计质量的展开；制定质量保证计划，对质量活动进行展开；目标、方针、实施事项的展开；明确部门职能、管理职能；展开企业对解决有关质量、成本、交货期等问题的创意。

(3) 绘图步骤

确定具体目的或目标；提出手段和措施；对措施和手段进行评价；形成目标手段的树状展开图；确认目标能否充分实现；制定实施计划。

(4) 示例

树状图也叫树图，其基本状态见图 3-15。

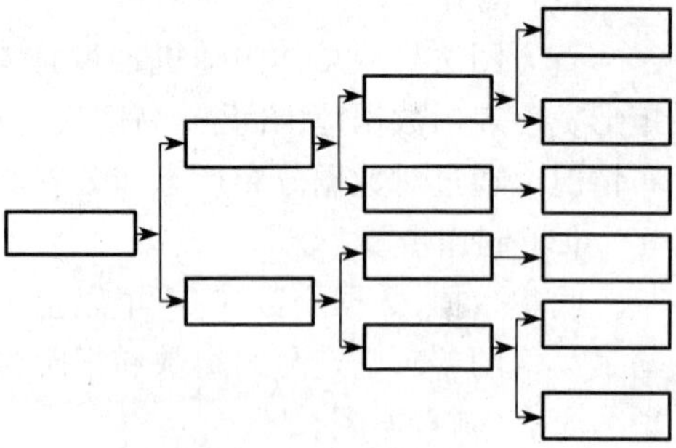

图 3-15　树状图示意图

5. 过程决策图

(1) 简介

为了完成某个任务或达到某个目标，在制定行动计划或进行方案设计时，预测可能出现的故障和结果，并相应地提出多种应变计划的一种方法。这样在计划执行过程中遇到不利情况时，仍能按第二、第三或其他方案进行，以便达到预期的计划目标。在这个过程中经常使用的表格叫过程决策程序图，简称 PDPC 法。

(2) PDPC 法的特征

从全局、整体掌握系统状态；可按时间先后顺序掌握系统进展情况；可密切注意系统进程动向；当出现突发情况时可不断补充、修订计划措施。

(3) 基本用途

制定方针目标管理中的实施计划；制定科研项目的实施计划；对整个系统的重大事故进行预测；制定控制工序的措施。

(4) 示例

过程决策图如图 3-16 所示。

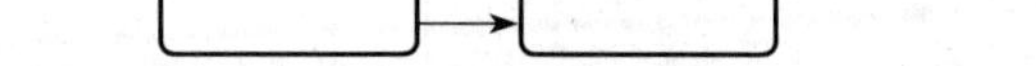

图 3-16　过程决策图

6. 网络图

(1) 简介

把推进计划所必须的各项工作按其时间顺序和从属关系用网络形式表示，这样的图表被称作网络图或矢线图。一项任务可分解为许多作业。这些作业在生产工艺和生产组织上相互依赖、相互制约。网络图可以把各项作业之间的这种依赖和制约关系清晰地表示出来。通过网络图能找出影响工程进度的关键因素。

(2) 网络图示例

网络图如图 3-17 所示。

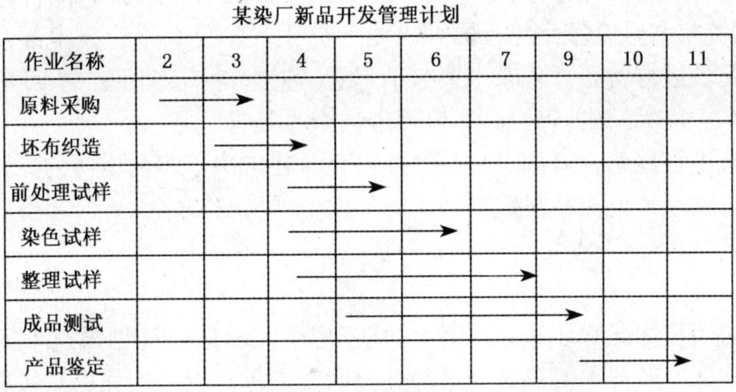

图 3-17　网络图

知识拓展 3-3 印染厂的质量策划

一般情况下，涤纶机织物染厂产品生产是以满足顾客要求为中心、以产品控制为纽带、反复地运用 PDCA 循环的方法和统计技术、不断计划和实施计划的过程。该过程可以用图 3-18 表示。

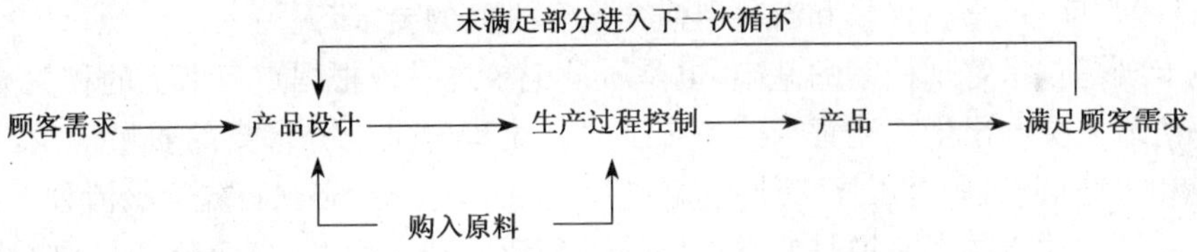

图 3-18　染厂生产过程示例

把顾客对产品的要求转化为生产工艺，这样的过程就是产品的质量策划。产品质量策划是生产过程的开始，质量策划的水平，不仅关系到染厂质量管理体系的实施、维护和持续改进，还关系到染厂的生存与发展。按照产品加工工序进行质量策划，是染厂质量策划的常见方式。

1. 入库与备缸

顾客坯布入库时一般以匹数为计量单位。如果顾客要求染厂协助其计算某一品种的经向缩率，在某缸布备布阶段，操作工就必须把此缸布的总米数登记在流程卡上。待该缸布检验包装完成以后，通过成品米数和坯布米数就可以计算出该品种的经向缩率。

每个顾客的坯布必须有专门的标识。绣字就是确立标识的有效途径。备缸阶段在每匹布端距布头 1 m 处的边部绣上不同的字，以示区别，这个过程就是绣字。标识要简洁、清楚，不宜过大。顾客的标识要相对稳定，不宜频繁更换。一个顾客的不同品种可用不同的标识加以区分。顾客库存坯布的堆放处也应有必要的标识，便于查找和仓库管理。

入库单是坯布入库的凭据，其主要内容包括顾客姓名、入库时间、品种与匹数、批号、绣字内容、业务员签字和顾客签字等。顾客或业务员凭入库单到生产技术部点色。备布工序按生产流程卡要求进行备布。备布主要包括退卷、称重、缝头、绣字。绣字时不但要绣标识，还要绣卡号。在一段时间内，每一缸布流程卡的卡号是唯一的。

是否对坯布进行烧毛，不仅取决于顾客的要求，还取决于织物本身的原料组成。生产技术主管的建议对顾客来说往往很重要。

2. 点色

根据产品的销售情况和坯布库存情况，顾客把个人的染色计划通过本人或业务员以书面的形式转告染厂生产技术部值班人员的过程叫做点色。点色的凭据是坯布入库单。由于数量较多或其他原因，某一批号的坯布一次没有完全点色完毕，值班人员有义务帮助顾客妥善保管入库单。

点色可在点色卡上完成。点色卡主要包括坯布批号、绣字、缸数、每缸匹数、颜色名称、颜色小样、减量要求和整理的基本要求。减量要求主要包括减量的轻重、减量手感标样和减量方式。减量方式主要指顾客喜欢的减量设备，包括练池减量、减量机减量、染缸减量和连续减量机减量。整理的基本要求包括定形基本要求、柔软基本要求、罐蒸基本要求、轧光基本要求和其他要求。

定形基本要求主要包括门幅、成品克重（成品密度或成品厚度）、缩率要求、挂码方式和手感等。柔软要求主要包括柔软方式（浸渍或浸轧）、滑爽或蓬松、布面扒丝程度。其他要求主要包括其他特殊整理，如防水、阻燃、易去污、芳香、抗静电等；其他质量要求主要包括湿摩擦牢度、日晒牢度、重金属含量和游离甲醛含量等方面的要求等。

点色卡既是技术管理档案的基础，也是质量记录之一。根据点色卡上的相关数据，由生产技术部值班人员开出生产流程卡给备布工序。流程卡是十分重要的质量记录，承载着大量的质量和工艺信息，所有工序必须妥善保管。工序交接时，必须首先交接流程卡。

新产品开发对于顾客来说是非常重要的。全新品种点色时，点色值班员要特别问清楚该产品的经纬纱原料组成、捻度、有没有氨纶或其他特种纤维。必要时可以要求顾客提供减量手感样品或成品手感样品。顾客如有其他特殊要求，必须在点色卡中写清楚。必要时，新产品点色可由生产技术主管亲自完成。

3. 打样

常规产品打样用坯布，可由业务员协助剪取。打样前需进行必要的洗涤，以去除织物表面的油剂和污迹。强捻织物打样用坯布，可在预定形后由生产技术部剪取并注明记号，送至减量班长处。在减量机带样箱内完成减量后由减量班长安排送至生产技术部，洗涤后作打样用布。弹力织物和仿毛类打样用布可在预定后取得。

打样时小样是否准确，是保证大缸颜色准确的基础，也是染色工艺设计的前提。小样与大样的品种、风格、薄厚、组织结构和材质不同时，大样很难打准。此时打样人员与业务员或顾客及时沟通显得十分重要。例如，通过“潘冬”色卡颜色标号的纸板样与布样对色，无论在什么光源下进行，纸板样总显得发白。

小样打样完成后，经小轧车轧水后，统一在接近定形温度的烘箱内烘干，烘干时间的长短以布面是否干燥为准。用全棉毛巾拧干色样，会使色样不平整。用高温熨斗烫干色样，会在织物表面留下极光印。考虑到分散染料的升华现象，烘箱内温度相对稳定，且烘干条件比熨斗烫干色样更接近织物成品定形条件，所以烘箱烘样小样与大样的色差更小。若顾客来样与打出色样的织物结构相同，在工艺单上贴色样时，注意原样与色样的正反面和组织纹路应一致。为了加强颜色控制，定形班长协助生产技术部剪取顾客成品定形后颜色色卡。

4. 染色

染色按工艺单要求执行。染色工艺单主要包括以下内容：前处理工艺要求、染色配方、染色温度、升降温速度、保温时间、使用的助剂和后处理要求。混纺织物一浴法、一浴两步法或两浴法染色，必须在工艺中说明。先染什么，后染什么，助剂如何使用或何时加入，也必须有详尽的说明。工艺单一式两份，一份存档，一份交染色班长。

常规工艺由生产技术部值班长签字确认后下发，新产品试验工艺由生产技术主管签字后下发。新品试验大多在匹染缸中由专人负责进行。顾客可以接受新品试验失败，但很难接受新品试样丢失。所以，匹染试验新品的管理也应由专人负责。

为了简化染色工艺单，可以把常用染色工艺编号。把不同的升降温速度、不同的染色温度和保温时间编成固定的染色工艺号。这样既便于填写染色工艺单，有利于工艺保密，还简化了生产技术部门与染色集中程控室的交接手续。目前很多染厂为了加强生产过程控制，把染色阶段的工艺控制过程交由电脑控制完成。如果把固定的前处理和后处理工艺也编号，由电脑控制，那么染色操作工就仅仅负责进出布、水洗和化料进料了。过分地追求自动控制比例而忽视了充分发挥操作工的主观能动性，有时会陷入管理的误区，带来适得其反的效果。

5. 转序

不同工序之间的产品交接和信息交接都属于转序。比较明显的转序发生在染色结束以后、定形整理之前。习惯上人们把染色叫做前道工序，把定形叫做后道工序。把脱水工序看作是前道的最后一道工序，把开幅看作是后道的第一道工序。前后道生产能力的合理搭配，可明显提高染厂生产效率。

脱水时脱水工需妥善保存流程卡。保证流程卡不被水浸湿是妥善保存流程卡的前提。预缩布脱水时可不必撕开每个布头。若采用自动开幅设备开幅，染色布的每个头子不必撕开。若采用手工开幅，脱水时每个头子撕开，可以提高手工开幅的效率。有些特殊品种不适合自动开幅。染色布自动开幅后必须撕开头子。由设在定形前的缝头工重新缝头。此时缝头宜采用三线包边机。缝头前每一个头子必须采用撕头的方法确保头子平齐。只有每一个接头全部平齐，才能够保证定形时充分发挥光电整纬器的作用，最大限度地减少成品纬斜。

查清匹数，检验布匹上绣字是否与流程卡相符，不仅是脱水工的职责，也是开幅工的职责。特殊品种的减量布减量以后若经过脱水工序，可以考虑撕开每一匹头子以减少染色时断头的机会。常规产品减量后可直接进染缸，经水洗后可染色，不必再经脱水撕头和缝头。

新品试样的转序过程应由生产技术部派专人负责监控。

转序是否畅通是个工序充分发挥作用的前提。场地相对开阔，安全通道不被占用，加强现场管理和定置管理，是保证转序畅通的基础。

6. 整理

成品定形是最简单的整理。门幅、克重和手感是最主要的技术指标。门幅是一个相对比较容易控制的指标。有些服装厂在对产品克重提出要求时，习惯于用织物的厚度来表示。通过控制产品的纬密，可以较好地控制产品的克重。实际上门幅和克重的控制是相互联系的。手感的控制不仅与整理剂的浓度有关，还与门幅和缩率关系密切。如顾客在产品定形时要求经向缩率最小且织物手感最好，那么无法通过工艺控制来实现这样的要求。

根据纤维性质确定定形温度，根据产品定形效果（门幅、克重、平整程度）确定定形车速，根据顾客要求和平整程度确定定形门幅。最后根据顾客要求、布面拔丝效果和手感封样，确定产品定形时所需要的张力、超喂、整理剂浓度、轧车压力、热风循环方式等其他辅助工艺参数。

常规的手感整理一般通过浸轧柔软剂来实现。根据以往的经验和现场布面拔丝情况，逐渐增加柔软剂的浓度，可以把治污的手感调整到最佳。减量织物预定形缩率和成品缩率的大小，是决定成品是否有明显回弹性的关键。一味降低经向缩率，只能无限制地破坏涤纶机织物成品的蓬松性和回弹性。特殊整理时整理方式和整理配方的确定需要通过实验来完成。

7. 检验

成品质量的检验，不仅是染厂内部质量管理的基础工作，也是为顾客全面检验坯布质量的有效手段。在检验过程中，无论参照什么标准，顾客标准才是唯一的标准。染厂有义务为顾客提供必要的咨询，以满足其特殊的内在质量指标检验。如果染厂内没有设立质量检验的管理部门，那么生产技术部应该有专人负责收集整理和分析每天的质量报表。专门对全厂质量状况进行统计分析的人应该直接对总经理负责。质量周报和质量月报是统计分析的基础数据。至少每月一次的统计分析报告应该成为月生产例会中讨论加强和改进质量控制手段的主要依据。积累两年以上的统计分析数据可以成为各车间日常考核的主要依据。相对稳定的考核指标可成为各部门的质量目标。各部门质量目标要确保染厂质量目标的实现。

考核的内容可以包括产量、质量、消耗、安全等诸多方面。染料、助剂、煤、电、燃油、导热油、机配件、包装材料、办公用品和其他方面的消耗，构成了染厂日常消耗的主要方面。不同季节染料的消耗会有所波动。

如果在统计分析中加入财务分析数据，那么这样的统计分析报告将日臻完善。成本核算会计和质量分析工程师岗位，是实现染厂管理不断升级的关键岗位。财务分析报告和统计分析报告中多次提到而且暂时无法解决的问题，可以提交管理评审会议讨论。每年至少召开一次管理评审会议，管理评审的主要作用就是配置质量管理体系所需资源，保证质量管理体系有效运行和持续改进。企业根据发展的需要和目前的能力，有计划地配置质量控制过程所必需的资源，是企业生存的基础。管理评审积累的问题越多，企业的发展越被动。

以技术管理为基础，以过程控制为重点，展开染厂内部管理工作，往往见效很快。在为顾客提高服务的同时，牢记以产品质量为中心的服务才是顾客最需要的服务。

8. 出库

颜色的深浅、染料助剂成本的高低和加工工艺的长短是构成加工成本的主要方面，是成品出库时确定加工费价格的确定主要依据。一般情况下，浅色、中色、深色、特黑和特殊颜色，是染厂划分染色价格的常用档次。特殊颜色的价格核算需要生产技术主管亲自核定。有的染厂把常用的某种染料在染色配方中的用量是否超过织物质量 1%作为区别颜色档次的依据。低于 1%的就是浅色。高于 2%的就是深色，高于 3%的就算特黑，高于 4%的就算特殊颜色。随着织物坯布克重的不同，结合颜色的深浅最终确定染费价格。

如何有特殊加工，比如机缸轻减量、减量机两次减量、柔软整理、防水整理、树枝整理、轧光或罐蒸等等，都需要在原有染费的基础上增加价格。流程卡上的工艺记录是确定产品辅助加工过程的主要依据。妥善保管流程卡，对于准确确定产品价格具有重要意义。当流程卡遗失或因其他原因无法准确确定产品价格时，生产技术部值班员应该协助成品仓库管理员查明该产品的加工工艺过程。

无论是通过质量体系认证的染厂，还是没有通过质量体系认证的染厂，只要是寻求不断发展壮大的染厂，在产品质量管理方面，都需要认真地开展质量策划活动。而在开展这一活动过程中，主管的责任更多的在于指导、协调和服务。

知识拓展 3-4 质量管理体系的建立与维护

1. 概述

ISO 是国际标准化组织的英文缩写，ISO 9000 标准是国际标准化组织发布的关于质量管理、质量保证和质量体系方面的系列标准。简单地说这个系列标准总结了工业发达国家先进企业的质量管理的实践经验，统一了质量管理和质量保证的术语和概念，对推动企业质量管理，实现质量目标，提高产品质量和顾客满意度产生积极影响。在一系列的标准中，对于工业企业的全面质量管理来说，ISO 9000：2000 标准和 ISO 9001：2000 标准显得更加重要。

目前全世界有 150 多个国家和地区把 ISO 9000 系列标准等同采用为国家标准。有五十多个国家建立了质量管理体系认证制度。世界各国质量管理体系认证的互认制度得到广泛的建立。只有在生产过程中严格执行了 ISO 9000 系列标准，企业的质量管理才可能是有效的，企业生产的产品质量才有可能有保证。所以，从某种意义上说，执行 ISO 9000 标准，建立质量管理体系，是直接参与国际竞争的通行证。通俗地讲，用一种行之有效且被大家熟悉的管理模式和方法对产品进行质量控制，有利于稳定和提高产品质量，也有利于促进国际贸易的发展。

2. 质量管理体系

在依照 ISO 9000 标准建立质量管理体系之前，准确理解标准的基本含义是非常重要的。企业各管理部门首先要学懂弄通标准的基本要义。派少数人员到专门的机构学习并取得内审员资格，请专业教师到企业来对全体管理人员和班组长进行培训，都是非常好的方法。在宣传和贯彻标准过程中，领导的带头作用非常重要。

在全面质量管理的基础上，如果企业又建立文件化的质量管理体系，将有力地促进该企业管理水平的提高和发展。如果说以前企业开展的全面质量管理工作，追求更多的是产品的质量，依靠更多的是全员的热情，那么，依托 ISO 9000 标准建立起来的质量管理体系，其运行所围绕的中心就是顾客。以顾客为关注焦点，还不如说以“顾客为中心”更直接，更符合中国人的说话习惯。话句话说，企业开展质量管理活动的最终目的就是服务顾客，服务市场。2000 年颁布的新的标准更明确了这一点，与以前后的标准有所不同的是，新标准更加注重资源的配置、产品的设计输入和体系的持续改进。执行标准的过程仍然必须以 PDCA 循环为基础，否则一切都是空谈。实际上 PDCA 循环本身就是一个过程，只有以过程为基础的质量管理体系才有生命力。PDCA 循环不仅是质量管理的工具，也是持续改进管理体系本身的工具。

3. 质量手册与体系文件

质量手册是保证质量管理体系有效运行的根本文件，是按照 ISO 9000 标准要求编写的保证体系有效运行的基本条件和规范。结合本企业的实际情况，同时按照 ISO 9000 标准的要求，把维护质量体系运行的基本条件文件化，就可以边写质量手册了。有的企业由于对标准理解得不够深刻，再加之以前没有开展过全面质量管理工作，无法自行编写《质量手册》。此时可以参考其他企业的质量手册来编写自己企业的质量手册。必要时，还可以委托专家编写。

前些年在企业质量体系认证的时候，流行这样一段话：该说的要说到，说到的要做到，做到的要看到。其实，这段话不仅适用于编写《质量手册》，也适用于编写其他的体系文件。通常质量手册、程序文件和第三层次文件构成了体系文件。程序文件的数量一般控制在 7 个左右，太多或太少多会影响质量管理体系的有效运行。第三层次文件主要包括作业指导书、操作规程、技术条件和检验标准等等。按照企业的实际情况，把各工序的操作规程和各工种的作业指导书收集和整理以后，经过编号就可以作为点层次文件的初稿。由各部门主管发动班部门全体员工起草第三层次文件，对于文件的宣传和贯彻有着积极的促进作用。

按照标准的要求，不能随意删除标准本身的有关项目。任何一家染厂，都有新产品开发过程。刻意的回避产品的设计过程，是一种不负责任的工作表现。只要把新产品的开发过程中关于具体的质量策划方面的问题与现行的常规产品的质量策划过程在所有接口上平稳交接，就可以顺利地解决产品的设计问题。由于有些企业多年前在质量认证时采用了 ISO 9002：1994 标准，所以在贯彻 2000 版新标准时，就经常回避 ISO 9001：2000 标准关于产品设计方面的有关条款。关于新产品开发的策划，本书在后面还会作进一步的论述。

在试运行质量管理体系的初期，企业可以根据本身资源配置的具体情况和企业开展全面质量管理的基础，相对粗浅地理解标准的表述。随着质量体系运行时间的推移，在体系外审之前必须严格按照标准的全部要求执行。随着企业的发展以及全体员工对体系运行的理解逐渐深刻，改版的质量手册应该逐渐涵盖标准的全部内容。

4. 质量记录

在质量管理体系运行过程中，需要质量记录作支撑。流程卡是染厂最重要的质量记录。质量记录的数量不是越多越好，也不是越少越好。质量记录过多，容易造成个质量控制点的工作人员忙于应付作记录，而忽略了正常的本职工作，或者对本职工作影响较大。质量记录过少，不能有效地对生产过程进行控制，不能及时地记录有关工序出现的质量问题，不利于质量管理体系的有效运行和持续改进。质量记录过多，不仅增加了印刷品的库存量，还容易造成差错。

为了有效地管理质量记录，应该建立质量记录清单。清单上应该标明质量记录的代号、名称、适用对象和有关备注。对于新出现的问题，可以采取简单的笔记本记录方式，待形成相关的标准以后，再设计和印刷正规的相关质量记录。

5. 质量管理体系的运行与维护

质量管理体系的正常运行与维护需要企业内部各个部门的协调一致和统一管理。在中小型印染厂中，一般由总经理办公室负责企业内部质量管理体系的运行与维护。

(1) 领导作用

在企业中如何开展全面质量管理时已经提到过领导的作用。在质量管理体系运行过程中同样需要企业主要领导的支持、指导、协调。如果总经理对体系运行有比较深刻的理解，那么在体系运行过程中遇到的困难就比较容易解决。确定企业宗旨，指明企业前进方向，是企业所有者的责任。如果要实现企业具体的年度经营目标和质量目标，就离不开全体员工的不懈努力和辛勤工作。充分调动全体员工的积极性和工作热情，使他们全身心地投入到实现企业目标的工作中来，这是企业所有者的义务。企业所有者的价值取向、企业文化的核心内涵等多个方面都会全体员工的工作热情和工作效果产生重要影响。尽快营造有利于全体员工充分发挥他们主人翁精神的工作环境，是各级主管的责任和义务，但首先是企业所有者的责任和义务。

有时，企业的中层主管由于受到各种条件的制约，往往忽略员工的合理要求，不能通过合理的方式或有效的渠道及时地反映这些要求。结果积重难返，最后将严重影响员工的工作热情。设立总经理信箱，建立总经理接待制度，可以有效地了解一线员工的合理要求。企业在运行过程中最先发现问题的只能是一线的员工，认真听取他们的意见和建议，企业的所有者将不断受益。

(2) 资源配置

对于染厂来说，人力、物力和财力都属于企业的资源。企业在发展过程中经常需要进行资源配置。重新引进人才、购置新设备或者采取加薪政策挽留人才等等，都属于资源配置的表现。因为企业所有者对于企业内部的资源配置具有最大的权利，所以关于资源配置方面的问题，从某种意义上说仍然属于领导作用的范畴。

资源配置的依据可以是多方面的。为了减少盲目投资，增加投资的合理性，可以通过多种方式获得更多的投资依据。通过市场考察可以了解顾客的需求和潜在需求。通过走访同类型企业了解整个行业目前常用装备的配置水平。通过参加行业会议或小范围的业内人士的聚会，了解其他企业的发展动向。凡此种种，都可以作为企业内部资源的配置依据。但是，真正的资源配置需求往往是企业内部基层主管最先提出来的。通过企业内部的各种会议的形式对相关资源配置的需求进行讨论，必要时可以请行业内的专家主持这样的讨论，讨论的最终结果，就是企业内部资源配置的依据。

一般情况下，企业资源的配置过程往往权力重新分配的过程。如果把资源配置理解为责任重新分配，将有利于尽快发挥新配置资源的效能。当资源配置以货币为量化指标，其额度十分巨大时，可以考虑成立几个临时性的新的部门，负责新项目的具体运作。当企业资源配置需求与国家相关的产业政策不相符的时候，企业必须遵守国家的法律，否则，企业的生存与发展将面临严峻的挑战。

随着改革开放的深入进行，我国的产业政策已经进行过多次重大调整。原来民营资本不准进入的多个领域，现在已经逐渐解禁。靠劳动密集型的纺织印染行业起家的民营企业家在我国经济发达地区大有人在。当他们的主营业务不能继续依靠扩大外延的粗放经营为其获取更多的利润时，这些在商品大潮中靠自己的打拼成长起来的优秀企业家们就会寻找新的投资机会。民营资本进入新的领域以后，往往会对该领域原有的秩序造成前所未有的冲击。冲击的结果短时间内会引起市场的混乱，但从长远的来看，更多的事会促进该领域该行业的发展。各行业协会的积极引导，终究会促使民营资本的健康发展，最终受益的仍然是中国的老百姓。

(3) 测量手段

纺织厂的产品是白坯布，在检验成品质量时，可以计量出某类疵点的具体数量。在涤纶机织物染整加工过程中，最终的检验既可以用疵点的具体数量来显示某种疵点的出现频率，也可以用某类疵点的米数在总次品米数中所占的比例来表示一段时间内这类疵点在染整加工中出现的频次。无论是用米数还是用个数，都可以有效地表示某一类疵点出现的频次。

质量检验员的培训，检验目光的统一，检验方法的统一，检验标准的采用，检验设备的精细程度，检验环境的改善，都是提高测量手段的有效方法。颜色、手感、门幅、克重四项指标是纺织品最直接的外观质量指标。牢度指标是最常用的内在质量指标。在指标分类时也有人按照国家标准的分类习惯把门幅等相关质量指标划归内在质量指标。无论哪一种分类方法，只要有相关的说明就不会引起歧义。

各工序的自检、互检、阶段检验和半成品检验，都是有效的检验手段。在染色、烘干和定形工序设置质量控制点，加强对前道工序的质量检验，是减少和降低回修次数的有效手段。染色工序质量控制点的检验以“缸”为单位，烘干工序质量控制点的检验以“匹”为单位，定性工序质量控制点的检验以“米”为单位，最终的成品检验仍然以米为单位。

产品在加工过程中的质量控制，需要通过设立质量控制点等多种方式来进行。通过连续的测量进行有效的监控，以确保任何细微的质量波动可以随时被发现。质量管理体系的有效运行也可以通过测量来检验。每个月或者每个季度按照《质量手册》的规定，对体系运行的有效性进行一次检测，每次检查的重点可以不相同。初期的检查可以偏重于文件的有效性，中期的检查可以偏重于全体员工对于质量管理体系的认知程度，后期的检查可以偏重于纠正和预防措施的落实。

(4) 持续改进

通过企业内部连续的测量和认证机构的辅导与评估,全体员工对于其质量管理体系的有效运行会有一个初步的认识。企业的总经理办公室应该设立专人负责整个企业的质量管理体系有效运行,这个人就是管理者代表。管理者代表不一定是企业的副总经理或者生产技术部主管。在中小型染厂中,作为综合职能部门的总经理办公室负责企业的 ISO 9000 工作,有着其他部门无法替代的优势。可以供有效地获得领导的支持、有着与外界联系的方便条件、与其他部门的关系相对融洽。大型染厂可以设置专门的质量管理部门或其他综合职能部门来负责整个企业的质量管理体系的有效运行。总师(总工程师、总会计师、总经济师)办中的任何一位老总都有资格担任该大型染厂的管理者代表。

除生产工艺文件多以一次性文件由相关主管签字下发以外,企业内部与质量管理体系维护有关的文件大多由总经理办公室下发。体系维护与文件控制都属于总经理办公室的职责。而生产车间内部的质量记录的填写更多的是由一线员工完成的。只要确立了目标,就不要太在意前进的速度。过分地追求质量管理体系改进的速度,往往会出现"欲速则不达"的现象。运行的初期走得慢一点,前进的步伐会更加坚实。一般情况下,经过三年的运行,全体员工对质量管理体系的运行方式会熟悉很多,在审核单位的培训和指导下,一个轮次的三次外审,也会对最高管理者和管理者代表有极大的促进作用。在此基础上继续进行质量管理体系的持续改进,企业内部的全体人员都会觉得底气明显提升。

如果企业连续多轮都选择相同的审核单位作为第三方审核的主体,将不利于企业质量管理体系的持续改进。持续改进需要适当地借助外力,工作认真、热心服务、严格审查的第三方就是合适的外力。如果第七年的外审仍然由原来的审核单位来完成,那么,老面孔太多,熟人太多,不利于发挥外审的全部作用。这时换一家审核单位作为第三方审核的主体似乎更有利于质量体系的持续改进。

(5) 管理评审

经过试运行的质量管理体系,必然会存在一些问题。试运行的目的也正是为了寻找体系存在的问题。经过多次小规模的会议,由于借口不良造成的一般性问题就会解决得差不多了。这时还会存在一些结构性的问题,仅仅通过总经理办公室的协调还不能完全彻底的解决。需要更高规格的会议,才能理清思路,并为体系的运行注入新的动力。

由总经理和副总经理共同出席,由第三方审核单位辅导培训审核员和全体中层主管共同参加的关于体系的资源配置、运行方向和有效运行的会议,一般习惯被称作管理评审会议。在质量管理体系运行的第一年,管理评审会议召开的次数可能会超过两次。在以后的运行过程中,管理评审会议至少每年召开一次。会议之前,作为质量管理体系运行的职能管理部门,总经理办公室需要准备各种会议资料。管理评审会议本身就是对体系平稳运行提供了强有力的支持。按照 PDCA 循环的方式,管理者代表需要在会议之前把工作的重点放在问题的收集和整理方面。而会议之后的工作重点则是落实会议决议,检查、督促、协调各部门之间的工作开展情况。不失时机地通报各部门工作的进展和存在的问题,有利于工作的顺利开展。

(6) 质量管理体系的认证

质量管理体系的认证是第三方的认证。如果把企业称作第一方,那么与企业的生产经营活动联系最密切的就是顾客,一般顾客在质量体系运行过程中被称作第二方。而独立于企业和顾客之外的，对质量管理体系具有认证资格的一方，往往被称为第三方。

① 宣贯。在质量管理体系试运行之前，都需要对 ISO 9000 标准进行深入地宣传。宣传的过程既是学习的过程，也是理解和培训的过程。这个过程需要企业配合第三方派来的培训师共同完成。全体值班长、车间主管和其他管理人员的学习态度，决定了培训周期的长短和培训的效果。经考试合格的，就可以由第三方向其颁发质量管理体系内审员的证书。由基层管理者向全体员工宣传培训的内容和质量管理体系运行的基本要求，由车间主管和其他各部门主管检查本部门全体员工接受培训的效果。检查的方法是多种形式的，口试、笔试，开卷，闭卷，都可以。只要达到了学习和宣传的目的就可以。

② 试运行。在质量管理体系正式运行之前，往往需要三个月的试运行。试运行的主要目的就是发现问题。在试运行期间，发现的任何问题都不会成为考核各级主管的依据。每个部门应该有效地利用试运行期，在三个月内解决影响质量管理体系有效运行的 90%以上的问题。发现一个，解决一个，是行之有效的办法。问题积存过多，在短期内全部解决，本部门的员工会显得无所适从，结果适得其反。试运行期间，不要怕出现问题。这时出现的问题越多，正式运行时出现的问题就会越少，质量管理体系运行的也就会越平稳和有效。

③ 内审。试运行三个月以后，就可以开始正式的运行。正式运行以后就应该按照企业自己制定的体系文件要求对体系运行的有效性进行监控。最有效的监控方式就是内部审核。内部审核也叫内审。第一次内审可以在培训师的指导下进行。通过外审以后，每一年的内审都必须有自己企业内部的审核员共同完成。内审时，采取交叉换岗的审核方式，由管理者代表把内审员分成若干个小组，在一定的时间内完成对所有部门的审核。内审时间过长，会对正常的生产造成较大影响。首次会议和末次会议必须按期准时完成。内审计划在时间的进度上不可弹性国大。整改措施的落实与质量管理体系的封闭时间，各个部门必须是统一的。

④ 外审。由第二方、第三方进行的审核也叫外部审核，简称外审。国内企业的外审大多由具有资质的机构完成。作为第二方的顾客组织的审核较少，审核大多以顾客群体参观形式出现。顾客的参观不仅可以在企业内部进行，有时也可以在为企业提供重要原料的供应商那里进行。企业外审过程中审核员绝大多数是高级审核员，是诊断质量管理体系运行有效性的高级专家。外审期间是全体内审员绝好的学习机会。认真听取专家意见，虚心向专家请教，可以迅速提高内审员的实战经验。每一个外审小组都需要被审企业的内审员做向导。在外部审核过程中，决不允许被审和部门的任何人员消极对抗外审专家的正常工作。一般情况下，每一个审核小组都会开出至少一个一般不符合报告，以示对被审和部门的警告。除非该部门的工作确实做得非常好，根本找不到一般不符合项目。正确对待专家开出的一般不符合报告，积极地采取有效的整改措施，在有效的时间内落实整改措施，才是行之有效的工作方法。外审时间最好不要安排在年底或者年初，那时是所有审核员最忙的时候。上半年的三月和四月，下半年的十月和十一月，都是比较好的时段。

⑤ 年审。取得有效的质量管理体系认证证书以后，每年都需要第三方的再次审核。每年一次的第三方审核就是年审。年审时保证质量管理体系有效运行的很好的审核方式。年审发生在外审之后的第一年之内。年审的时间段可以参考外审的时间段。第一次外审时，专家会对整个质量管理体系的有效性进行细致严密的审核。一年以后的年审往往仅仅对体系中几个重点的环节进行审核。比如说，第一年，文件运行的有效性、合同的有效性、产品设

计过程控制等等，往往会是审核的重点。年审时，顾客的满意度调查、体系的内审、体系的管理评审以及测量技术的运用等等，将会变得更加重要。

年审过程中，需要企业的职能部门负责接待第三方审核小组，仍然需要内审员做向导。为审核专家提供良好的休息环境，是保证年审质量的重要条件。因为审核专家在结束了白天的审核工作以后，晚上需要做大量的文案工作。既要总结白天的审核工作，还要阅览大量的由企业提供的基础资料。对于审核专家来说，与其说需要安静的环境休息，倒不如说需要安静的环境继续工作。

学习情境 4

印染企业生产管理的综合训练

1. 概述

通过系统的学习和训练不难发现，此前设计的多个教学情境，其学习的难度逐渐加大，训练的综合性逐渐增强。在课程的最后阶段，如果能够通过综合训练进一步提高学生的职业能力，那么，本课程的教学效果将会得到明显的提高。结合实习工厂的典型产品完成本课程的综合实训报告，是检验本课程教学效果的主要手段。为更好地发挥综合实训的效果，把本课程综合实训具体可分为六个步骤：资讯、计划、决策、实施、检查和评估。而其中的计划、实施、检查和评估四个阶段，与质量管理中的 PDCA 循环十分相似。PDCA 循环曾在教学情境 4 的第六个学习任务中有明确阐述。在 PDCA 循环的前面和中间各增加一个环节，可以更好地满足教学实施的需要。就某一门专业课程的内容而言，通常情况下专业指导教师比学生了解的更全面、更深刻。由此产生的信息不对称现象，必须通过指导教师的细心讲解和耐心辅导，才能使全体学生从知之甚少到知之甚多。指导教师通过讲练结合的方式传递专业知识的过程，就是资讯阶段的主要任务。而在 PDCA 循环中间增加的决策阶段，是对资讯阶段和计划阶段的总结，是实施阶段的开始。至于最后的评估阶段，通常是通过学生汇报学习收获、展示学习成果、互相评比和指导教师点评等方式完成对学生的综合评价，这与 PDCA 循环中的总结阶段的作用基本相同。进而，资讯、计划、决策、实施、检查和评估六个阶段构成的封闭循环，最终形成了“六部教学法”，特别适合专业核心课程的综合训练。

通过综合训练具体体现高职课程“工学结合”的主要特征；结合虚拟题目的实际情况，以产品生产加工的基本过程为主线，详细描述虚拟实习工厂主要产品在生产加工各阶段的基本要求；以小组为单位完成综合训练报告，训练学生的协作能力；通过各小组独立制作汇报幻灯片，借助多媒体展示综合训练成果，进一步训练学生的语言表达能力；通过小组互评和指导教师点评，全面评价学生综合训练效果；以综合实训报告为最终的物化成果，训练学生的计算机应用能力和排版能力，进一步提升学生的书面表达能力。

2. 综合训练整体设计

综合训练整体设计见表 4-1。

表 4-1　综合训练整体设计

阶段	主要内容	活动设计	课时
任务布置	说明训练要求、作用、目标、实训方法和考评标准，介绍主要参考资料，讲清分组规则，分组，发放指导书	活动 1：展示优秀报告 活动 2：展示报告类型 活动 3：分组	1
任务确认	以典型产品加工为背景，将学生分成若干组： 1. 涤纶强捻机织物 2. 涤棉机织物 3. 全棉机织物 4. 全涤针织物 5. 全棉针织物 6. 全涤印花织物 7. 涤棉印花织物 8. 全棉印花织物 9. 毛涤机织物 10. 棉麻机织物 11. 亚麻机织物 12. 涤锦机织物 13. 涤棉弹力机织物 14. 全棉弹力机织物 15. 真丝机织物	活动 4：通过多媒体讲解本次设计对今后开展毕业设计重要意义 活动 5：各小组推选小组长	1
方案策划	草案讨论与小组内部分工： 1. 讨论本组实施方案草案 2. 明确本组内部分工 3. 小组长起草本组草案 草案确认： 1. 比较草案起草内容 2. 教师帮助学生确认最终方案 3. 教师收集各组草案，作为阶段成果评判的依据	活动 6：请两位小组长说明本组分工结果 活动 7：点评小组长分工结果，必要时提出修改意见 活动 8：请 2 位同学讲解本组草案要点，由其 4 位他同学点评，教师做评判 活动 9：每组上交设计方案草案	2
方案内容	1. 编制产品入库单和点色卡 2. 编制生产计划和生产流程卡 3. 列出工艺流程，出工艺曲线 4. 编制产品加工工艺单 5. 编制主要工序工艺配方 6. 列出工艺设备，画出设备排列图 7. 编制生产部门主要职责 8. 列出一种主要生产设备操作规程 9. 分析一种主要疵点产生原因 10. 列出产品外观检验的主要项目 11. 列出产品内在质量检验项目 12. 叙述控制产品克重和门幅的方法 13. 核算产品价格，编制产品标识 14. 列出与产品有关的表格清单 15. 总结本次训练的体会	指导教师通过巡回指导，解答各种问题。必要时可以集中全班学生共享阶段成果	2

续　表

<table>
<tr><th>阶段</th><th>主要内容</th><th>活动设计</th><th>课时</th></tr>
<tr><td rowspan="2">方案修改</td><td>编制：小组长将本组每位同学完成的任务及时汇总，编辑整理后上交指导教师，作为阶段成果评判的依据</td><td rowspan="2">指导教师辅导学生排版，通过电子邮件把综合评语告知各小组</td><td rowspan="2">4</td></tr>
<tr><td>打印：各小组长打印修改后的综合训练报告，并交指导教师</td></tr>
<tr><td>综合考评</td><td colspan="2">1. 各小组展示综合训练报告
2. 小组长向全体同学汇报设计体会，组员补充
3. 通过自评和互评，给每个小组的综合训练报告打分
4. 指导教师公布综合考评结果
5. 对于在点评中表现优秀的小组和个人，给予适当加分</td><td>2</td></tr>
</table>

3. 分组

由指导教师召集全班学生，将全体学生分成 15 个小组，每组 3 人，小组长由组员推选，负责分配本组工作，召集本组人员收集、整理和交换有关资料，控制综合训练进度，负责执笔起草设计方案（草案）。由小组长牵头，以小组为单位搜集与题目有关的资料，编制初步方案实施纲要和综合训练报告。

4. 综合训练报告的编写

草案提纲的主要内容包括：训练的目的、报告的主要内容、训练进度和预期效果。以生产过程管理为训练题目的小组，其综合训练报告的主要内容须包括产品特点、加工目的、加工流程特点、主要加工设备及安全操作规程、产品加工的注意事项、生产过程管理重点、产品加工过程产生的主要次点击消除方法、产品检验的主要指标等内容。以专项管理为训练题目的小组，其综合训练报告的主要内容须包括本专项管理的主要内容、管理的主要目的和作用、管理部门的主要职责、部门主管的工作职责、管理过程中交接的主要内容、管理过程中的注意事项、主要管理制度的核心内容、专项管理中运用的主要方法和手段。

主要参考文献

[1] 上海丝绸工业公司编. 丝绸染整手册(上下册)[M]. 北京:纺织工业出版社,1982

[2]《印染工厂设计》编写组. 印染工厂设计[M]. 北京:纺织工业出版社,1988

[3]《针织工程手册》编委会. 针织工程手册(染整分册)[M]. 北京:中国纺织出版社,1995

[4] 商成杰. 新型染整助剂手册[M]. 北京:中国纺织出版社,2002

[5] 陶乃杰. 染整工程(第一~第四册)[M]. 北京:中国纺织出版社,1994

[6] 范雪荣. 针织物染整技术[M]. 北京:中国纺织出版社,2004

[7] 范雪荣. 纺织品染整工艺学[M]. 北京:中国纺织出版社,1999

[8] 林杰. 染整技术(第四册)[M]. 北京:中国纺织出版社,2002

[9] 朱世林. 纤维素纤维制品的染整[M]. 北京:中国纺织出版社,2002

[10] 上海市印染工业公司编. 印染手册:(上下册)[M]. 北京:纺织工业出版社,1978

[11] 刘建华. 纺织商品学[M]. 北京:中国纺织出版社,1980

[12] 侯永善. 染整工艺学:第二册[M]. 北京:纺织工业出版社,1995

[13] 上海市纺织工业局. 纺织品大全[M]. 北京:中国纺织出版社,1992

[14] 上海印染工业行业协会. 印染手册[M]. 北京:中国纺织出版社,2003

[15] 罗巨涛. 合成纤维及混纺纤维制品的染整[M]. 北京:中国纺织出版社,2002

[16] 李允成. 涤纶长丝生产[M]. 北京:中国纺织出版社,1988

[17] 吴震世. 新型面料开发[M]. 北京:中国纺织出版社,1997

[18] 郑光洪. 印染概论(第 2 版)[M]. 北京:中国纺织出版社,2004